高等职业教育新形态一体化系列教材
广州铁路职业技术学院“双高计划”项目成果

铁路通信线路施工与维护

周流平　主编

中国铁道出版社有限公司

2024年·北京

内容简介

本书依据最新《铁道通信与信息化技术专业建设指导标准》，结合技能实践项目，由校企专家根据职业教育教学改革要求联合编写。全书采用活页式、模块化形式，以简单、实用、好用为原则，共分为5个任务，系统地阐述了通信光电缆的基础知识，架空、管道及直埋光电缆的施工方法及维护要求，施工与维护常用仪表的使用等，突出了铁路通信线路施工和维护的特点。

本书可作为高职铁道通信与信息化技术专业及相关专业的教材。

图书在版编目（CIP）数据

铁路通信线路施工与维护/周流平主编．—北京：中国铁道出版社有限公司，2021.12（2024.11 重印）
高等职业教育新形态一体化系列教材
ISBN 978-7-113-28496-1

Ⅰ.①铁… Ⅱ.①周… Ⅲ.①铁路通信-通信线路-工程施工-高等职业教育-教材 ②铁路通信-通信线路-维修-高等职业教育-教材 Ⅳ.①U285.19

中国版本图书馆 CIP 数据核字（2021）第 215375 号

书　　名：铁路通信线路施工与维护
作　　者：周流平

策　　划：阚济存
责任编辑：李露露　阚济存　　**编辑部电话：**（010）51873133　　**电子邮箱：**373217780@qq.com
封面设计：曾　程　高博越
责任校对：苗　丹
责任印制：高春晓

出版发行：中国铁道出版社有限公司（100054，北京市西城区右安门西街8号）
网　　址：https://www.tdpress.com
印　　刷：中煤（北京）印务有限公司
版　　次：2021年12月第1版　2024年11月第3次印刷
开　　本：787 mm×1 092 mm 1/16　**印张：**10.5　**字数：**260千
书　　号：ISBN 978-7-113-28496-1
定　　价：42.00元

前言

本书根据国家职业教育改革精神，结合企业对技能型人才的培养需求，充分考虑高职高专学生的认知特点，由校企专家联合编写。

本书采用工作手册、活页式、模块化的形式，以简单、实用、好用为原则，结合技能实践项目编写。本书分5个模块，系统阐述了通信传输线路的基本知识，通信杆路、管道及直埋光电缆的施工与维护，通信线路施工仪表等内容，并针对铁路行业的特殊性，提出了铁路通信线路相关施工及维护要求。每个模块都附有二维码，扫码后可以获得相应的数字资源（PPT、操作视频等），以便读者自主学习。

本书由广州铁路职业技术学院周流平任主编，广东省铁路规划设计研究院有限公司王莉、中国铁路广州局集团有限公司广州通信段付强任副主编。参与编写人员有：广东省铁路规划设计研究院有限公司余少波、中国铁路广州局集团有限公司蔡进喜、中国铁路广州局集团有限公司广州通信段洪峰，全书统稿工作由周流平负责。本书具体编写分工如下：模块1由周流平、王莉、余少波编写，模块2由周流平、王莉、余少波编写，模块3由周流平、王莉、余少波、付强、蔡进喜、洪峰编写，模块4由付强、蔡进喜、洪峰编写，模块5由周流平、王莉、余少波、付强编写。

在本书编写过程中，参考了大量的文献和资料，在此谨向所有文献和资料的作者表示诚挚的谢意。

限于时间和作者的水平，如有疏漏，敬请指正。

编　者

2021年9月

目录

模块1　通信光缆

引　言

光纤通信是以光波作为信息载体，以光纤作为传输媒介的一种通信方式。光纤通信的优点主要有：通信容量大，传输距离长；抗电磁干扰，传输质量佳；信号串扰小，保密性能好；原材料丰富，节省了有色金属，环保；光纤尺寸小，质量轻，便于敷设和运输；光缆适应性强，寿命长等。目前长途通信主要采用通信光缆。

学习目标

1. 光纤通信技术概述

1. 了解光纤的结构及导光原理；
2. 掌握光纤的传输特性；
3. 掌握光缆的结构及命名；
4. 熟悉常用的光缆传输实物。

职业素养

1. 具有一定的抽象思维、形象思维和逻辑思维能力，善于进行独创性思维，发现新问题、研究新情况、提出新观点；
2. 具有敏锐的创新精神和艰苦创业精神，善于利用现有技术开创新的应用领域；
3. 善于用理论指导工程应用。

任务1.1　通信光纤

1. 光纤的结构及导光原理

2. 光纤的结构

1）纤芯结构

光纤是光导纤维的简称，是用于约束并传导光的介质。目前通信用的光纤大多采用由石英玻璃（SiO_2）制成的横截面很小的双层同心圆柱体，未经涂覆和套塑时称为裸光纤；光缆中的光纤一般是指经过两次涂覆后的光纤芯线。光纤由纤芯、包层和涂覆层三部分组成，如图1.1.1所示。

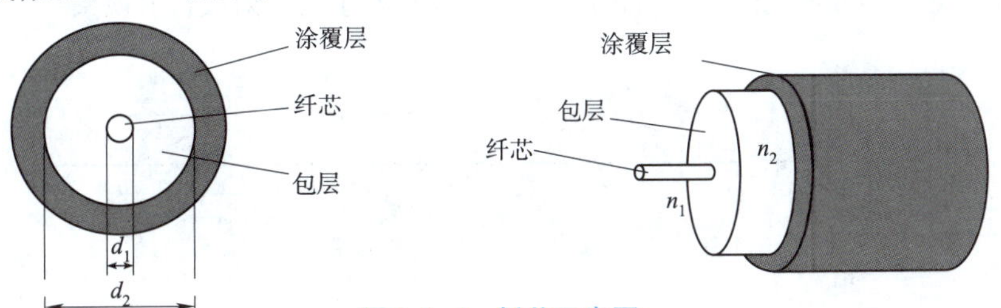

图1.1.1　纤芯示意图

d_1—纤芯直径；d_2—包层直径；n_1—纤芯折射率；n_2—包层折射率

纤芯:纤芯位于光纤的中心部位。纤芯的成分是高纯度 SiO_2,掺有极少量的掺杂剂(主要有 GeO_2、P_2O_5),作用是提高纤芯对光的折射率(n_1),以传输光信号。

包层:包层位于纤芯的周围。

包层的成分也是高纯度 SiO_2,掺有极少量掺杂剂(主要有 B_2O_3、F),掺杂剂的作用则是适当降低包层对光的折射率(n_2),使之略低于纤芯的折射率,即 $n_1 > n_2$。当在两介质分界面上满足全反射条件时,它使得光信号封闭在纤芯中传输。

涂覆层:光纤的最外层为涂覆层,包括一次涂覆层、缓冲层和二次涂覆层。

一次涂覆层一般使用丙烯酸酯、有机硅或硅橡胶材料;缓冲层一般为性能良好的填充油膏;二次涂覆层一般多用聚丙烯或尼龙等高聚物。涂覆的作用是保护光纤不受水汽侵蚀和机械擦伤,同时又增加了光纤的机械强度与可弯曲性,延长光纤寿命。

2)光纤的导光原理

当光线进入光纤的纤芯时,会出现两种情况:一是光线通过光纤轴心的平面传播,这种光线也成为子午光线;另一种是光线在光纤中传播不通过轴心,即不交轴光线,其在光纤中的行进轨迹是一组构成多边形的折线。为了简化计算,下面以子午光线的传播过程进行讨论。

光在分层介质中的传播如图 1.1.2 所示。图中纤芯的折射率为 n_1,包层的折射率为 n_2,设 $n_1 > n_2$。当光线以较小的 θ_1 角入射到介质界面时,部分光进入包层并产生折射,部分光被反射。

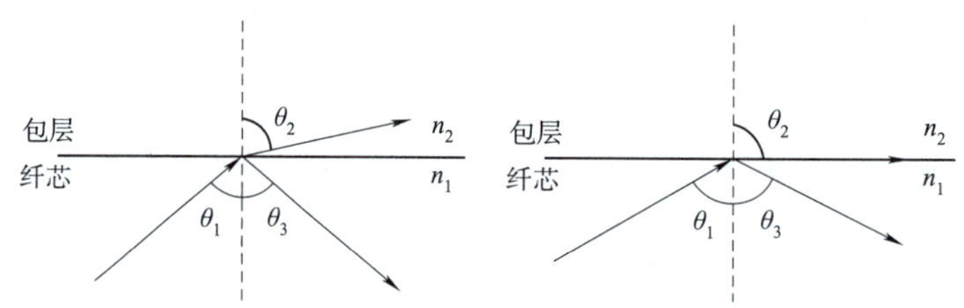

图 1.1.2　光纤的反射与折射

逐渐增大 θ_1,进入介质 2 的折射光线进一步趋向界面,直到 θ_1 趋于 90°。此时,进入介质 2 的光强显著减小并趋于零,而反射光强接近于入射光强。当 $\theta_2 = 90°$ 极限值时,相应的 θ_1 角定义为临界角 θ_c。由于 $\sin 90° = 1$,所以临界角当 $\theta_1 > \theta_c$ 时,入射光线将产生全反射。应当注意,只有当光线从折射率大的介质进入折射率小的介质,即 $n_1 > n_2$ 时,在界面上才能产生全反射。

阶跃型光纤折射率是沿径向呈阶跃分布,在轴向呈均匀分布,n_2 是包层折射率,n_1 是纤芯折射率。假设图 1.1.3 中的阶跃型光纤为理想的圆柱体,光线若垂直于光纤端面入射,并与光纤轴线重合,或平行,这时光线将沿纤芯轴线方向向前传播。若光线以某一角度入射到光纤端面时,光线进入纤芯会发生折射。当光线到达纤芯与包层的界面上时,发生全反射或折射现象。

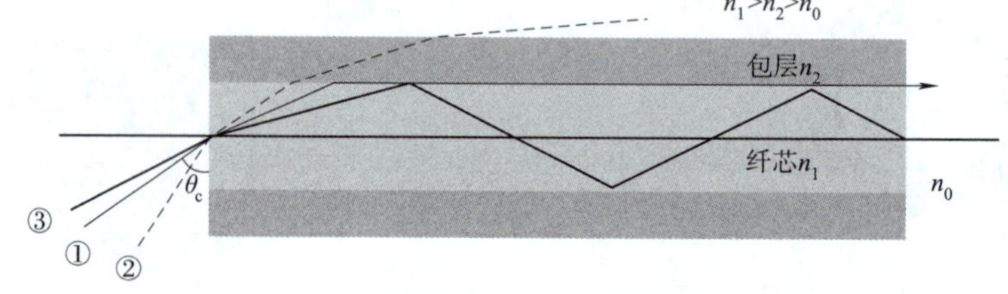

图 1.1.3　子午光线在阶跃型光纤中的传输

若要使光线在光纤中实现长距离传输，必须使光线在纤芯与包层的界面上发生全反射，即入射角大于临界角。

$$\theta_c = \arcsin \frac{n_2}{n_1}$$

以上分析的是光波在均匀介质中的传播情况，而实际使用中的介质（如渐变光纤）是非均匀的，此时，可以将光纤分割成无数个同心圆，每两个同心圆之间介质的折射率可以看作是均匀的，那么光在这种光纤中传播时将不会发生折射，而是形成正弦波形的轨迹。图 1.1.4 为光在不同光纤中的传播。

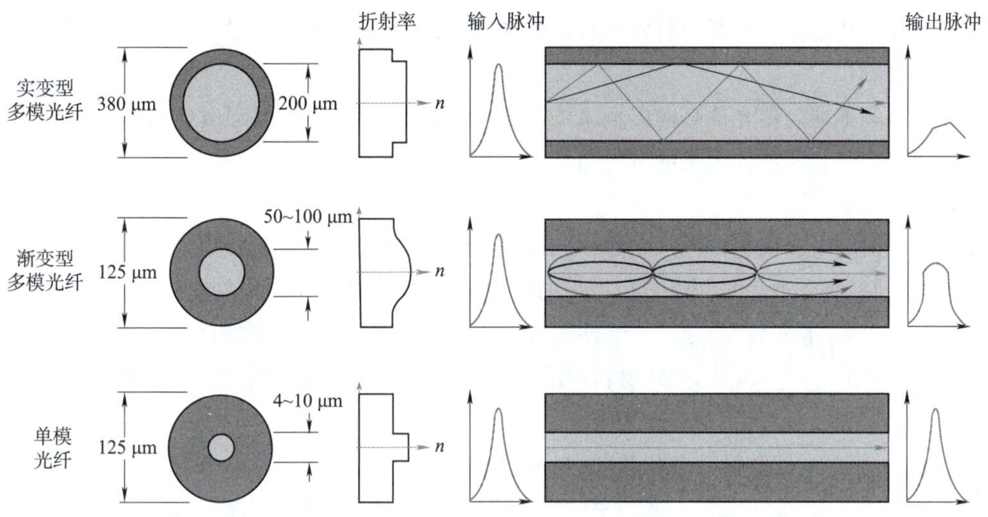

图 1.1.4　光在不同光纤中的传播

3）光纤的传输模式

光波是电磁波，模式是指一个电磁波在确定方向传播时不同的特性。光纤中的模式是满足亥姆霍兹方程的解。若一种光纤只允许传输一个模式的光波，则称它为单模光纤。如果一种光纤允许同时传输多个模式的光波，这种光纤为多模光纤。光学上把具有一定频率、一定的偏振状态和传播方向的光波称为光波的一种模式，或称光的一种波型。

$$N = V^2/2$$

$$V = 2\pi \frac{\alpha}{\lambda} \sqrt{n_1^2 + n_2^2}$$

式中　n_1, n_2——纤芯和包层的折射率；

α——光纤纤芯的半径；

λ——真空中的光波波长；

V——表征光纤能传播的模式的一个特征参数，具有频率的量纲，也称为特征频率。

多模光纤直径为几十至上百微米，与光的波长相比大得多，比光波波长大很多倍，因此，许多模式的光波进入光纤后都能满足全反射条件，能在光纤中正常传输。而对于单模光纤而言，由于芯径很小，直径是光波波长的几倍，光束从光源进入到光纤的角度很小，光向前传播的径路也少，形成的电磁场单纯，只容许一种最基本的模式传播。

多模光纤和单模光纤是由光纤中传输的模式数决定的,判断一根光纤是不是单模传输,除了光纤自身的结构参数外,还与光纤中传输的光波长有关。

2. 光纤的传输特性

1)光纤的损耗特性

光波在光纤中传输,随着传输距离的增加,而光功率强度逐渐减弱,光纤对光波产生衰减作用,称为光纤的损耗(或衰减)。光纤的损耗限制了光信号的传播距离。光纤的损耗主要包括吸收损耗、散射损耗、弯曲损耗三种损耗。

(1)吸收损耗

光纤吸收损耗是制造光纤的材料本身造成的损耗,包括紫外吸收、红外吸收和杂质吸收。

(2)散射损耗

由于材料的不均匀使光信号向四面八方散射而引起的损耗称为瑞利散射损耗。光纤制造中,结构上的缺陷会引起与波长无关的散射损耗。

(3)弯曲损耗

光纤的弯曲会引起辐射损耗。实际中,有两种情况的弯曲:一种是曲率半径比光纤直径大得多的弯曲;另一种是曲率半径与光纤直径相当的弯曲。

- 损耗
  - 吸收损耗
    - 本征吸收　红外、紫外区域的吸收(电子跃迁、分子振动)
    - 杂质吸收　光纤材料中的杂质如氢氧根离子、过渡金属离子(铜、铁、铬等)对光的吸收
  - 散射损耗
    - 线性散射　瑞利散射(材料粒子远小于波长时的“弹性散射”)、米氏散射
    - 非线性散射　高功率情况下将出现的(布里渊散射、拉曼散射等)
    - 结构不完整散射　纤芯与包层交界面的不平整、材料的不均匀性、折射率分布的不均匀性
  - 弯曲损耗　施工应用中的微弯曲、残余应力等引起

光纤的衰减系数是指光在单位长度光纤中传输时的衰耗量,单位一般用 dB/km。它是描述光纤损耗的主要参数。在单模光纤中有两个低损耗区域,分别在 1 310 nm 和 1 550 nm 附近,即通常说的 1 310 nm 窗口和 1 550 nm 窗口。

2)光纤的色散特性

简单地说,光纤的色散就是由于光纤中光信号中的不同频率成分或不同的模式,在光纤中传输时,由于速度的不同而使得传播时间不同,因此造成光信号中的不同频率成分或不同模式到达光纤终端有先有后,从而产生波形畸变的一种现象,如图 1. 1. 5 所示。

从光纤色散产生的机理来看,它包括模式色散、材料色散和波导色散三种。在单模光纤中只有基模传输,因此不存在模式色散,只有材料色散和波导色散。

材料色散是由于光纤材料本身的折射率随频率变化,使得信号各频率成分的群速不同,引起的色散称为材料色散。

由于光纤的几何结构、形状等方面的不完善,使得光波一部分在纤芯中传输,而另一部分在包层中传输,由于纤芯和包层的折射率不同,这样造成脉冲展宽的现象,称为波导色散,或称结构色散。

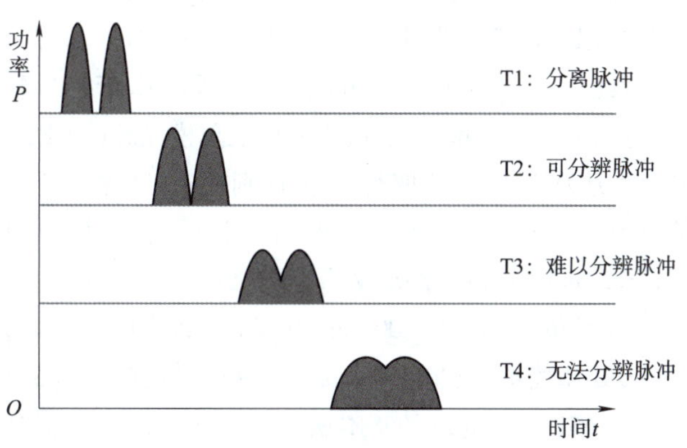

图 1.1.5 色散示意图

由于光纤中色散的存在，会使得输入脉冲在传输过程中展宽，产生码间干扰，增加误码率，这样就限制了通信容量和传输距离。

3. 光纤的分类

光纤的分类方法很多，可以按照光纤中传输模式数的多少、光纤使用的材料或传输的工作波长来分类。

(1) 按传输模数分类

按传输模的数量不同，光纤分为单模光纤(SMF)和多模光纤(MMF)。

单模光纤是只能传输一种模式的光纤，单模光纤只能传输基模(最低阶模)。多模光纤和单模光纤是由光纤中传输的模式数决定的，判断一根光纤是不是单模传输，除了光纤自身的结构参数外，还与光纤中传输的光波长有关。

ITU-T 建议规范了 G.652、G.653、G.654 和 G.655 四种单模光纤，其传输特性如图 1.1.6 所示。

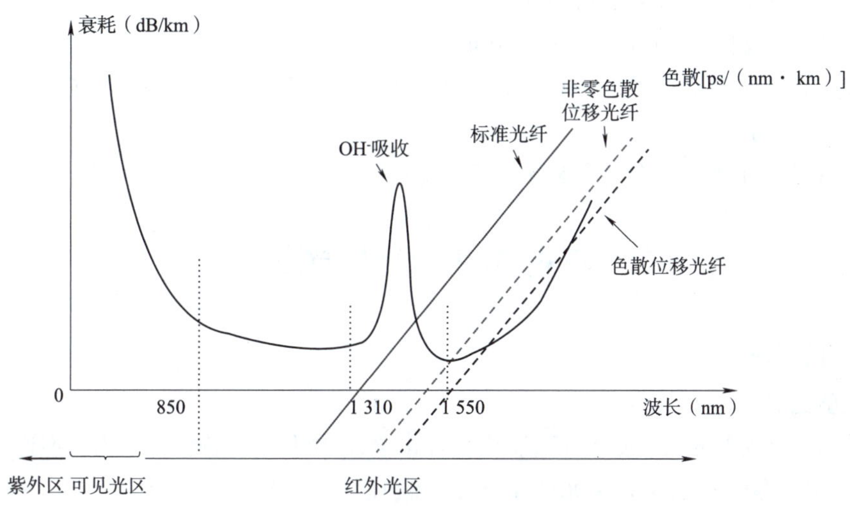

图 1.1.6 单模光纤传输特性曲线

G. 652 单模光纤，称为非色散位移光纤，因其色散零点（即色散为零的波长）在 1 310 nm 附近，也被称为 1 310 nm 波长性能最佳的单模光纤，其零色散波长在 1 310 nm，在波长为 1 550 nm 时衰减最少，但有较大的正色散，其色散系数为 18 ps/(nm · km)，所以 G. 652 工作波长既可选 1 310 nm，也可选 1 510 nm，是目前应用最广泛的单模光纤，也称标准单模光纤（SMF）。

G. 652 单模光纤按特性分为 A、B、C、D 四类，主要区别在宏弯损耗、衰减系数、PMD 系数上有所差异。形成这种差异的原因在于生产制造技术，1998 年朗讯公司采用新的生产技术尽可能消除原料中的 OH^- 根形成的 1 383 nm 附近的水吸收峰，使光纤的损耗完全由坡墩的本征损耗决定：G. 652. A 支持 10 Gbit/s 系统传输距离可达 400 km，10 Gbit/s 以太网的传输达 40 km，支持 40 Gbit/s 系统的距离为 2 km；G. 652. B 型光纤，支持 10 Gbit/s 系统传输距离可达 3 000 km 以上，40 Gbit /s 系统的传输距离为 80 km；G. 652. C 型光纤的基本属性与 G. 652A 相同，但其在 1 550 nm 的衰减系数更低，而且消除了 1 380 nm 附近的水吸收峰，即系统可以工作在 1 360 ~ 1 530 nm 波段；G. 652D 型光纤的属性与 G. 652B 光纤基本相同，而衰减系数与 G. 652C 光纤相同，即系统可以工作在 1 360 ~ 1 530 nm 波段。G. 652. D 是所有 G. 652 级别中指标最严格的并且完全向下兼容的，结构上与普通的 G. 652 光纤没有区别，是目前最先进的城域网用非色散位移光纤。

G. 653 光纤也称色散位移光纤（DSF），是指色散零点在 1 550 nm 附近的光纤，它相对于 G. 652 光纤，色散零点发生了移动，所以称为色散位移光纤。

G. 654 光纤是截止波长移位的单模光纤。其设计重点是降低 1 550 nm 的衰减，其零色散点仍然在 1 310 nm 附近，因而 1 550 nm 窗口的色散较高。G. 654 光纤主要应用于海底光纤通信。

G. 655 光纤，也称非零色散位移光纤（NDSF）。由于 G. 653 光纤的色散零点在 1 550 nm 附近，DWDM 系统在零色散波长处工作时易引起四波混频效应。为了避免该效应，将色散零点的位置从 1 550 nm 附近移开一定波长数，使色散零点不在 1 550 nm 附近的 DWDM 工作波长范围内。

(2) 按折射率分类

光纤可分为阶跃光纤（SIF）和渐变光纤（GIF）。

(3) 按传输波长分类

光纤可分为短波长光纤和长波长光纤。

短波长光纤的波长为 850 nm(800 ~ 900 nm)。

长波长光纤的波长为 1 300 ~ 1 600 nm，主要有 1 310 nm 和 1 550 nm 两个窗口。

(4) 按套塑结构分类

按套塑结构不同，光纤可分为紧套光纤和松套光纤。

任务 1.2　通信光缆

1. 光缆的组成

1) 光缆的组成

光缆是以一根或多根光纤或光纤束制成符合化学、机械和环境特性的结构。不论何种结构形式的光缆，基本上都是由缆芯、加强元件和护层三部分组成（图 1. 2. 1）。

(1) 缆芯

缆芯结构应满足以下基本要求：

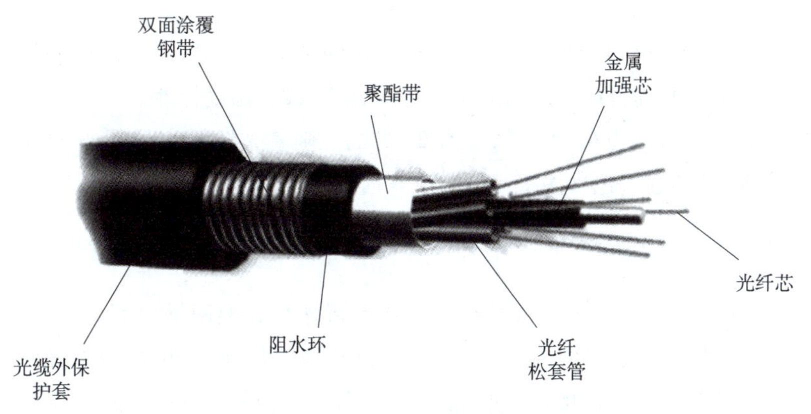

图 1.2.1 光缆结构

3. 光缆的结构

①使光纤在缆内处于最佳位置和状态,保证光纤传输性能稳定。在光缆受到一定打拉、侧压等外力时,光纤不应承受外力影响。

②缆芯中的加强元件应能承受允许拉力。

③缆芯截面应尽可能小,以降低成本。

缆芯内有光纤、套管或骨架和加强元件,在缆芯内还需填充油膏,具有可靠的防潮性能,防止潮气在缆芯中扩散。

(2)护层

光缆的护层主要是对已成缆的光纤芯起保护作用,避免受外界机械力和环境损坏,使光纤能适应于各种敷设场合,因此要求护层具有耐压力、防潮、温度特性好、质量轻、耐化学侵蚀和阻燃等特点。

光缆的护层可分为内护层和外护层。内护层一般采用聚乙烯或聚氯乙烯等,外护层可根据敷设条件而定,采用铝带和聚乙烯组成的 LAP 外护套加钢丝铠装等。

(3)加强元件

加强元件主要是承受敷设安装时所加的外力。光缆加强元件的配置方式一般分为“中心加强元件”方式和“外周加强元件”方式。一般层绞式和骨架式光缆的加强元件均处于缆芯中央,属于“中心加强元件”(加强芯);中心管式光缆的加强元件从缆芯移到护层,属于“外周加强元件”。加强元件一般有金属钢线和非金属玻璃纤维增强塑料(FRP)。使用非金属加强元件的非金属光缆能有效防止雷击。

2)缆芯的基本结构

按缆芯组件的不同一般可以分为层绞式、骨架式、束管式和带状式四种。用得较多的是传统结构的层绞式,如图 1.2.2 所示。

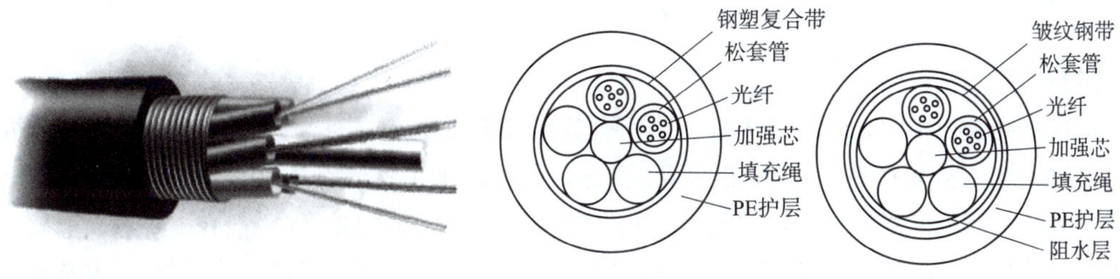

图 1.2.2 层绞式光缆

(1)层绞式

层绞式光缆是把松套光纤绕在中心加强件周围绞合而构成。这种结构的缆芯制造设备简单，工艺相当成熟，得到广泛应用。采用松套光纤的缆芯可以增强抗拉强度，改善温度特性。

层绞式结构光缆收容光纤数有限，多数为6～12芯，也有24芯的。随着光纤数的增多，出现单元式绞合：一个松套管就是一个单元，其内可包含多根光纤。生产时先绞合成单元，再挤制松套管，然后再绞合成缆。

(2)骨架式

骨架式光缆(图1.2.3)是将紧套光纤或一次涂覆光纤放入螺旋形塑料骨架凹槽内而构成，骨架的中心是加强元件。在骨架式光缆的一个凹槽内，可放置一根或几根涂覆光纤，也可放置光纤带，从而构成大容量的光缆。骨架式光缆对光纤保护较好，耐压、抗弯性能较好，但制造工艺复杂。

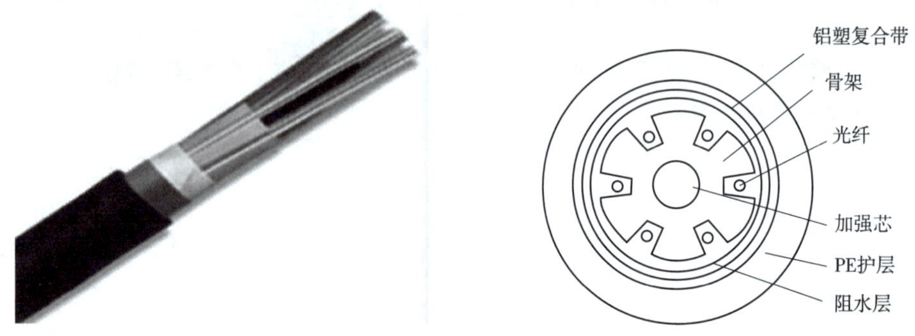

图1.2.3　骨架式光缆

(3)束管式

中心束管式光缆(图1.2.4)是将数根一次涂覆光纤或光纤束放入一个大塑料套管中，加强元件配置在塑料套管周围而构成。这种结构的加强件同时起着护套的部分作用，有利于减轻光缆的质量。

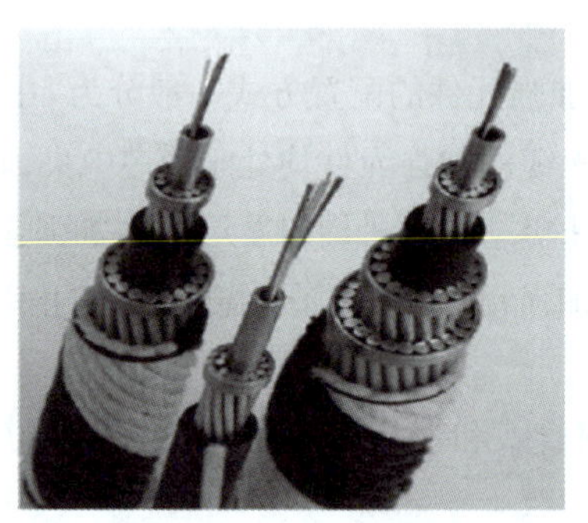

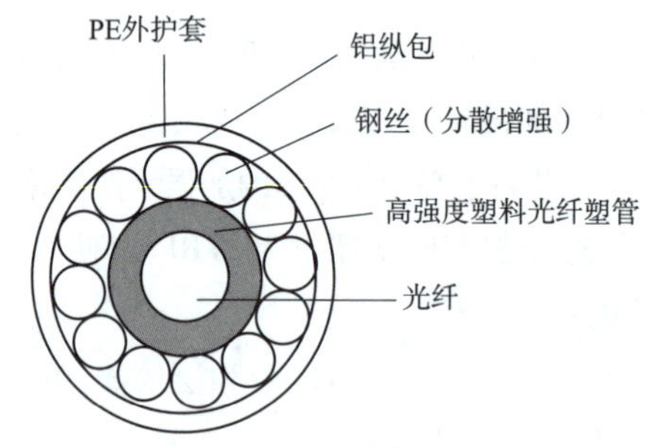

图1.2.4　束管式光缆

(4)带状式

带状式光缆(图1.2.5)是将多根一次涂覆光纤排列成行制成带状光纤单元，然后再把带状光纤单元放入在塑料套管中，形成中心束管式结构；也可以把带状光纤单元放入凹槽内或松套管内，形成骨架式或层绞式结构。带状结构光缆的优点是可容纳大量的光纤(一般在100芯以上)，满足作为用户光缆的需要；同时每个带状光缆单元的接续可以一次完成，以适应大量光纤接续、安装的需要。

带状式缆芯有利于制造容纳几百根光纤的高密度光缆，这种光缆已广泛应用于接入网。

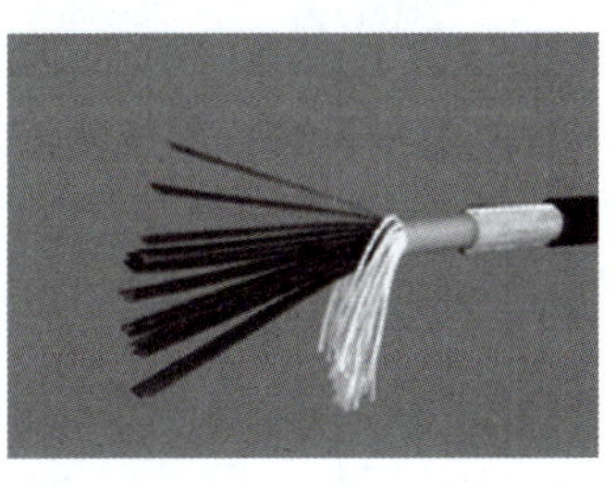

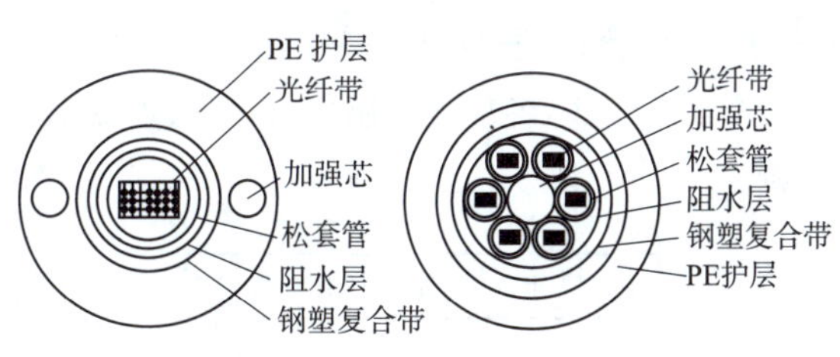

图 1.2.5 带状式光缆

3)护套

护套起着对缆芯的机械保护和环境保护作用,要求具有良好的抗侧压力性能及密封防潮和耐腐蚀的能力。护套通常由聚乙烯或聚氯乙烯(PE 或 PVC)和铝带或钢带构成。不同使用环境和敷设方式对护套的材料和结构有不同的要求。

4)光缆的端别

端别,即端头,一根光缆,有两个头,一个是里头(端),一个是外头(端),也称 A 端、B 端。光缆的品种、型号和结构种类较多,各厂家产品并不完全统一,一般来说,各生产厂家与运营商的要求是,里头(端)是 A 端,一般用红色表示;外头(端)是 B 端,一般用蓝色表示。

5)光纤的纤序色谱

目前,光缆内的光纤和光纤松套管的颜色一般采用全色谱识别,在不影响识别的情况下容许使用本色。光缆内的套管颜色和光纤颜色排列情况见表 1.2.1 和表 1.2.2。

表 1.2.1 光缆内松套管色谱识别表

套管号	1	2	3	4	5	6	7	8	9	10	11	12
颜色	蓝	橙	绿	棕	灰	白	红	黑	黄	紫	粉红	青绿

注:1. 缆芯内含有填充绳和套管时,套管色谱将从 1 号起依次截取,填充绳为白色;
2. 缆芯内没有填充绳时,套管色谱将从 1 号起依次截取。

表 1.2.2 套管内光纤色谱识别表

光纤号	1	2	3	4	5	6	7	8	9	10	11	12
颜色	蓝	橙	绿	棕	灰	白	红	黑	黄	紫	粉红	青绿

注:当套管内光纤不足 12 芯时,光纤的色谱从 1 号起依次截取。

2. 光缆型号及命名方法

1)型号的组成

光缆的型号由型式、规格和特殊性能标识(可缺省)三大部分组成。

光缆型号组成如图 1.2.6 所示。型式代号、规格代号和特殊性能标识(可缺省)之间应空一个格。

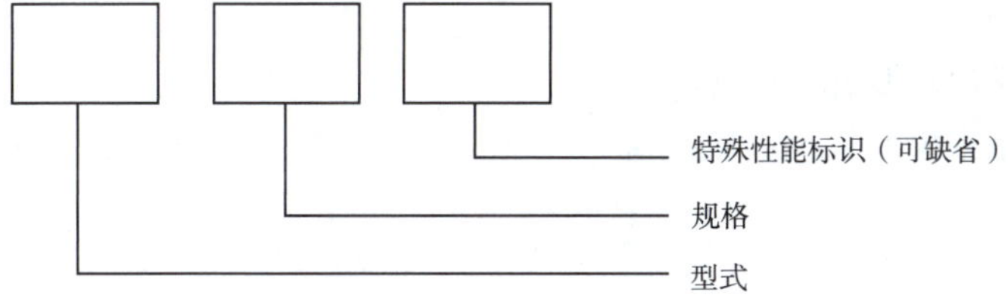

图 1.2.6 光缆型号的组成

2)型式的组成内容、代号及含义

型式由5个部分组成,各部分均用代号表示,如图1.2.7所示。其中结构特征指缆芯结构和光缆派生结构特征。

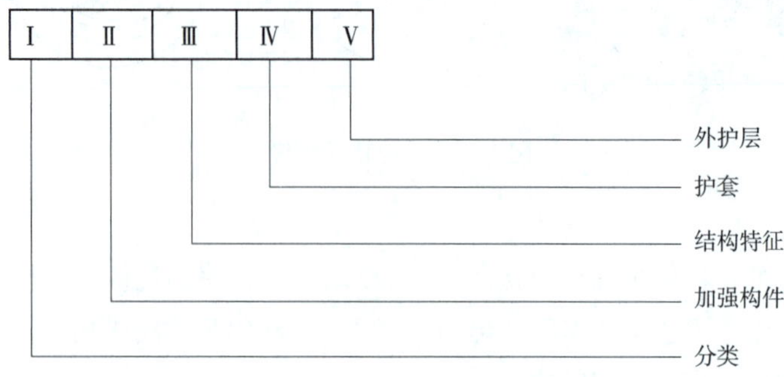

图1.2.7　型式的组成

(1)分类的代号及含义

光缆按适用场合分为室外、室内和室内外等几大类,每一大类还细分成小类。

当现有分类代号不能满足新型光缆命名需要时,应在相应代号后面增加新字符以方便表达。加入的新字符应符合下列规定:

- 应优先使用大写拼音字母。
- 使用的字符与下面相应的同一大类内列出的字符不重复。
- 尽量采用与新分类名称相关的词汇的拼音或英文的首字母。

①室外型

GY——通信用室(野)外光缆。

GYC——通信用气吹微型室外光缆。

GYL——通信用室外路面微槽敷设光缆。

GYP——通信用室外防鼠啮排水管道光缆。

GYQ——通信用轻型室外光缆。

②室内型

GJ——通信用室(局)内光缆。

GJA——通信用终端组件用室内光缆。

GJB——通信用室内分支光缆。

GJC——通信用气吹微型室内光缆。

GJP——通信用室内配线光缆。

GJI——通信用室内设备互联用光缆。

GJH——隐形光缆。

GJR——通信用室内圆形引入光缆。

GJX——通信用室内蝶形引入光缆。

③其他类型

GH——通信用海底光缆。

GM——通信用移动光缆。

GS——通信用设备光缆。

GT——通信用特殊光缆。

GD——通信用光电混合缆。

GDJ——通信用室内光电混合缆。

注:GD 默认为通信用室外光电混合缆,也可适用于通信用室内外光电混合缆。

(2)加强构件的代号及含义

加强构件指护套以内或嵌入护套中用于增强光缆抗拉力的构件。

当遇到以下代号不能准确表达光缆的加强构件特征时,应增加新字符以方便表达。新字符应符合下列规定:

- 应使用一个大写拼音字母。
- 使用的字符应与下面列出的字符不重复。
- 应尽量采用与新构件特征相关的词汇的拼音或英文的首字母。

加强构件的代号及含义如下:

(无符号)——金属加强构件。

F——非金属加强构件。

N——无加强构件。

(3)缆芯和光缆的派生结构特征的代号及含义

光缆结构特征应表示出缆芯的主要结构类型和光缆的派生结构。当光缆型式有几个结构特征需要表明时,可用组合代号表示,其组合代号按下列相应的各代号自上而下的顺序排列。

当遇到以下代号不能准确表达光缆的缆芯结构和派生结构特征时,应在相应位置加入新字符以方便表达。加入的新字符应符合下列规定:

- 使用一个大写拼音字母或阿拉伯数字。
- 使用的字符与下面列出的字符不重复。
- 尽量采用与新结构特征相关的词汇的拼音或英文的首字母。

①缆芯光纤结构

(无符号)——分立式光纤结构。

D——光纤带式光纤结构。

S——固化光纤束式光纤结构。

②二次被覆结构

(无符号)——塑料松套被覆结构。

J——紧套被覆结构。

E——无被覆结构。

M——金属松套被覆结构。

③缆芯结构

(无符号)——层绞结构。

G——骨架式结构。

R——束状式结构。

X——中心管式结构。

④阻水结构特征

(无符号)——全干式。

T——填充式。

HT——半干式。

⑤承载结构

(无符号)——非自承式结构。

C——自承式结构。

⑥吊线材料

(无符号)——金属加强吊线或无吊线。

F——非金属加强吊线。

⑦截面形状

(无符号)——圆形。

8——“8”字形状。

B——扁平形状。

E——椭圆形状。

(4)护套的代号及含义

护套的代号表示出护套的结构和材料特征,当护套有几个特征需要表明时,可用组合代号表示,其组合代号按下列相应的各代号自上而下的顺序排列。

当遇到下列代号不能准确表达光缆的护套特征时,应增加新字符以方便表达。增加的新字符应符合下列规定:

- 应优先使用一个大写拼音字母。
- 位用的字符与下面列出的字符不重复。
- 尽量采用新护套特征相关词汇的拼音或英文的首字母。

①护套阻燃特性

(无符号)——非阻燃材料护套。

Z——阻燃材料护套。

②护套结构

无符号——单一材质的护套。

A——铝—塑料粘接护套。

S——钢—塑料粘接护套。

W——夹带平行加强件的钢—塑料粘接护套。

P——夹带平行加强件的塑料护套。

K——螺旋钢管—塑料护套。

③护套材料

Y——聚乙烯护套。

V——聚氯乙烯护套。

U——聚氨酯护套。

H——低烟无卤护套。

N——尼龙护套。

L——铝护套。

G——钢护套。

(5)外护层的代号及含义

当有外护层时,它可包括垫层、铠装层和外被层,其代号用两组数字表示(垫层不需表示),第一组表示铠装层,它可以是一位或两位数字;第二组表示外被层,它应是一位数字。

①铠装层的代号及含义(表 1.2.3)

表 1.2.3 铠装层的代号及含义

代　号	含　义
0 或(无符号)[a]	无铠装层
1	铜管
2	绕包双钢带
3	单细圆钢丝[b]
33	双细圆钢丝[b]
4	单粗圆钢丝[b]
44	双粗圆钢丝[b]
5	皱纹钢带
6	非金属丝
7	非金属带
8	非金属杆
88	双层非金属杆

注:a. 当光缆有外被层时,用代号“0”表示“无铠装层”;光缆无外被层时,用代号“(无符号)”表示“无铠装层”。
b. 细圆钢丝的直径 <3.0 mm;粗圆钢丝的直径 ≥3.0 mm。

②外被层的代号及含义(表 1.2.4)

表 1.2.4 外被层的代号及含义

代　号	含　义
(无符号)	无外被层
1	纤维外被
2	聚氯乙烯套
3	聚乙烯套
4	聚乙烯套加覆尼龙套
5	聚乙烯保护管
6	阻燃聚乙烯套
7	尼龙套加覆聚乙烯套
8	低烟无卤阻燃聚烯烃套
9	聚氨酯套

3)光纤规格

光纤的规格由光纤数和光纤类别组成,如果同一根光缆中含有两种或两种以上规格(光纤数和类别)的光纤时,中间应用“+”号连接。

光纤数的代号:用光缆中同类别光纤的实际有效数目的数字表示。

光纤类别的代号:应采用光纤产品的分类代号表示,即用大写字母 A 表示多模光纤,用大写字母 B 表示单模光纤,再以数字和小写字母表示不同种类型光纤。具体的光纤类别代号应符合 GB/T 12357.1 ~12357.4 以及 GB/T 9771.1 ~9771.7 中的规定。多模光纤的类别代号参见表 1.2.5,单模光纤的类别代号参见表 1.2.6。

表 1.2.5　多模光纤的分类代号

分类代号	特　性	纤芯直径(μm)	包层直径(μm)	材　料
A1a. 1	渐变折射率	50	125	二氧化硅
A1a. 2	渐变折射率	50	125	二氧化硅
A1a. 3	渐变折射率	50	125	二氧化硅
A1b	渐变折射率	62. 5	125	二氧化硅
A1d	渐变折射率	100	140	二氧化硅
A2a	突变折射率	100	140	二氧化硅
A2b	突变折射率	200	240	二氧化硅
A2c	突变折射率	200	280	二氧化硅
A3a	突变折射率	200	300	二氧化硅塑料包层
A3b	突变折射率	200	380	二氧化硅塑料包层
A3c	突变折射率	200	230	二氧化硅塑料包层
A4a	突变折射率	965 ~ 985	1 000	塑料
A4b	突变折射率	715 ~ 735	750	塑料
A4c	突变折射率	465 ~ 485	500	塑料
A4d	突变折射率	965 ~ 985	1 000	塑料
A4e	渐变或多阶折射率	≥500	750	塑料
A4f	渐变折射率	200	490	塑料
A4g	渐变折射率	120	490	塑料
A4h	渐变折射率	62. 5	245	塑料

表 1.2.6　单模光纤的分类代号

分类代号	名　称	ITU 分类代号
B1. 1	非色散位移光纤	G. 652. A, B
B1. 2	截止波长位移光纤	G. 654
B1. 3	波长段扩展的非色散位移光纤	G. 652. C, D
B2	色散位移光纤	G. 653
B4a	非零色散位移光纤	G. 655. A
B4b		G. 655. B
B4c		G. 655. C
B4d		G. 655. D
B4e		G. 655. E
B5	宽波长段光传输用非零色散光纤	G. 656
B6a1	接入网用弯曲损耗不敏感光纤	G. 657. A1
B6a2		G. 657. A2
B6b2		G. 657. B2
B6b3		G. 657. B3

3. 光缆的应用

在线路工程中，光缆的主要敷设方式有架空、管道、直埋、水底等方式，表 1.2.7 列出了工程中常用的一些光缆型号及其敷设方式和用途。

表 1.2.7 常用光缆的型号及用途

名 称	主要型号	全 称	敷设方式及用途
中心束管式光缆	GYXTY	室外通信用、金属加强构件、中心管、全填充、夹带加强件聚乙烯护套光缆	架空、农话
	GYXTS	室外通信用、金属加强构件、中心管、全填充、钢—聚乙烯粘结护套光缆	架空、农话
层绞式光缆	GYTA	室外通信用、金属加强构件、松套层绞、全填充、铝—聚乙烯粘结护套光缆	架空、管道
	GYTS	室外通信用、金属加强构件、松套层绞、全填充、钢—聚乙烯粘结护套光缆	架空、管道、也可直埋
	GYTA53	室外通信用、金属加强构件、松套层绞、全填充、铝—聚乙烯粘结护套、皱纹钢带铠装聚乙烯外护层光缆	直埋
	GYTY53	室外通信用、金属加强构件、松套层绞、全填充、聚乙烯护套、皱纹钢带铠装聚乙烯外护层光缆	直埋
	GYTY53 +33	室外通信用、金属加强构件、松套层绞、全填充、聚乙烯护套、皱纹钢铠装聚乙烯套 + 单细钢丝铠装聚乙烯外护层光缆	直埋、水底
	GYTY53 +333	室外通信用、金属加强构件、松套层绞、全填充、聚乙烯护套、皱纹钢带铠装聚乙烯套 + 双细钢丝铠装聚乙烯外护层光缆	直埋、水底
光纤带光缆	GYDXTW	室外通信用、金属加强构件、光纤带中心管、全填充、夹带平行钢丝的钢—聚乙烯粘结护层光缆	架空、管道、接入网
	GYDTY	室外通信用、金属加强构件、光纤带、松套层绞、全填充聚乙烯护层光缆	架空、管道、接入网
	GYDTY53	室外通信用、金属加强构件、光纤带松套层绞、全填充、聚乙烯护套、皱纹钢带铠装聚乙烯外护层光缆	直埋、接入网
	GYDGTZY	室外通信用、非金属加强构件、光纤带、骨架、全填充、钢—阻燃聚烯烃粘结护层光缆	架空、管道、接入网
非金属光缆	GYFTY	室外通信用、非金属加强构件、松套层绞、全填充、聚乙烯护层光缆	架空、高压电感应区域
	GYFTY05	室外通信用、非金属加强件、松套层绞、全填充、聚乙烯护套、无铠装、聚乙烯保护层光缆	架空、槽道、高压感应区域
	GYFTY03	室外通信用、非金属加强构件、松套层绞、全填充、无铠装、聚乙烯套光缆	架空、槽道、高压感应区域
	GYFTCY	室外通信用、非金属加强件、松套层绞、全填充、自承式聚乙烯护层光缆	自承悬挂于高压电塔上
阻燃光缆	GYTZS	室外通信用、金属加强构件、松套层绞、全填充、钢—阻燃聚烯烃粘结护层光缆	架空、管道、无卤阻燃场合
防蚁光缆	GYTA04	室外通信用、金属加强构件、松套层绞、全填充、聚乙烯护套、无铠装、聚乙烯护套加尼龙外护层光缆	管道、防蚁场合
	GYTY54	室外通信用、金属加强构件、松套层绞、全填充、聚乙烯护套、皱纹钢带铠装、聚乙烯套加尼龙外护层光缆	直埋、防蚁场合

续上表

名　称	主要型号	全　称	敷设方式及用途
室内光缆	GJFJV	室外通信用、非金属加强件、紧套光纤、聚氯乙烯护层光缆	室内尾纤或跳线
	GJFJZY	室外通信用、非金属加强件、紧套光纤、阻燃、聚烯烃护层光缆	室内布线或尾缆
	GJFDBZY	室外通信用、非金属加强件、光纤带、扁平型、阻燃聚烯烃护层光缆	室内尾缆或跳线

任务 1.3　光缆传输实物

1. 光缆的类型

光缆的类型分为带状光缆与单芯光缆，如图 1.3.1 和图 1.3.2 所示。带状光缆常见的有 288 芯、144 芯、72 芯；单芯光缆常见的有 72 芯、48 芯、24 芯、12 芯、8 芯、4 芯。

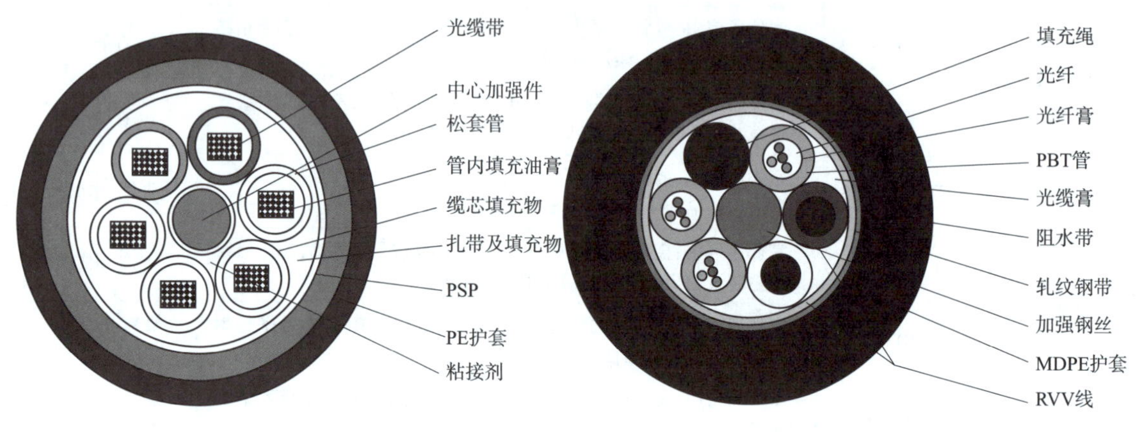

图 1.3.1　带状光缆　　图 1.3.2　单芯光缆

2. 连接器件类型

4. 光纤快速连接器

光纤连接器(又称跳线)(图 1.3.3)是光纤与光纤之间进行可拆卸(活动)连接的器件，它是把光纤的两个端面精密对接起来，以使发射光纤输出的光能量能最大限度地耦合到接收光纤中去，并使由于其介入光链路而对系统造成的影响减到最小，这是光纤连接器的基本要求。在一定程度上，光纤连接器也影响了光传输系统的可靠性和各项性能。

光纤连接器按传输媒介的不同可分为常见的硅基光纤的单模、多模连接器，还有其他如以塑胶等为传输媒介的光纤连接器。按连接头结构形式不同可分为 FC、SC、ST、LC、D4、DIN、MU、MT 等形式。按光纤端面形状不同可分为 FC、PC(包括 SPC 或 UPC)和 APC；按光纤芯数不同可分为单芯和多芯(如 MT-RJ)。光纤连接器应用广泛，品种繁多。在实际应用过程中，一般按照光纤连接器结构的不同来加以区分。常见的跳线/尾纤、适配器及衰减器如图 1.3.4 所示。

1)FC 圆形带螺纹(配线架上用得最多)

FC(Ferrule Connector)是单模网络中最常见的连接设备之一。它使用 2.5 mm 的卡套，圆形带螺纹接头，是金属接头，金属接头的可插拔次数比塑料要多。

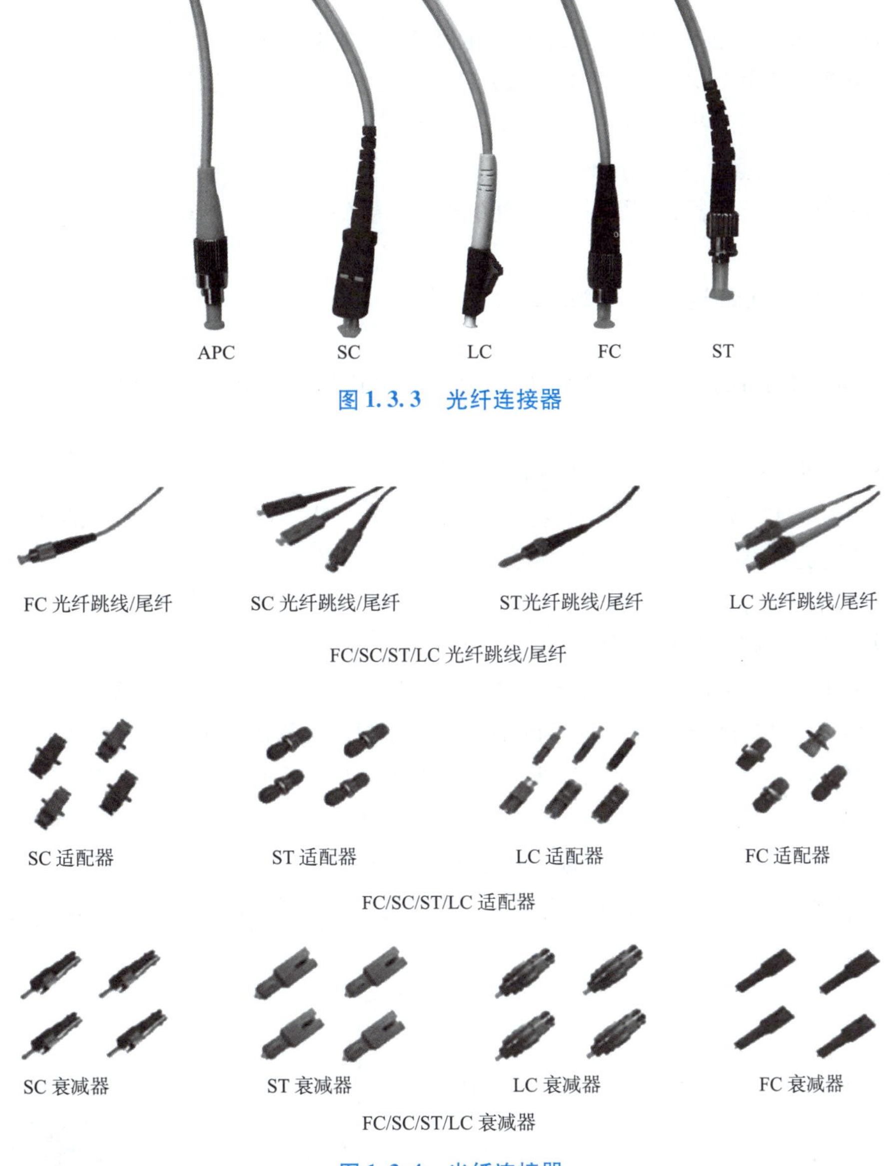

图 1.3.3　光纤连接器

图 1.3.4　光纤连接器

优点:牢靠、防灰尘。

缺点:安装时间稍长。

2)SC 卡接式方形

SC(Square Connector)使用 2.5 mm 卡套,不同于 ST/FC,它是一种插拔式的设备,因性能优异而被广泛使用。它是 TIA-568-A 标准化的连接器,外壳为矩形,采用插针与耦合套筒的结构尺寸与 FC 形完全相同。其中插针的端面多采用 PC 或 APC 型研磨方式;紧固方式为插拔销栓式,无须旋转。

优点:标准方形接头,直接插拔,使用方便。采用工程塑料,耐高温、不易氧化。

缺点:接头容易掉出。

3)ST 卡接式圆形

ST(Stab & Twist)是多模网络中最常见的连接设备。它具有一个卡口固定架,和一个 2.5 mm 长圆柱体的陶瓷或者聚合物卡套以容载整条光纤。外壳为圆形,固定方式为螺丝扣。

缺点:接头插入后旋转半周有一卡口固定,容易折断。

4)LC 型光纤连接器

连接 SFP 模块的连接器,它采用操作方便的模块化插孔(RJ)栓锁机理制成。

5)MT-RJ

收发一体的方形光纤连接器,一头双纤收发一体。

6)端面

PC (Physical Contact)微球面研磨抛光。在电信运营商的设备中应用得最为广泛,其接头截面是平的。

SPC(Super Physical Contact)的回波损耗要比 PC 大。

UPC 的衰耗比 PC 要小,一般用于有特殊需求的设备,一些国外厂家 ODF 架内部跳纤用的就是 FC/UPC,主要是为提高 ODF 设备自身的指标。

APC 呈 8°角并做微球面研磨抛光。

光纤连接器端面如图 1.3.5 所示,PC、SPC 和 UPC 工业标准规定的回波损耗分别为 -35 dB、-40 dB 和 -50 dB。不同的连接器原则上不能混接,但 PC、SPC 和 UPC 的光纤端面都是平面的,差别在于磨的质量,所以,PC、SPC 和 UPC 的混连还不至于对连接器造成永久性的物理损伤。APC 则完全不同,它的端面被磨成一个 8°角,减少反射,其工业标准的回波损耗为 -60 dB。APC 连接器只能与 APC 相连接。由于 APC 的结构与 PC 完全不同,如果用法兰盘将这两种连接器连接,就会损坏连接器的光纤端面。连接 APC 到 PC 的办法是通过 PC 到 APC 转换的光纤跳线来实现。另外要说明的是 APC 连接器通常是绿色的(而黄色的光纤则只是单模光纤),而且人眼就能看到光纤端面的倾斜。

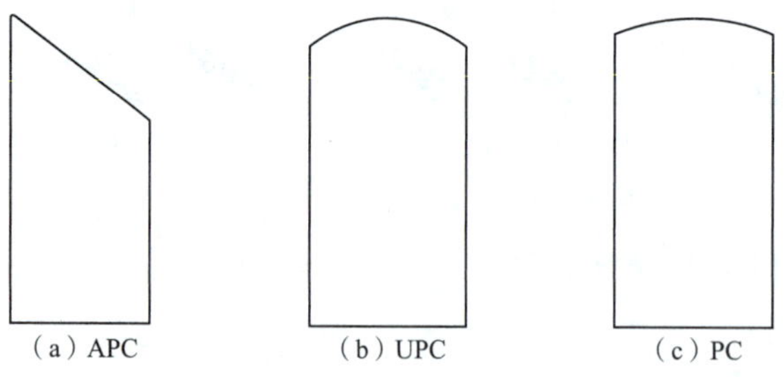

图 1.3.5 光纤连接器端面示意图

5. 光传输网络 1

3. 光纤配线架

ODF 光纤配线架(Optical Distribution Frame),又称光纤配线柜(图 1.3.6),是用于光纤通信网络中对光缆、光纤进行终接、保护、连接及管理的配线设备。ODF 光纤配线架在本设备上可以实现对光缆的固定、开剥、接地保护,以及各种光纤的熔接、跳转、冗纤盘绕、合理布放、配线调度等功能,是传输媒体与传输设备之间的配套设备。光纤配线架外形美观、结构紧凑、容量大、密度高,适用于带状光缆和普通光缆。机架可定做为敞开式或全封闭结构,前后开门,便于操作、防尘效果好。光纤配线架每单元熔配一体化模块,熔接模块在单元中有可靠的定位及限位装置,可单片移出操作使熔接一次性完成,操作简单。

ODF子框光纤配线架(又名ODF单元箱,图1.3.7)是安装于ODF架内,使光纤便于查找,管理容易,安装方便并具有良好的操作性等特点。ODF单元箱具有光缆固定和保护功能、光缆终接功能、调线功能,以及光缆纤芯和尾纤保护功能。既可单独配装成光纤配线架,也可与数字配线单元、音频配线单元同装在一个机柜/架内。构成综合配线架。该设备配置灵活、安装适用简单、容易维护、便于管理,是光纤通信光缆网络终端,或中继点实现排纤、跳纤光缆熔接及接入必不可少的设备。

图1.3.6　光纤配线架

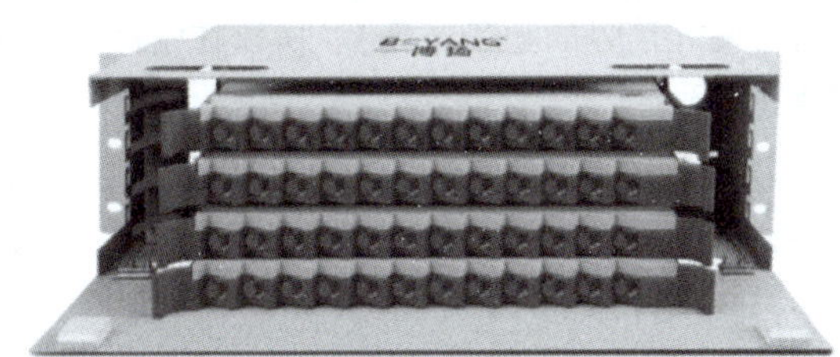

图1.3.7　ODF子框、融纤托盘

4. 光分路器(图1.3.8)

1)插入损耗

光分路器的插入损耗是指每一路输出相对于输入光损失的dB数,其数学表达式为:$A_i = -10\lg P_{outi}/P_{in}$,其中$A_i$是指第$i$个输出口的插入损耗;$P_{outi}$是第$i$个输出端口的光功率;$P_{in}$是输入端的光功率值。

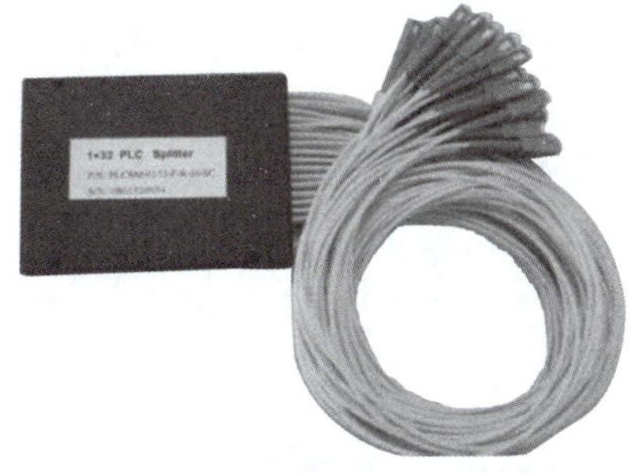

图1.3.8　光分路器

2)附加损耗

附加损耗定义为所有输出端口的光功率总和相对于输入光功率损失的dB数。值得一提的是,对于光纤耦合器,附加损耗是体现器件制造工艺质量的指标,反映的是器件制作过程的固有损耗,这个损耗越小越好,是制作质量优劣的考核指标。而插入损耗则仅表示各个输出端口的输出功率状况,不仅有固有损耗的因素,更考虑了分光比的影响。因此不同的光纤耦合器之间,插入损耗的差异并不能反映器件制作质量的优劣。对于 $1\times N$ 单模标准型光分路器附加损耗见表 1.3.1。

表 1.3.1　单模标准型光分路器附加损耗

分路数	2	3	4	5	6	7	8	9	10	11	12	16
附加损耗（dB）	0.2	0.3	0.4	0.45	0.5	0.55	0.6	0.7	0.8	0.9	1.0	1.2

3）分光比

分光比定义为光分路器各输出端口的输出功率比值，在系统应用中，分光比的确定是根据实际系统光节点所需的光功率的多少，确定合适的分光比（平均分配的除外），光分路器的分光比与传输光的波长有关，例如一个光分路在传输 1.31 μm 的光时两个输出端的分光比为 50:50；在传输 1.5 μm 的光时，则变为 70:30（之所以出现这种情况，是因为光分路器都有一定的带宽，即分光比基本不变时所传输光信号的频带宽度）。所以在定做光分路器时一定要注明波长。

4）隔离度

隔离度是指光分路器的某一光路对其他光路中的光信号的隔离能力。在以上各指标中，隔离度对于光分路器的意义更为重大，在实际系统应用中往往需要隔离度达到 40 dB 以上的器件，否则将影响整个系统的性能。

5）稳定性

另外光分路器的稳定性也是一个重要的指标，所谓稳定性是指在外界温度变化，其他器件的工作状态变化时，光分路器的分光比和其他性能指标都应基本保持不变，实际上光分路器的稳定性完全取决于生产厂家的工艺水平，不同厂家的产品，质量悬殊相当大。在实际应用中，有可能碰到质量低劣的光分路器（不仅性能指标劣化快，而且损坏率相当高），作为光纤干线的重要器件，在选购时一定加以注意，选择质量优良的光分路器。

5. 光缆接头盒、光配线箱、光终端盒

1）光缆接头盒

光缆接头盒是将两根或多根光缆连接在一起，并具有保护部件的接续部分，是光缆线路工程建设中必须采用的，而且是非常重要的器材之一，光缆接头盒的质量直接影响光缆线路的质量和光缆线路的使用寿命。分帽式光缆接头盒和卧式光缆接头盒两种，如图 1.3.9 和图 1.3.10 所示。

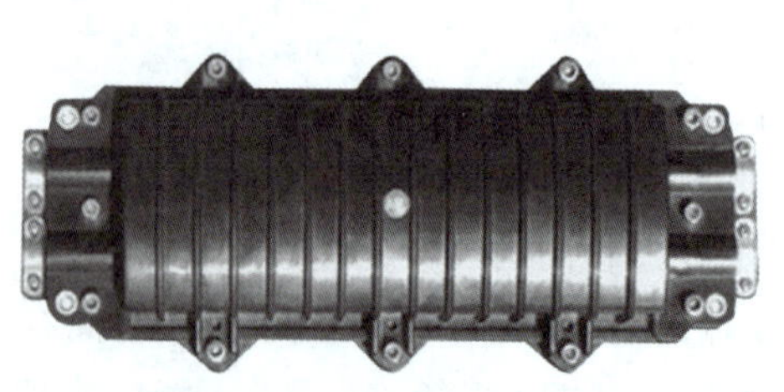

图 1.3.9　卧式光缆接头盒

图 1.3.10　帽式光缆接头盒

6. 光传输网络 2

2)光配线箱(图 1.3.11)

光配线箱适用于光缆与光通信设备的配线连接,通过配线箱内的适配器,用光跳线引出光信号,实现光配线功能。

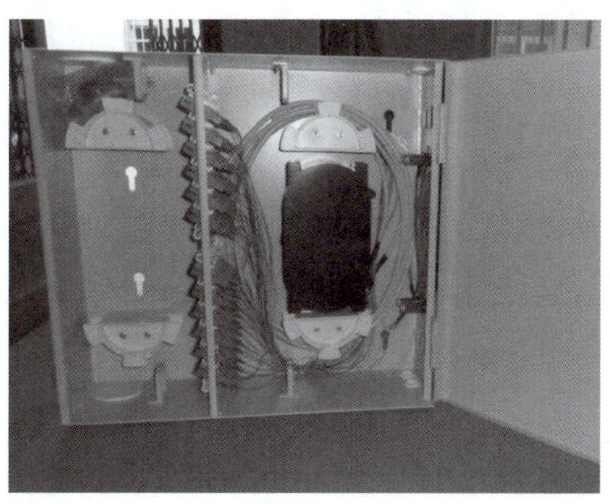

图 1.3.11 光配线箱

3)光纤终端盒(图 1.3.12)

光纤终端盒是一条光缆的终接头,它的一头是光缆,另一头是尾纤,相当于是把一条光缆拆分成单条光纤的设备。安装在墙上的用户光缆终端盒,它的功能是提供光纤与光纤的熔接、光纤与尾纤的熔接以及光连接器的交接,并对光纤及其元件提供机械保护和环境保护,允许进行适当的检查,使其保持最高标准的光纤管理。

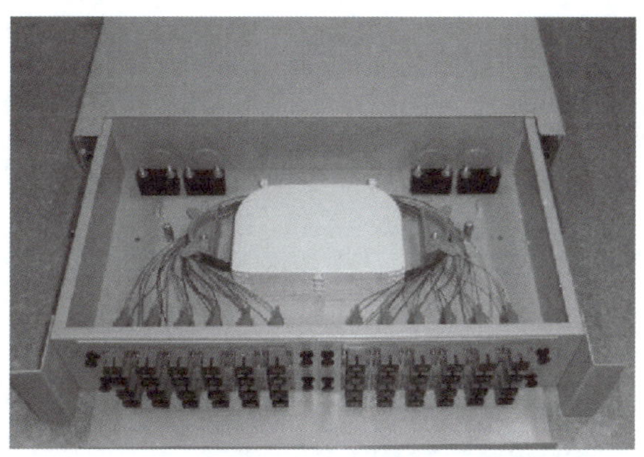

图 1.3.12 光纤终端盒

课程	通信线路	模块	通信光缆
班级		姓名	

活页笔记

自我分析与总结：

课程	通信线路	模块	通信光缆
班级		姓名	

理论测试

一、填空题

1. 光纤由________、________和________三部分组成，其中________和________可以导光。

2. 若一种光纤只允许传输一个模式的光波，则称它为________光纤。如果一种光纤允许同时传输多个模式的光波，这种光纤为________光纤。

3. 光纤的损耗主要包括________损耗、________损耗和________损耗三种损耗。

4. 单模光纤中有两个低损耗区域，即通常说的________窗口和________窗口。

5. 光纤的传输特性参数是________和________。

6. 多模光纤按折射率分布可分为________和________光纤。

7. 单模光纤的色散可分为________色散和________色散，其中，主要受________色散的影响。

8. 光缆基本上都是由________、________和________三部分组成。

9. 芯组件的不同一般可以分为________、________、________和________四种。

10. 通信用室(野)外光缆的分类代号是________。

11. 光纤和光纤松套管的颜色一般采用全色谱识别，其色谱是：__________________________。

12. 光缆缆芯内含有填充绳和套管时，套管色谱将从________起依次截取，填充绳为白色。

13. 光缆的护套通常由________或________和铝带或钢带构成。

14. 光缆的加强构件是金属加强构件时的代号是________。

15. 当套管内光纤不足12芯时，光纤的色谱从________起依次截取。

16. 铝—聚乙烯粘结护套的代号是________。

17. 光缆的型号由________、________和特殊性能标识(可缺省)三大部分组成。

二、选择题

1. 干线光缆工程中，绝大多数为(　　)光纤；而尾巴光纤都是(　　)光纤。依次填入正确的是(　　)。

A. 紧套，松套　　B. 松套，紧套　　C. 紧套，紧套

2. 通常各种色散的大小顺序是(　　)。

A. 模式色散>>波导色散 > 材料色散　　B. 模式色散>>材料色散 > 波导色散

C. 材料色散>>模式色散 > 波导色散　　D. 材料色散>>波导色散 > 模式色散

3. 下面(　　)选项满足全反射必须满足的条件(n_1 为纤芯的折射率，n_2 为包层的折射率)。

A. 折射率 n_1 必须大于折射率 n_2；光线向界面的入射角应大于临界角

B. 折射率 n_1 必须大于折射率 n_2；光线向界面的入射角应小于临界角

C. 折射率 n_1 必须小于折射率 n_2；光线向界面的入射角应大于临界角

D. 折射率 n_1 必须小于折射率 n_2；光线向界面的入射角应小于临界角

4. 在目前最常用的G.652光纤中，波长为(　　)的光具有最小损耗。

A. 850 nm　　B. 1 310 nm　　C. 1 550 nm　　D. 1 720 nm

5. 通信用光纤的外径为(　　)。

A. 50 μm　　B. 100 μm　　C. 125 μm　　D. 150 μm

6. 单模光纤的纤芯直径为(　　)。

A. 7 ~ 8 μm　　B. 9 ~ 10 μm　　C. 11 ~ 12 μm　　D. 12 ~ 13 μm

7. 紧套光纤结构从里至外的排列顺序为(　　)。

A. 纤芯→缓冲层→包层→二次涂覆层→预涂覆层

B. 纤芯→预涂覆层→包层→缓冲层→二次涂覆层

C. 纤芯→包层→预涂覆层→缓冲层→二次涂覆层

D. 纤芯→二次涂覆层→缓冲层→包层→预涂覆层

8. 单模光纤是(　　)光纤。

A. 梯度型　　B. 阶跃型　　C. 渐变型　　D. 自聚焦型

9. 单模光纤的带宽比多模光纤带宽(　　)。

A. 小　　B. 一样　　C. 大　　D. 有时大有时小

10. 多模光纤引起脉冲展宽的主要因素是(　　)。

A. 材料色散　　B. 结构色散　　C. 模式色散　　D. 入射角过大

三、简答题

1. 简单解释光纤传输中的漏光现象。

2. 当光缆型号为 GYTA53 32B1 +8B4 请用文字说明其型号及规格。

3. 说明 PC、SPC、UPC 和 APC 的区别。

4. 写出下列光缆的型号：

(1)非金属加强构件、松套层绞填充式、油膏填充、铝—聚乙烯粘结护套、皱纹钢带铠装、聚乙烯护套通信用室外光缆,包含 12 根 B1.3 类单模光纤。

(2)非金属加强构件、光纤带骨架全干式、聚乙烯护套、非金属丝铠装、聚乙烯套通信用室外光缆,包含 144 根 B1.1 类单模光纤。

(3)金属加强构件、松套层绞填充式、油膏填充、铝—聚乙烯粘结护套通信用室外光缆,包 12 含根 B1.1 类单模光纤和 6 根 B4 类单模光纤。

实　操

1. 现场分辨 FC、SC、ST、LC 连接头。
2. 现场分辨光缆、光配线箱光缆，并要求将光纤终端盒的尾纤按色谱连接到光纤适配器。

课程	通信线路	模块	通信光缆
班级		姓名	

任务与考核

任务名称		通信光缆		
任　　务	知识技能目标	考核项目	自我评价	教师评价
通信光纤	1. 了解光纤的结构及导光原理； 2. 掌握光纤的传输特性	光纤的导光原理(10 分)		
		通信光纤的传输模式(10 分)		
		通信光纤的分类及特点(20 分)		
通信光缆	1. 了解光缆的组成及各部分功能； 2. 掌握光缆的命名方法及使用场景	通信光缆的组成(15 分)		
		通信光缆的命名(15 分)		
光缆传输实物	1. 了解光连接器的种类及应用； 2. 掌握各种光器件的性能特点	光纤连接器的种类及特点(10 分)		
		光分路器的性能指标(10 分)		
		光缆终端设备、配线设备的应用(10 分)		
总　　分				

模块2　通信电缆

引　言

通信电缆是传输电话、电报、电视和广播节目、数据和其他电信号的电缆，通信电缆经过上百年的发展，工艺及技术非常成熟，但由于通信技术的发展，长途传输已经不再使用通信电缆，但由于前期敷设了大量的通信电缆，目前在用户接入时经常使用。同时，由于铁路通信的特殊性，在站场通信和区间通信中，经常采用通信电缆。目前在铁路通信中，使用最多的是全塑双绞通信电缆和漏泄同轴电缆（用于450 MHz无线列调和GSM-R的区间信号覆盖）。

学习目标

1. 了解全塑电缆的组成；
2. 掌握全塑电缆的命名；
3. 掌握全塑电缆的参数；
4. 了解漏泄同轴电缆的工作原理；
5. 了解漏泄同轴电缆的结构；
6. 掌握漏泄同轴电缆的性能指标。

职业素养

1. 具有一定的抽象思维、形象思维和逻辑思维能力，善于进行独创性思维，发现新问题、研究新情况、提出新观点；
2. 养成勤学善思，求真务实的良好品性；
3. 养成严格规范作业的严谨工作态度。

任务2.1　全色谱全塑双绞通信电缆

全色谱全塑双绞通信电缆是现在本地网中广泛使用的电缆，所谓“全塑”电缆是指凡是电缆的芯线绝缘层、缆芯包带层和护套均采用高分子聚合物——塑料制成的电缆。全塑市话电缆属于宽频带对称电缆，现已广泛用来传送电话、电报和数据等业务电信号。

由于全塑电缆具有电气特性优良、传输质量好、质量轻、运输和施工方便、抗腐蚀、故障少、维护方便、造价低、经济实用、效率高及使用寿命长等特点，使它得到了很快的发展和推广，与之相配套的线路技术，如电缆的布放、接续，各种成端技术，新的线路网结构和配线制式，传输技术和维护测试技术等也得到了飞速发展。

1. 芯线材料及线径

由纯电解铜制成，一般为软铜线，标称线径有0.32 mm、0.4 mm、0.5 mm、0.6 mm和0.8 mm五

种。我国颁布的标准中只有这五种标称线径，但在铁路中经常使用0.9 mm、1.0 mm的线径。

2. 芯线的绝缘

(1)绝缘材料：高密度聚乙烯、聚丙烯或乙烯—丙烯共聚物等高分子聚合物塑料，称为聚烯烃塑料。其优点是具有较好的稳定性，防潮性能好，机械强度高，有较好的弹性和延展性，加工方便。

(2)绝缘形式：全塑电缆的芯线绝缘形式分为实心绝缘、泡沫绝缘、泡沫/实心皮绝缘三种(图2.1.1)。

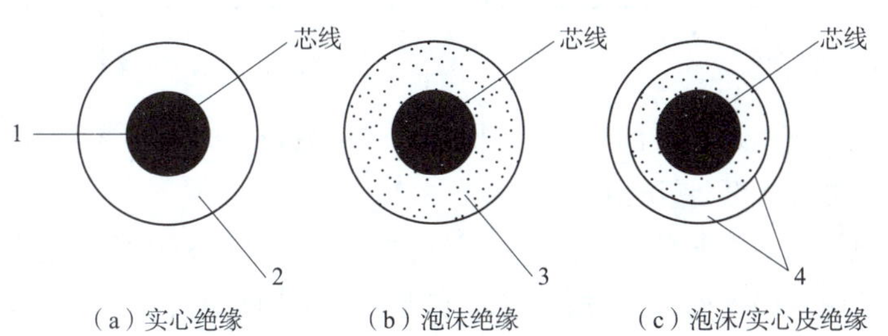

7. 电缆的结构

图2.1.1　芯线的绝缘

1—金属导线；2—实心聚烯烃绝缘层；
3—泡沫聚烯烃绝缘层；4—泡沫/实心皮聚烯烃绝缘层

3. 芯线的扭绞(图2.1.2)

为了减少线间的电磁耦合，提高线对之间的抗干扰能力，便于电缆弯曲和增加电缆结构的稳定性，通常对线对(或四线组)进行扭绞，即将一对(a、b)线或一个四线组的四根导线构成一个线组，均匀地围绕着同一轴线旋转。电缆芯线沿着轴线旋转一周的纵向长度成为扭绞节距。

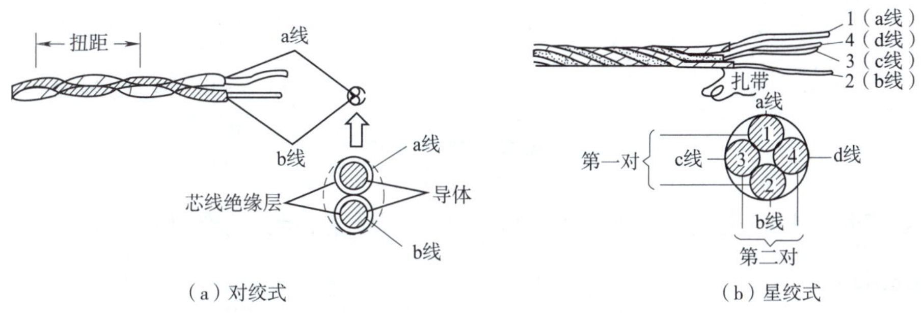

图2.1.2　芯线的扭绞

4. 芯线的色谱

线组内绝缘芯线的颜色分为普通色谱和全色谱两种。

(1)普通色谱：标志线对为蓝/白，普通线对为红/白，这种电缆现在已使用不多，这里不做介绍。

(2)全色谱：由10种颜色两两组合成25个组合(表2.1.1)，a线：白、红、黑、黄、紫，b线：蓝、橙、绿、棕、灰。在一个基本单位中，线对序号和颜色意义对应，给施工时的编线及使用提供了很大的方便。

表 2.1.1　全色谱线对编号与色谱

线对编号	颜色		线对编号	颜色		线对编号	颜色		线对编号	颜色		线对编号	颜色	
	a	b		a	b		a	b		a	b		a	b
1		蓝	6		蓝	11		蓝	16		蓝	21		蓝
2		橙	7		橙	12		橙	17		橙	22		橙
3	白	绿	8	红	绿	13	黑	绿	18	黄	绿	23	紫	绿
4		棕	9		棕	14		棕	19		棕	24		棕
5		灰	10		灰	15		灰	20		灰	25		灰

5. 全塑电缆的缆芯

(1)同心式缆芯:其结构方式是由线对构成的一系列同心圆,当层数较多时这种成缆方式多有不便,故只用于部分小对数(50 对以下)的全塑电缆中。

(2)单位式缆芯:这是全塑电缆形成缆芯的主要方式。它主要由基本单位和超单位绞合而成。根据缆芯中芯线线对和单位扎带颜色的不同,单位式缆芯也有普通色谱和全色谱之分。学习的重点是全色谱单位式缆芯。

全色谱单位式缆芯的基本单位有 25 对和 10 对两种,其中 25 对基本单位线对色谱采用了全部 25 对在组合,10 对基本单位采用的是前 10 对色谱,如图 2.1.3 所示。

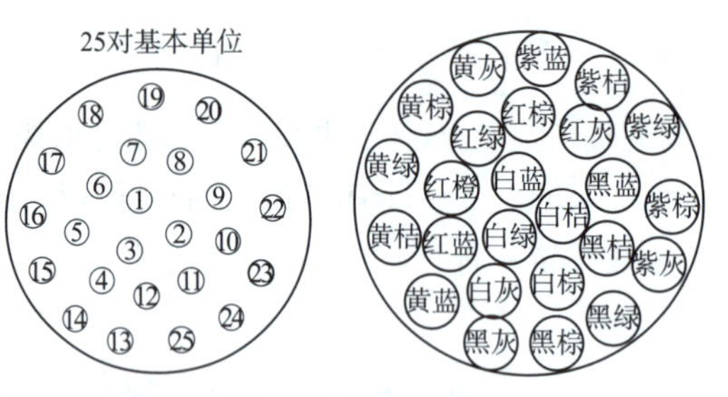

(a) 25对基本单位线对色谱

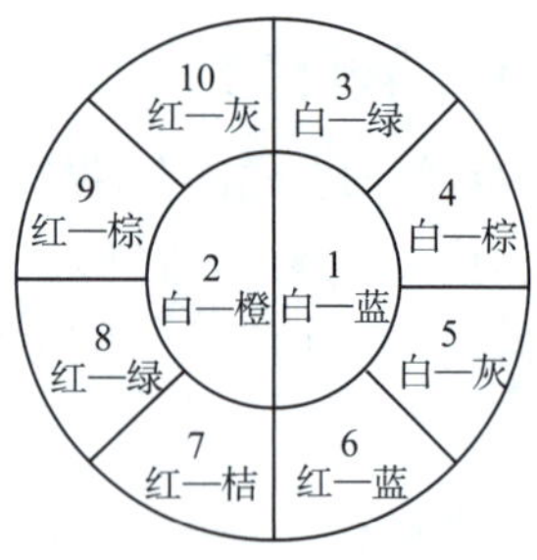

(b) 10对基本单位线对色谱

图 2.1.3　缆芯色谱

目前通信电缆基本不使用 100 对以上电缆,本文不再对超单元进行介绍。

6. 缆芯包带层

为了保证电缆质量,在已有的缆芯上包覆 1 ~ 2 层聚酯带,可以有效保证电缆产品能够达到规定的绝缘和耐压强度。

7. 屏蔽护套和外护套

(1)屏蔽层

屏蔽层的主要作用是防止外界电磁场的干扰。全塑电缆的金属屏蔽层介于塑料护套与缆芯包带之间,其结构有纵包和绕包两种。

①裸铝带;

②双面涂塑铝带;

③铜带(少用);

④钢包不锈钢带;

⑤高强度硬性钢带;

⑥裸铝、裸钢双层金属带;

⑦双面涂塑铝、裸钢双层金属带。

(2)护套(图2.1.4)

全塑电缆的护套包在屏蔽层外面。材料是高分子聚合物塑料,全塑电缆的护套主要有:单、双层护套、综合护套、粘接护套(层)和特殊护套(层)等。

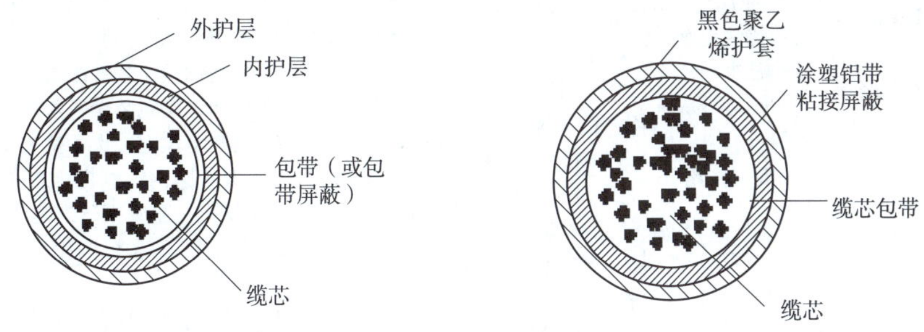

图2.1.4 护套

(3)外护层

全塑电缆的外护层由内衬层、铠装层和外被层三层构成,如图2.1.5所示。

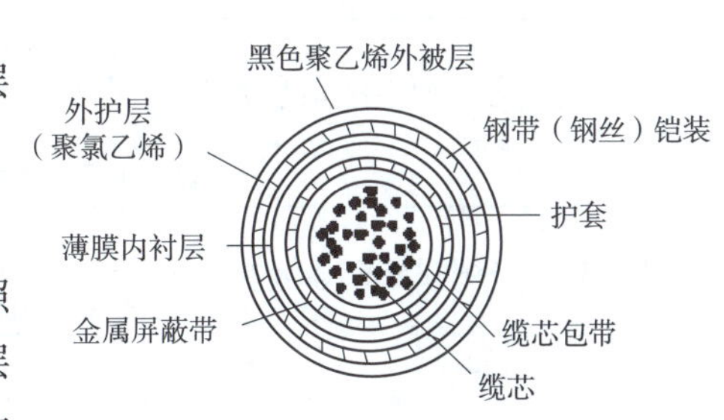

图2.1.5 电缆外护层

8. 通信电缆的命名

电缆型号是识别电缆规格程式和用途的代号。按照用途、芯线结构、导线材料、绝缘材料、护层材料、外护层材料等,分别用不同的汉语拼音字母和数字来表示,称为电缆型号。全塑电缆型号如图2.1.6所示。

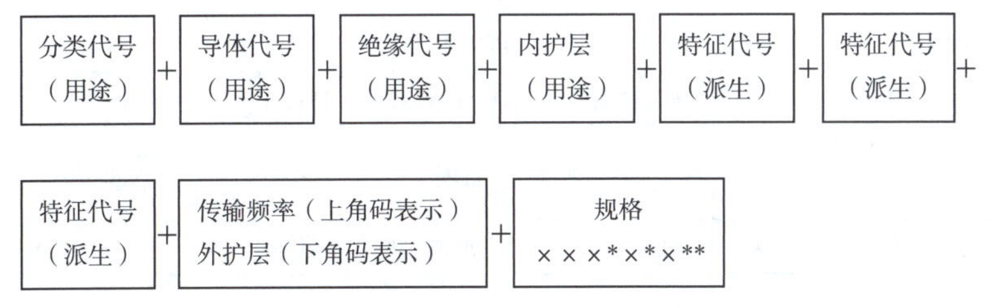

图2.1.6 电缆命名

如:HYA100×2×0.5表示铜芯、实心聚烯烃绝缘、涂塑铝带粘接屏蔽、容量100对、对绞式、线径为0.5 mm的市内通信全塑电缆。

电缆的命名见表2.1.2。

表 2.1.2　电缆的命名

类别、用途	导体	绝缘层	内护层	特征	外护层	派生
H—市内通信电缆 HP—配线电缆 HJ—局用电缆 HE—长途通信电缆	G—钢 L—铝 T—铜 (省略不标)	Y—实心聚烯烃 YF—泡沫聚烯烃绝缘 YP—泡沫/实心皮聚烯烃绝缘 M—棉纱 V—实心聚氯乙烯 Z—纸(省略不标)	A—涂塑铝带粘接屏蔽聚乙烯护套 BM—棉纱编织 G—钢管 GS—皱纹钢管 L—铝管 LW—皱纹铝管 Q—铅管 LW—皱纹铅管 S—铝、钢双层金属带屏蔽聚乙烯护套聚氯乙烯护套 V—聚氯乙烯护套 Y—聚乙烯	T—石油膏填充 G—高频隔离 C—自承式， 电缆同时有几种特征存在时，型号字母顺序依次为 T、G、C B—扁、平行 J—交换机用 P—屏蔽	02 聚氯乙烯被层 03 聚乙烯被层 20 裸钢带铠装 21 钢带铠装纤维被层 22 钢带铠装聚氯乙烯被层 23 钢带铠装聚乙烯被层 30 裸细圆钢丝铠装 31 细圆钢丝铠装纤维被层 32 细圆钢丝铠装聚氯乙烯被层 33 细圆钢丝铠装聚乙烯被层 40 裸粗圆钢丝铠装 41 粗圆钢丝铠装纤维被层 42 粗圆钢丝铠装聚氯乙烯被层 43 粗圆钢丝铠装聚乙烯被层 441 双粗圆钢丝铠装纤维被层 241 钢带—粗圆钢丝铠装纤维被层 2441 钢带一双粗圆钢丝铠装纤维被层 53 单层钢带皱纹纵包铠装聚乙烯外被层 553 双层率网带皱纹纵包铠装聚乙烯外被层	

各种类型全塑电缆的使用场合见表 2.1.3。

表 2.1.3　各种类型全塑电缆的使用场合

电缆类型	无外护层电缆	自承式电缆	有外护层电缆				
			单层钢带纵包	双层钢带纵包	双层钢带绕包	单层细钢丝绕包	单层粗钢丝绕包
电缆型式代号	HYA	HYAC	—	—	—	—	—
	HYFA	—	—	—	—	—	—
	HYPA	—	—	—	—	—	—
	HYAT	—	HYAT53	HYAT553	HYAT23	HYAT33	HYAT43
	HYFAT	—	HYFAT53	HYFAT553	HYFAT23	—	—
	HYPAT	—	HYPAT53	HYPAT553	HYPAT23	—	—
主要使用场合	管道架空	架空	直埋	直埋	直埋	水下	水下
使用条件	电缆的工作环境温度为 -30 ℃ ~ +60 ℃，敷设环境温度应不低于 -5 ℃						

目前，在公网通信中，长途电缆很少使用，但在铁路通信中，特别是在区段通信中，经常使用长途对称电缆，如 HEYFL237 ×4 ×0.9。

使用场合的变化，对电缆需增加一些附属功能，如长途电缆防白蚁、室内密集人群地带使用的低烟无卤电缆等，一部分电缆在上述代号前增加了附属功能，如图 2.1.7 所示。

9. 全塑电缆的一次参数

全塑电缆的一次参数包括回路有效电阻 R、电感 L、电容 C 和绝缘电导 G。

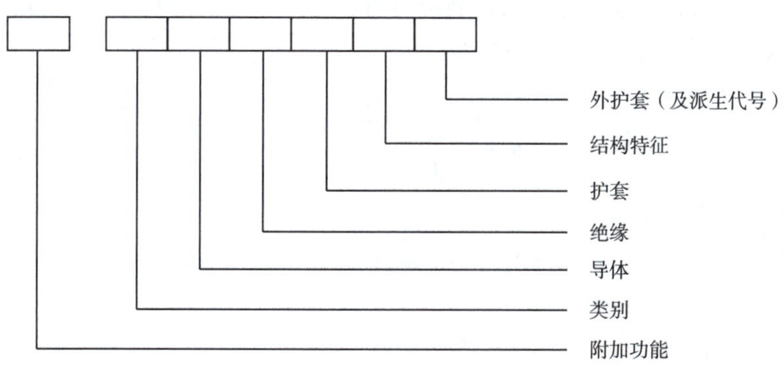

图 2.1.7　电缆附属功能命名

1）回路有效电阻 R

全塑市内通信电缆回路的有效电阻 R 由直流电阻 R_0 和交流电阻 $R^{\sim}$ 组成。

$$R = R_0 + R^{\sim}$$

全塑市内通信电缆常用于 5 000 Hz 以下，电缆回路的有效电阻 R 近似等于回路的直流电阻 R_0（单位为 Ω/km），计算公式为

$$R \approx R_0 = \lambda\rho\frac{8\ 000}{\pi d^2}$$

式中　λ——电缆芯线总绞合系数，即扭绞电缆芯线的实际长度与电缆标称长度之比，一般总绞合系数为 1.005 ~ 1.070；

ρ——导线的电阻系数，在 20 ℃时铜和铝的电阻系数分别为 0.0175 和 0.0238；

d——导线直径（mm）。

当环境温度不是 20 ℃时，回路电阻可以用公式计算：

$$R_t = R_{20}[1 + \alpha(t - 20)]$$

式中　R_t——温度为 t 时的回路电阻；

R_{20}——温度为 20 ℃时的回路电阻；

α——导体的电阻温度系数（铜为 0.003 93，铝为 0.004 10）；

t——计算时的环境温度（℃）。

2）回路电感 L

电缆回路的电感决定于导线的相对位置、材料和形状等。全塑电缆传输音频信号时，回路电感（H/km）的近似值可以用公式计算：

$$L = 4\ln\frac{2a}{d} \times 10^{-4}$$

式中　a——两导线中心间的距离（mm）；

d——线径（mm）。

3）回路电容 C

电缆回路两根导线相当于电容器的两个极板，线间绝缘相当于介质，电缆间的电容是均匀分布的，回路电容分为工作电容和部分电容（分布电容），由于任何相邻芯线间和芯线与屏蔽间都会有分布电容存在，因此一次参数中的电容是指工作电容。

a、b 线间电容为部分电容,而 a、b 线间总的分布电容之和为工作电容,它是决定传输质量的重要参数之一,全塑市内电缆的工作电容按下式计算:

$$C \approx \frac{\varepsilon_r}{36\ln\dfrac{\alpha \cdot 2D}{d}} \times 10^{-6} \quad (\mathrm{F/km})$$

式中 ε_r——绝缘媒质的相对介电常数;

α——由于芯线扭绞形式而决定的矫正系数(对绞为 0.94,星绞为 0.74);

D——两根芯线间的距离(mm);

d——芯线直径(mm)。

4)绝缘电导 *G*

电缆芯线虽然包有绝缘物质,但任何绝缘物质都不是绝对绝缘的,因此回路上总或多或少存在一定的漏电,漏电回路是并联的,所以用电导参数。电缆回路的绝缘电导由直流电导 G_0 和交流电导 $G_{\sim}$ 组成,计算如下:

$$G = G_0 + G_{\sim}$$

G_0 是由于介质不完善对直流造成泄流而引起的,$G_{\sim}$ 则是由于介质产生循环极化而引起的。实际上 $G_0 \ll G_{\sim}$,直流绝缘电导 G_0 忽略不计,因此绝缘电导可以按下式计算:

$$G \approx G_{\sim} = \omega C \tan\sigma$$

式中 ω——传输信号的角频率(rad/s);

C——回路电容(F/km);

$\tan\sigma$——介质损耗角的正切。

由上式可以看出,G 与传输信号的频率、回路工作电容和绝缘介质损耗角的正切成正比。

全塑市内通信电缆验收时经常测试每根绝缘导线与其他导线和屏蔽地之间的绝缘电阻和耐压试验。

全塑市内通信电缆一次参数与传输信号频率、两导线间的距离和线径的关系如图 2.1.8 ~ 图 2.1.10 所示。

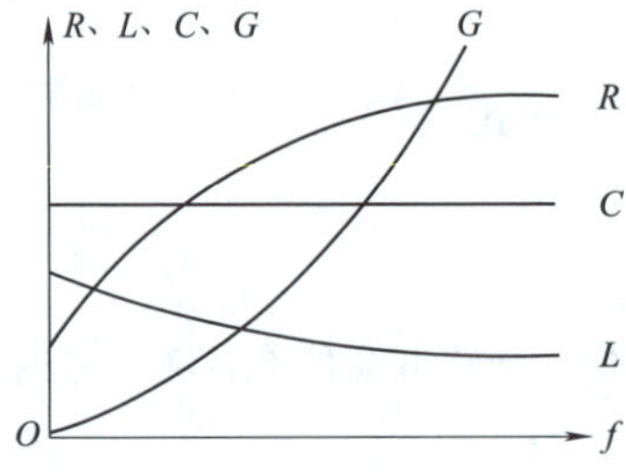

图 2.1.8　一次参数与频率的关系

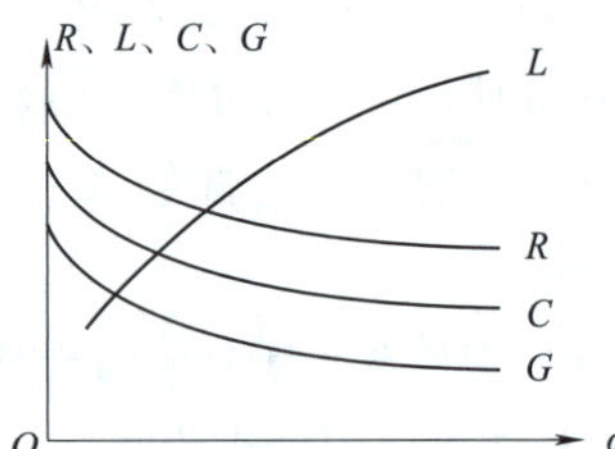

图 2.1.9　一次参数与两导线间距离的关系

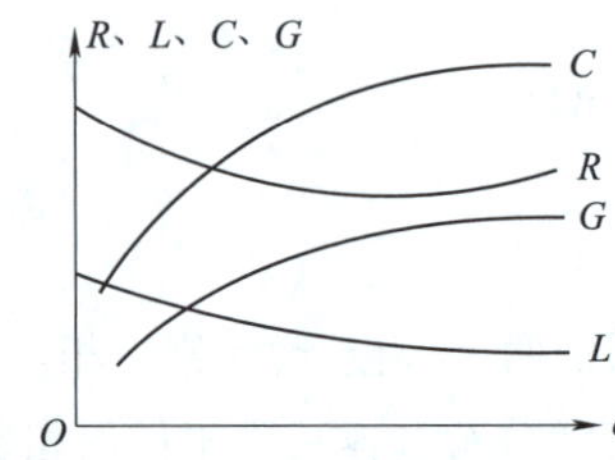

图 2.1.10　一次参数与两导线直径的关系

市话电缆施工测试记录表

仪表名称	万用表	兆欧表
型　号		
编　号		

路　　段__________　测试长度__________

测试区段__________至__________

型　　号__________　测试人__________

记 录 人__________　日　期__________

温　　度__________℃

测试项目＼线对	对号	绝缘（线间、对地）	测试项目＼线对	对号	绝缘（线间、对地）	测试项目＼线对	对号	绝缘（线间、对地）

任务 2.2　漏泄同轴电缆

8. 漏泄同轴电缆

1. 漏泄同轴电缆介绍

1）简介

漏泄同轴电缆（Leaky Coaxial Cable），简称漏缆，英文缩写 LCX。由于这种电缆具有同轴电缆和线型天线的双重功能，有时又被称为辐射电缆（Radiating Cable）或同轴天线（Coaxial Antenna）。

漏泄同轴电缆具有信号传输作用，又具有天线功能，通过对外导体开口的控制，可将受控的电磁波能量沿线路均匀的辐射出去及接收进来，实现对电磁场盲区的覆盖，以达到移动通信畅通的目的。

2）发展与应用

漏泄电缆，最初是为了解决地下隧道之类特殊环境内无线电波难以传输问题而发展起来的。早在 1956 年，美国蒙克（Monk）等首先提出了漏泄通信原理，即在地下隧道中敷设一条泄漏传输线，使其与移动电台相连，用以代替隧道天线，如图 2.2.1 所示。20 世纪 60 年代，美国、日本、欧洲都相继开展了漏泄通信的研究工作。最初的研究集中在双传输线，利用其开放的电磁场来实现泄漏通信。但是，人们发现双传输线敷设与维修都不方便，而且易受环境和气候的影响，只能用于 VHF 频段，因此应用范围大受限制。于是，转向各种类型漏泄电缆的研究和发展。八字形槽孔漏泄电缆，具有耦合效率高、特性容易控制等优点，目前广泛应用于我国的铁路无线列调通信系统。椭圆形槽孔漏泄电缆和横槽式漏泄电缆，这两类漏泄电缆辐射特性的频带都很宽，其中横槽式漏泄电缆被大量采用。

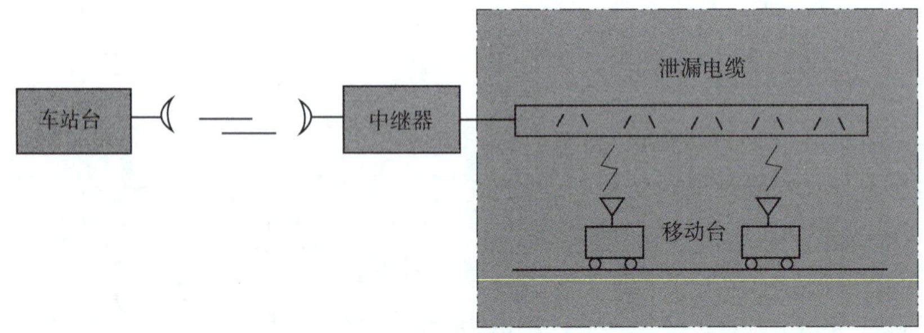

图 2.2.1　漏泄电缆工作示意图

漏泄同轴电缆，是一种特殊的同轴电缆，与普通同轴电缆的区别在于，其外导体上开有用作辐射的周期性槽孔。普通同轴电缆的功能，是将射频能量从电缆的一端传输到电缆的另一端，并且希望有最大的横向屏蔽，使信号能量不能穿透电缆以避免传输过程中的损耗。但是，漏泄电缆的设计目的则是特意减小横向屏蔽，使得电磁能量可以部分从电缆内穿透到电缆外。当然，电缆外的电磁能量也将感应到电缆内。此外，漏泄电缆的场强覆盖比较均衡，应用涉及 80 MHz 至 2 800 MHz 的整个频谱，见表 2.2.1。

表 2.2.1　漏泄电缆的应用

频率范围（MHz）	应用对象
87 ~ 108	无线电广播

续上表

频率范围(MHz)	应用对象
140～280	无线寻呼
300～400	公安、消防
410～470	无线对讲
600～800	数字电视、集群通信
860～960	公众移动通信
1 720～1 980	
2 000～2 400	

虽然单芯线或双绞线以及带槽波导也是泄漏馈体,但是单芯线或双绞线的传输衰减太大,而带槽波导的尺寸惊人(3 000 MHz 以下)且造价昂贵。因此,四十年来漏泄电缆的发展十分迅速,在众多领域得到愈来愈广泛的应用:

(1)铁道通信

450 MHz 铁路无线列调通信及 GSM-R 铁路移动通信是漏泄电缆最主要的应用领域。车站固定台发出的信号,经中继器传给隧道中的漏泄电缆,漏泄电缆一面向前传输一面向外辐射,其辐射信号被沿线行驶的列车移动台接收。反之,列车移动台发出的信号,也可以通过漏泄电缆和中继器传到车站固定台。而且,在两个或多个移动台之间,也可利用该漏泄电缆实现直接相互通信。这样,就较好地解决了火车进隧道后无法收到列调无线信号的难题。

(2)公众移动通信

公众移动通信的室内、地下和隧道覆盖,是漏泄电缆目前应用最多的领域。其主要优点是延伸移动通信的覆盖范围比较方便,能较好地解决覆盖盲区,节省功率和频率资源,避免与其他无线系统相互干扰。

(3)矿山坑道通信

早在 1966 年,为了提高生产效率及保障矿工安全,英国和比利时开展了煤矿坑道 VHF 无线通信的研究工作,并集中研究漏泄电缆的应用问题,并于 1970 年建成世界上第一个煤矿坑道无线通信系统,通信距离达 9 km。随后,应用漏泄电缆的矿山坑道通信得到了迅速发展。

(4)有线电视系统

有线电视系统采用泄漏电缆进行传输,主要优点是节省有线传输器材,提高电视传输质量,电视机可以随意移动。

(5)资源保护系统

1973 年,为了保护自然资源地区或其他重要地区,加拿大科学家提出"导波雷达"(Guided radar 或 Cable radar)概念,至今已经获得很大发展。导波雷达的基本原理是,在被保护区域的周界,敷设两条泄漏电缆,一条发射,一条接收,若有入侵者越过周界便产生报警。

总而言之,漏泄电缆可以实现任何地方的无线通信,不论是否存在电磁波干扰都能使用,诸如矿山、隧道、地铁、机场、地下商场、大型仓库、建筑楼宇、体育场馆、会展中心、地下停车场及其他重要地域等。

2. 泄同轴电缆的构成

漏泄同轴电缆主要由内导体、绝缘介质、带槽孔外导体和电缆护套等构成,如图 2.2.2 所示。

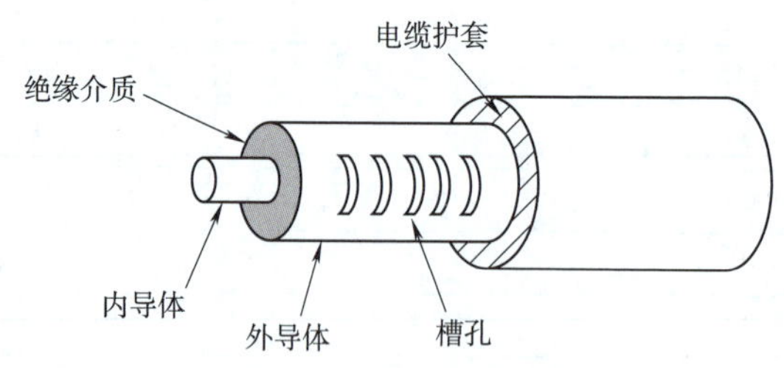

图 2.2.2 漏泄电缆的构成

内导体采用光滑铜管或轧纹螺旋铜管，外导体采用薄铜皮，其上开制不同形式的槽孔纵包而成，槽孔形式多种多样，有八字形、U 字形、L 字形、一字形、椭圆形等，而且槽孔的排列也不尽相同；槽孔的形式、尺寸、排列与频带、频率、泄漏、极化、辐射方向图等密切相关。内外导体可以轧纹成波纹管，也可以不轧纹，轧纹是为了减轻因弯曲引起的外导体和槽孔应力及截面变形。绝缘介质为物理发泡聚乙烯，其介电常数很小。电缆护套的材料是黑色聚乙烯或无卤低烟阻燃聚烯烃，要求防火、防水、防震、防腐蚀、阻燃、低烟、无卤、无毒及防紫外线。各式槽孔漏泄电缆的应用见表 2.2.2。

表 2.2.2 各式槽孔漏泄电缆的应用

序号	槽孔形式	使用频率(MHz)	应 用 场 合
1	L 字形槽	75 ~ 2 500	GSM-R 移动通信、城市轨道交通各通信领域
2	U 字形槽	75 ~ 2 500	GSM-R 移动通信、城市轨道交通各通信领域
3	八字形槽	75 ~ 1 000	450 MHz 铁路无线列调系统、350 MHz 公安消防系统、广播系统
4	椭圆形槽	宽频率	各通信领域，由于场强波动较大，目前已基本不使用
5	稀疏编织	低频段	矿井通信

漏泄电缆的安装方式主要有自承式和非自承式两种(图 2.2.3 和图 2.2.4)。自承式由 $\phi2.2\times6$ 的镀锌钢丝绞合而成，位于漏泄电缆上方，截面呈八字形。非自承式夹具为 PA66 阻燃尼龙材料制品，需先按一定间距(如 1.2 m)装在墙上或隧道壁上。

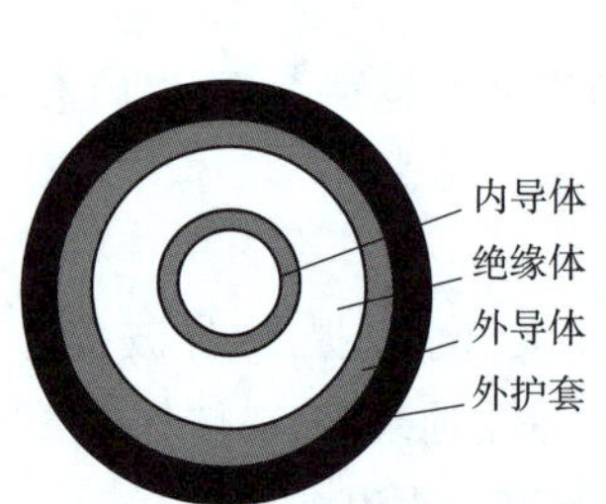

图 2.2.3 非自承式漏缆截面图

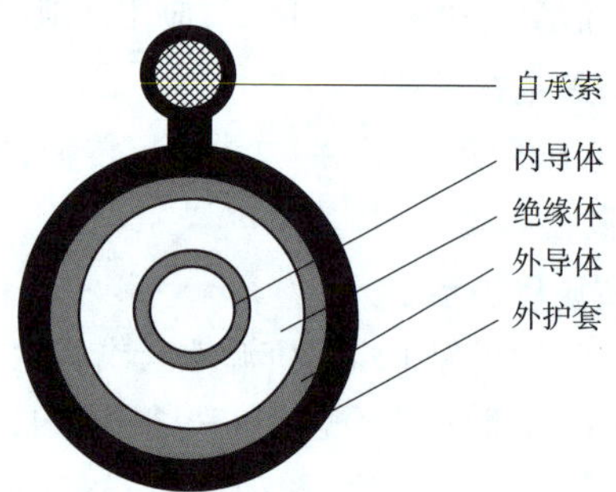

图 2.2.4 自承式漏缆截面图

3. 漏泄电缆工作原理

按漏泄原理的不同，漏泄电缆分为耦合型、辐射型和漏泄型三种基本类型。其中，漏泄型可以归属辐射型。

1)耦合型漏缆

耦合型漏缆有许多不同的结构形式,例如,在外导体上开一长条形槽,或开一组间距远小于波长的小孔,或在漏缆两边开缝。

电磁场通过小孔衍射,激发漏缆外导体的外部电磁场。电流在外导体外表面流动,漏缆好像一条可移动的长天线,向外辐射电磁波。

与耦合模式对应的电流平行于漏缆轴线,电磁能量以同心圆的方式扩散在漏缆周围,并随传输距离的增加而迅速减少,因此这种形式的电磁波又称“表面电磁波”。这种电磁波主要分布在漏缆周围,但也有少量存在于附近障碍物和间断点(如吸收夹钳、墙壁处),进而产生衍射。

外导体轧纹且纹上铣小孔的电缆,是典型的耦合型漏缆。图 2.2.5 表示耦合型漏缆的辐射过程。

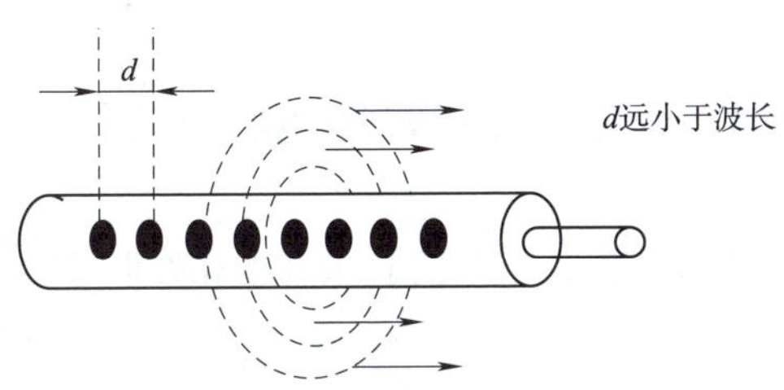

图 2.2.5　耦合型漏缆的辐射过程

2)辐射型漏缆

辐射型漏缆外导体上,按一定规律连续开制不同形式的槽孔,槽孔有八字形、斜一字形、横一字形等,而电磁波就是这些槽孔产生的,如图 2.2.6 所示。

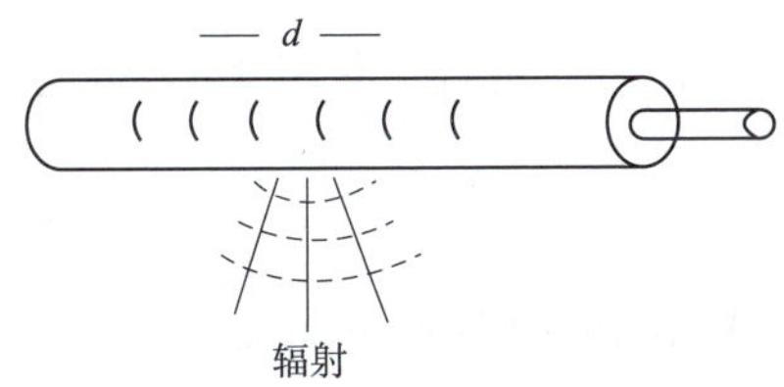

图 2.2.6　辐射型漏缆的辐射过程

外导体上的槽孔间距 d 与波长 r(或半波长)有关,其槽孔结构使信号在槽孔处符合相位迭加原理。只有精确的槽孔结构,并对应特定的工作频率,信号在槽孔处才能同相叠加。此时,耦合损耗最低,但频带很窄。高于或低于特定频率,耦合损耗都会增加。

辐射型漏缆的工作频段可由以下不等式确定:

$$(\sqrt{\varepsilon_r}-1)\times d\leqslant\lambda_r\leqslant(\sqrt{\varepsilon_r}+1)\times d$$

辐射型漏缆泄漏的电磁能量有方向性,相同的泄漏能量可在辐射方向上相对集中,并且不会随距离的增加而迅速减小。

外导体上开着周期性变化的 L 字形槽、八字形槽,是典型的辐射型漏缆。

为使 TEM 型电磁波在传输过程中向外辐射一部分能量,必须在漏泄电缆外导体上开制槽孔,以便切断流过电缆外导体上的部分电流,从而产生向外辐射的激励,如图 2.2.7 所示。

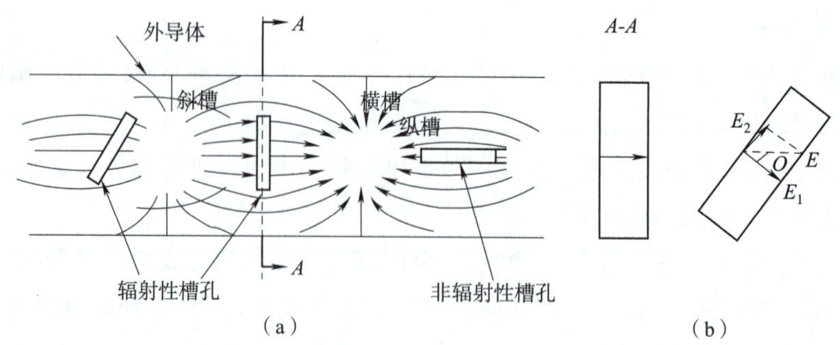

图 2.2.7　辐射型漏缆外导体上的电流分布

开槽情况可有以下三种:

(1)与漏缆轴平行开槽

此槽为纵槽,槽孔不截断高频电流,不会形成裂缝电场,因此不会引起辐射效应。

(2)与漏缆轴正交开槽

此槽称为垂直槽或横槽,槽孔截断了高频电流,会在槽孔处形成与电流方向相同(垂直宽边)的电场 E,因此会引起辐射效应。

(3)与漏缆轴向成一定角度开槽

此槽为斜槽,槽孔部分截断了高频电流,会在槽孔处形成电场,该电场 E 可以分解为与宽边平行的电场 E_2 及与槽孔宽边垂直的电场 E_1,如图 2.2.7(b)所示。电场 E_1 与外导体上高频电流方向有一个夹角。E_1 与是辐射电场,会引起辐射效应。

图 2.2.7(a)说明了同轴电缆外导体上的高频电流和三种开槽情况。图 2.2.7(b)说明了漏槽孔处形成的电场方向。

漏缆槽孔辐射电场的方向即极化方向,垂直于漏缆槽孔的宽边。因此,当横槽式漏缆水平安装时,则槽孔辐射为水平极化。

3)漏泄型漏缆

漏泄型漏缆外导体的开槽方式与辐射型类似,不同之处在于它的外导体由泄漏段和非泄漏段相间组成,如图 2.2.8 所示。泄漏段相当于天线,只有一小部分能量转换为辐射能。非泄漏段相当于馈线,有着与普通同轴线相同的作用。合理选择泄漏段之间的距离(或非泄漏段的长度),可以达到对不同频段泄漏辐射的满意效果。试验证明,对特定方式的开槽,10 ~ 50 m 的泄漏段间距,可以满足 1 000 MHz 以下所有通信的需要。

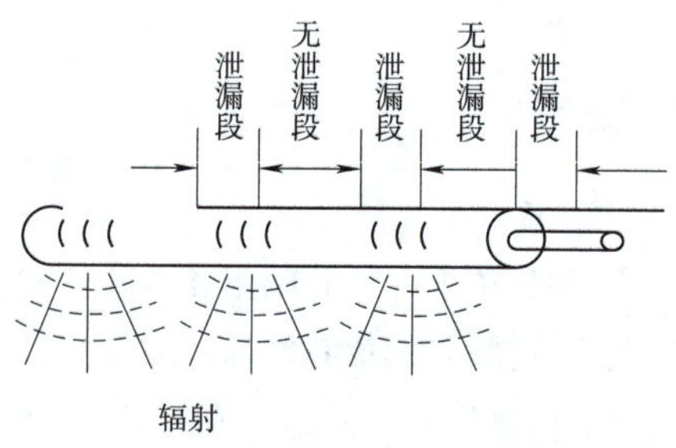

图 2.2.8　泄漏型漏缆的辐射过程

漏泄型漏缆的独特设计,使它在相同条件下又可作为连续的补偿馈线,而且具有更好的衰减特性和耦合特性。泄漏段相当于有效的模式转换器,可以控制电缆附近的电磁场强度,该强度将是泄漏段长度和电性能的函数。

泄漏段的长度很短,占电缆总长度的比例不到 2% ~ 3%。泄漏段不仅辐射损耗很小,而且插入损耗也很小,插入损耗通常只有 0.2 dB 或 0.3 dB。

图 2. 2. 9 表示使用完全相同的等间距泄漏段后，漏缆沿线电磁场强度的起伏变化情况。

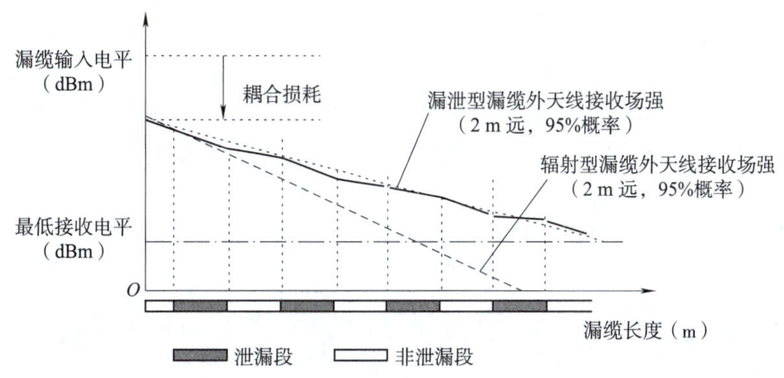

图 2. 2. 9 等间距泄漏型漏缆沿线的电磁场强度

三种类型漏缆的比较示于表 2. 2. 3 中，由表可知：

(1)耦合型漏缆槽孔间距远小于工作波长，漏泄能量扩散在电缆周围无方向性，受环境影响较大，适合于宽频带工作。

(2)辐射型漏缆的槽孔间距与工作波长有关，漏泄能量扩散在电缆周围有方向性，受环境影响较小，适合于窄频带工作。新型辐射型漏缆采用组合技术，也能多频带工作。

(3)漏泄型漏缆的槽孔间距也与工作波长有固定关系，漏泄能量扩散在电缆周围有方向性，受环境影响较小，适合于多频带工作。

表 2. 2. 3 三种类型漏缆的比较

项 目	耦合型漏缆	辐射型漏缆	漏泄型漏缆
适用频带	宽频带	窄频带(传统型) 多频带(新型)	多频带
槽孔间距	远小于工作波长	与波长(或半波长) 相当	与不同频带的波长(或半波长)相当
外导体特征	通常轧纹，有椭圆形槽孔	不轧纹，开一字形、八字形等槽孔	开槽的泄漏段和不开槽的非泄漏段相间
电磁漏泄机理	外导体上表面波的二次效应	外导体上槽孔的直接辐射	
漏泄能量扩散	在电缆周围，无方向性	在槽孔方向集中，有方向性	在槽孔方向相对集中，有一定方向性
信号衰减	随离电缆的距离增加信号迅速衰减	在辐射方向上不会随距离的增加而迅速衰减	
耦合损耗	变化范围大， 50%～95% 差值通常为 11 dB	变化范围小， 50%～95% 差值可低至 3 dB	耦合损耗小于耦合型和辐射型
受环境影响	较大	较小	
工艺复杂性	相对简单	比较复杂(性能指标优于耦合型)	

应当根据不同的使用场合，选择不同类型的漏泄型电缆。目前，耦合型漏缆和传统辐射型漏缆应用较少，新型辐射型漏缆应用较多。

4. 漏泄电缆的性能指标

同轴电缆的内外导体、介质和护套的材料，物理结构及其工艺，决定了电缆的电性能和物理性能。漏泄电缆外导体上的槽孔结构(槽孔形状、槽孔大小、排列密度、排列阵式)，决定了漏泄电缆内电磁能量和外部环境的交互方式，因而将影响漏泄电缆几乎所有的电性能指标。影响漏泄电缆指标的主要因素有：电缆直径、绝缘介质、工作频率和槽孔结构。

漏泄电缆主要电性能指标有：频率范围、特性阻抗、耦合损耗、传输损耗(传输衰减)、总损耗的变化范围、驻波比、传输时延等。主要物理性能指标有:绝缘电阻、绝缘介质强度(耐压)、阻燃和烟毒性能、抗扭力和弯曲性能、密封性等。

1)传输损耗

漏缆的纵向传输损耗,即传输损耗或传输衰减,是描述漏缆内部所传输电磁能量损失程度的重要指标。图 2.2.10 以下行信号为例,表明了射频信号经漏缆传输的路由。信源产生的下行射频信号,一边向前传输,一边向外泄漏。

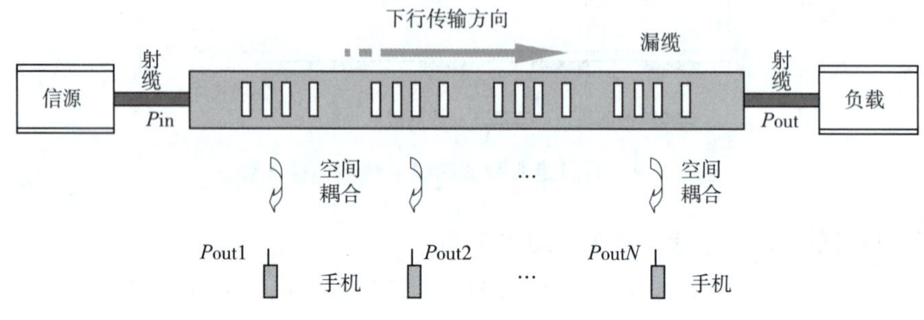

图 2.2.10　射频信号经漏缆传输的路由图

设漏缆的输入功率是 P_{in},输出功率是 P_{out},则漏缆传输损耗 L_T 与漏缆长度有关,单位是 dB/100 m,其计算公式为

$$L_T(\text{dB/100 m}) = 10\log \frac{P_{in}}{P_{out}}$$

导体损耗与频率和 α_1 有关。α_1 取决于导体的阻抗与尺寸,粗电缆的导体损耗较低。因为趋肤效应,粗电缆的内导体可以用铝材,而在表层敷铜或者使用空心铜管。对于漏缆,外导体表层的导电率也应尽量大。

介质损耗与频率和 α_2 有关。α_2 由介质的相对介电常数及损耗因子决定,用发泡聚乙烯(目前大多采用注入氮气的物理发泡,发泡度可达 80%)作为介质材料时,其损耗系数最小。

漏泄损耗系数 α_3 取决于电缆的槽孔结构,同时也受频率和电缆周边环境的影响。若用传输衰减系数表示,则有

$$\alpha = \alpha_1 \cdot \sqrt{f} + \alpha_2 \cdot f + \alpha_3$$

式中　α——给定频率的传输衰减系数(dB/100 m);

α_1——导体的衰耗系数;

α_2——介质的衰耗系数;

α_3——漏缆的衰耗系数;

f——频率(MHz)。

2)耦合损耗

耦合损耗是描述漏泄电缆辐射量与可接收量的综合指标。

耦合损耗值的定义是:漏泄电缆内的信号与离开电缆特定距离(一般为 2 m)处的半波长偶极天线所接收的信号之比(dB)。该损耗值是建立在天线距离漏缆为 2 m 的前提下,假定天线距离是 6 m 而不是 2 m 的话,所测得的耦合损耗会增加约 5 dB。

根据定义,耦合损耗与信号在漏缆中的传输距离无关,而且应由槽孔辐射损耗和空间传播损耗

两部分构成。这是因为，槽孔泄漏出来的射频能量，并未被接收天线全部接收，其中大部分在空间传播中损耗掉了。接收天线离漏缆愈近，接收的射频能量愈多。

根据工程测定值，耦合损耗 L_0 的计算公式为

$$L_0(\mathrm{dB}) = 10\log\frac{P_r}{P_{in}} - L_T r_T$$

式中 P_r——离距离漏缆 2 m 处接收到的功率；

P_{in}——漏缆的输入功率；

L_T——传输损耗；

r_T——漏缆输入端到接收天线处的漏缆长度。

显然，耦合损耗越小（泄漏越多）则传输衰减越大，但可以选择槽孔结构以使耦合能量尽量大，而使因漏泄附加的传输衰减尽量小。

由于空间传播的多径效应，不同相位的信号叠加，必然带来耦合损耗采样值沿电缆轴向的抖动变化，耦合损耗与传输距离、接收概率有关，如图 2.2.11 所示。通常所说的耦合损耗值应理解为概率统计值，常用的是用 50% 和 95% 概率值，其含义如下：

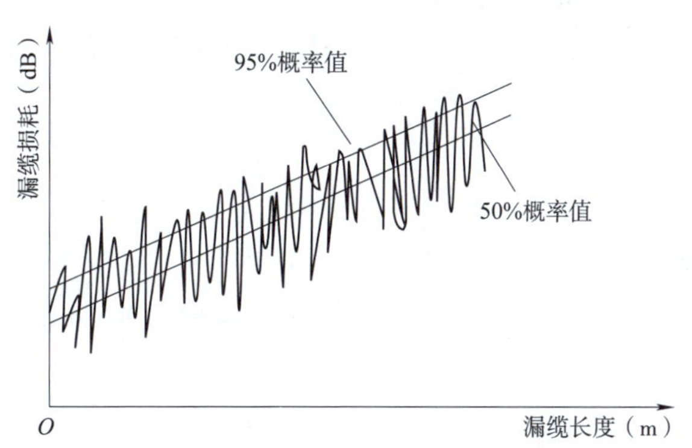

图 2.2.11 耦合损耗与漏缆长度、接收概率的关系

50% 接收概率值——耦合损耗的测量数据大于和小于这个值的，各占 50%。

95% 接收概率值——耦合损耗的测量数据大于和等于这个值的，占 95%。

95% 接收概率值比较接近实际需要，故常被采用。

95% 概率损耗值及 95% 概率与 5% 概率损耗值之差，是链路设计的依据之一。

基于漏缆的互易性，也可以用类似方法分析漏缆附近天线信号对电缆的耦合。

3）总损耗及其变化范围

漏缆总损耗定义为电缆传输衰减与耦合损耗之和，也称为漏缆系统损耗。漏缆总损耗不得超过系统允许的容限。

图 2.2.12 给出两条尺寸相同但泄漏量不同的漏缆的总损耗示意图。其中，漏缆 A 的传输损耗和辐射损耗均大于漏缆 B，但漏缆 A 的耦合损耗小于漏缆 B。可以看出，随着漏缆长度的增加，辐射较大的漏缆 A 总损耗将超过漏缆 B 总损耗，并且其变化范围比较大。由此看来，漏缆尺寸和耦合损耗的选取，要根据系统总体要求来确定。

让漏泄电缆的总损耗曲线平坦些，有利于节省传输功率。或者说，在相同的信源功率和无线覆盖条件下，可以覆盖更远距离。

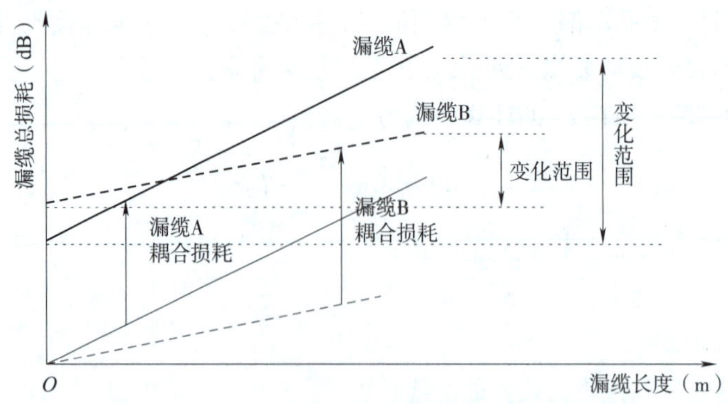

图 2.2.12　尺寸相同但耦合损耗不同两条漏缆总损耗的比较

事实上，电波沿着漏缆向前传输，总损耗（传输衰减加耦合损耗）在增加。因此，沿传输方向逐步减小耦合损耗，以补偿纵向传输衰减，能使电缆的可用长度显著增加。按耦合损耗逐步递减（相对泄漏量递增而言）的原理，分段设计槽孔结构（譬如槽孔由稀变密），可以减小全段漏缆的总损耗变化范围，即沿线的实际场强分布较之常规漏缆要均匀些，如图 2.2.13 所示。图中将漏缆分为三段，*ab*、*bc*、*cd* 段的传输损耗和耦合损耗各不相同，从而使总损耗变化范围明显降低（虚线变为实线），并趋于平缓。

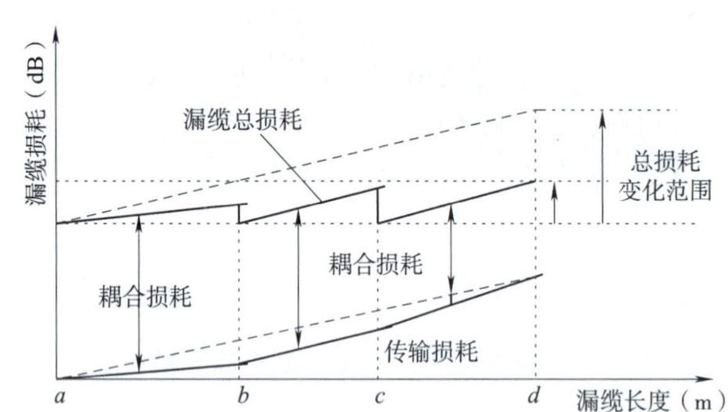

图 2.2.13　分段降低耦合损耗以减小漏缆总损耗的变化范围

4）漏泄电缆的物理性能

（1）绝缘介质

用发泡聚乙烯（采用注入氮气的物理发泡方法，发泡度可达 80%），作为绝缘介质材料，不但损耗系数最小，机械性能稳定，强度高，有很好防潮性能，而且可以提高电缆的长期使用寿命和可靠性。

（2）最小弯曲半径

为了在弯曲时不对漏缆的结构造成损坏，在漏缆的结构性能指标中，给出了漏缆的最小弯曲半径，这在拉伸和最终安装时都必须遵守。

（3）防火性能

延燃性、烟密度和卤素气体释放量是保证漏缆防火性能的三个重要因素。

（4）防雷及防高压击穿

要有可靠的防雷接地，要考虑安装防高压击穿的直流高压保护器。

漏泄电缆单盘测试记录

项目名称：

盘号	出厂编号	环阻 (<4 Ω/km)	内外导体绝缘 (≥1 000 MΩ)	内外导体耐压 (AC 15 000 V、1 min 不击穿)	备注

测试人：　　　　　　　　　　　　　　　　　　　　　　　　测试日期：　　　年　　月　　日

课程	通信线路	模块	通信电缆
班级		姓名	

活页笔记

自我分析与总结：

课程	通信线路	模块	通信电缆
班级		姓名	

理论测试

一、填空题

1. 绝缘形式:全塑电缆的芯线绝缘形式分为________、________和________三种。

2. 全色谱:由十种颜色两两组合成25个组合,a线:____________________,b线:____________________。

3. 对线对(或四线组)进行扭绞,是为了减少线间的________,提高线对之间的________,便于电缆弯曲和增加电缆结构的________。

4. 全塑电缆的屏蔽层的主要作用是________________。全塑电缆的金属屏蔽层介于________与________之间。

5. 全塑电缆的一次参数包括回路有效电阻 R、________、________和________,其中电缆回路的有效电阻 R 近似等于________。

6. 漏泄同轴电缆,简称漏缆,英文缩写________。

7. 漏泄同轴电缆主要由________、________、________和________等构成。

8. 按漏泄原理的不同,漏泄电缆分为三种基本类型:________、________和________。

9. 影响漏泄电缆指标的主要因素有:________、________、________和________。

10. 漏泄电缆主要电性能指标有:________、__________、________、__________、__________、__________。

11. 漏泄电缆主要物理性能指标有:________、________、________、________、密封性等。

二、问答题

1. 请用文字描述HYA100×2×0.5电缆,并说明该电缆主要使用的场合。

2. 用在电气化铁路站场通信的20对免维护电缆,它的芯线是0.5 mm线径的实心绝缘双绞铜线,请写出该电缆的型号并说明。

实　操

1. 开剥 HYAT53 20×2×0.5 电缆，要求测试电缆线间、对地绝缘及芯线环阻，并给出是否合格的结论。

2. 漏泄电缆的单盘测试，要求测试项目包括环阻、内外导体绝缘、内外导体耐压，并给出是否合格的结论。

课程	通信线路	模块	通信电缆
班级		姓名	

任务与考核

任务名称		通信电缆		
任务	知识技能目标	考核项目	自我评价	教师评价
全色谱全塑双绞通信电缆	1. 掌握全塑电缆的组成、结构； 2. 掌握参数和特性指标； 3. 掌握全塑电缆的命名规则	全塑电缆的组成、结构(15 分)		
		全塑电缆的命名规则(15 分)		
		全塑电缆的电气特性(20 分)		
漏泄同轴电缆	1. 掌握漏泄同轴电缆的构成； 2. 掌握漏泄同轴电缆的工作原理； 3. 掌握漏泄同轴电缆的性能指标	漏泄同轴电缆的构成(15 分)		
		漏泄同轴电缆的工作原理(15 分)		
		漏泄同轴电缆的性能指标(20 分)		
总　　分				

模块3　通信线路施工

引　言

光缆线路工程是通信工程的一个重要组成部分。它与传输设备安装工程的划分是以光纤分配架（ODF）或光纤分配盘（ODP）为分界线，其外侧为光缆线路部分，即由本局光纤分配架或光纤分配盘连接器（或中继器上连接器）至对方局光纤分配架或光纤分配盘（或中继器上连接器）之间部分的施工。

学习目标

1. 了解通信杆路材料；
2. 掌握通信杆路施工流程及标准；
3. 了解通信管道的基本要求；
4. 掌握管道的施工工艺及标准；
5. 掌握架空光缆的敷设要求及标准；
6. 掌握管道光缆的敷设要求及标准；
7. 掌握直埋光缆的施工流程及敷设要求。

职业素养

1. 具有质量意识和安全意识，养成实事求是、尊重技术的科学态度，敢于提出与别人不同的意见，勇于放弃和修正自己的错误观点；

2. 有不断学习新知识、新技术、创新革命的意识，不断充实、完善自己，有将生产技术服务于社会及可持续发展的意识，在学习中培养责任心；

3. 具有严谨认真、实事求是的科学态度；

4. 具有高度的职业责任心和安全意识，遵章守纪、规范操作；

5. 具有积极向上、乐观、大度、灵活、敏锐和坦荡的心理，具有较强的意志力，具有长期从事艰苦工作的耐力；

6. 养成团队合作，解决问题的意识与习惯。

任务3.1　通信杆路基础

架空线路在现代化城市中已被地下管道网所代替，长途通信线路也逐步被地下直埋光缆和管道光缆所代替。但在农村，本地网通信线路还是依靠架空杆路来敷设光（电）缆。

9. 架空杆路及材料认识

虽然架空光（电）缆受外力破坏因素大，不够安全，也不美观，但架设简便，建设周期短，可扩展性大，费用相对较低。敷设地下光（电）缆有困难的地方仍然广泛采用。

1. 通信杆路杆线材料

通信杆路杆线材料主要包括通信电杆、线材、线路铁件、钢筋混凝土部件等部分。

1)通信电杆

电线杆顾名思义就是架电线的杆。出现于各个农村—田野—马路—街道,是早期中国重要的基础设施之一。早期的各种电线杆,都是从木杆起步的,甚至包括电压等级不是太高的高压线电杆。后来由于钢铁和钢筋混凝土的发展和技术上的要求,这两种材料代替了大部分木杆,而且由于适用的木材逐步稀缺,城市中基本很难见到木杆了。但是在一些不太发达的地方架设电话线还是使用木杆,是因为木杆质量轻、架设方便,而且电话线的承重和拉力小,木杆可以胜任,电话线路若有改动,移杆也方便。所以,还有部分木质电话线杆。

电杆按其材质可分为木杆、金属杆和水泥杆(通信杆路主要采用预应力混凝土电杆和木杆)。

电杆按其在线路中的作用和地位,可分为六种结构型式:直线杆、耐张杆(又称承力杆)、转角杆、终端杆、跨越杆、分支杆。

通信线路系统中,终端杆是一种承受单侧张力的耐张杆塔,用来支撑电力线路或通信线路的支撑物。只要是承受单侧张力的(包括合力),不管是否位于线路首末端,都属于终端杆的范围。比如说线路到了这根杆来了一个90°拐弯,这根杆虽然不在线路的首末端,但同样受到合力下的单侧张力,应该作为终端杆来处理。

终端杆和中间杆常用的是预应力水泥杆。

2)线材

根据通信线路的用途和使用场合的不同,线材可分为绞线和单线两大类。

通信线路较常用的绞线类是镀锌钢绞线(图3.1.1),常用的有:7/1.8 7/2.0 7/2.2 7/2.6 7/3.0镀铸钢绞线,故弯曲性能指标较低,柔软性能比钢丝绳差,仅适用于承受一般静荷载,如架空光(电)缆吊线和拉线等处采用,不能用于承受动荷载如起重等场合,也不能用在经常捆扎的地方、弯曲较大和经常扭转的场所。

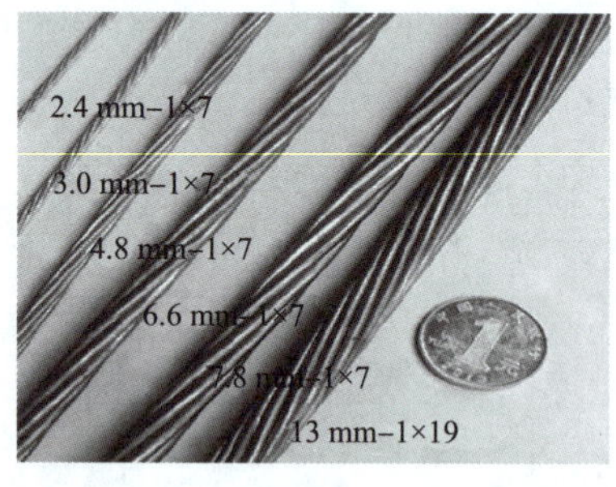

图3.1.1 镀锌钢绞线

单线类主要指铁线。

3)线材

常用线路铁件主要包括:

(1)拉线地锚、卡盘U形抱箍、拉线抱箍、吊线抱箍;

(2)拉线调整螺丝;

(3)U 形钢绞线卡子;

(4)钢绞线夹板(三眼单槽、三眼双槽);

(5)拉线衬环(三股、五股、七股);

(6)光(电)缆挂钩;

(7)穿钉、螺母、方垫片和困垫片。

4)钢筋混凝土部件

钢筋混凝土部件主要包括卡盘、底盘、拉线盘等。

2. 架空杆路的一相关规定

1)杆路路由选择

通信杆路的选择应该合理、符合中远期的规划,不仅要考虑施工的方便和节省投资,而且还要考虑到维护的方便及线路的安全。除应符合现行国家标准的规定外,还应符合以下规定:

(1)宜沿靠公路、铁路或街道,适当顺路取直,避开路边设施和计划扩改地段。

(2)应少跨越较大河流、铁路,少穿越城镇村庄;不宜往返穿越强电线路、铁路和公路。

(3)杆路路由宜避开以下处所:易燃易爆、重要桥梁、渡口以及军事设施等附近;洪水冲淹区、低洼易涝区、沼泽或盐湖地带及严重化学腐蚀地区;森林、崇山峻岭、大风口以及严重冰凌区;高压输电线路、电气化铁道、雷达站等对通信有影响的地区;有景观要求的地区。

2)与其他杆路、建筑物的间距

通信杆路应与其他杆路、建筑物保持有一定的距离,见表 3. 1. 1。在地域狭窄地段,拟建架空光缆与已有架空线路平行敷设时,若间距不能满足以上要求,可以杆路共享或改用其他方式敷设光缆线路,并满足隔距要求。野外杆路沿交通线,宜距公路界外侧 15 ~ 50 m;沿铁路杆路应在铁路路界红线外。杆路在铁路或公路弯道处,遇到障碍物时可适当绕避,但距公路不宜超过 200 m。杆路在市区应立在道路(或规划道路)的人行道上或与城建部门商定的位置,避免跨越房屋等建筑物。通信线路不宜与电力线路在路的同一侧,具体见表 3. 1. 1。

表 3. 1. 1　杆路与其他建筑设施的最小水平净距

其他设施名称	最小水平净距(m)	备　注
消火栓	1. 0	消火栓与电杆距离
地下管、缆线	0. 5 ~ 1. 0	包括通信管、缆线与电杆间的距离
铁路铁轨	杆高 4/3	
人行道边石	0. 5	
地面上已有其他杆路	杆高 4/3	以较长杆高为基准。其中,对 500 ~ 750 kV 输电线路不小于 10 m,对 750 kV 以上输电线路不小于 13 m
市区树木	0. 5	缆线到树干的水平距离
郊区树木	2. 0	缆线到树干的水平距离
房屋建筑	2. 0	缆线到房屋建筑的水平距离

杆路与铁路、公路、河流交越时,交越处应选择在狭窄地段,并应垂直交越;交越处应选择在地势较高、土质坚实地段。

架空光(电)缆与电气设施交越时应保持一定的垂直净距,杆路与 35 kV 以上电力线应垂直交越，不能垂直交越时，其最小交越角度不得小于45°，具体见表3.1.2。

表3.1.2　架空光(电)缆交越其他电气设施的最小垂直净距

其他电气设备名称	最小垂直净距(m)		备　注
	架空电力线路有防雷保护设备	架空电力线路无防雷保护设备	
10 kV以下电力线	2.0	4.0	最高缆线到电力线条
35 kV至110 kV电力线(含110 kV)	3.0	5.0	最高缆线到电力线条
110 kV至220 kV电力线(含220 kV)	4.0	6.0	最高缆线到电力线条
220 kV至330 kV电力线(含330 kV)	5.0	—	最高缆线到电力线条
330 kV至500 kV电力线(含500 kV)	8.5	—	最高缆线到电力线条
500 kV至750 kV电力线(含750 kV)	12.0	—	最高缆线到电力线条
750 kV至1 000 kV电力线(含1 000 kV)	18.0	—	最高缆线到电力线条
供电线接户线[1]	0.6		—
霓虹灯及其铁架	1.6		—
电气铁道及电车滑接线[2]	1.25		—

注：1. 通信线应架在电力线路的下方位置，当供电线为被覆线时，光(电)缆也可以在供电线上方交越。
2. 光(电)缆必须在上方交越，跨越档两侧电杆及吊线安装应做电气隔断保护装置。

3)光电缆的挂高

电杆的长度应考虑杆路加挂终期光电缆数量及电杆的埋深。最低层光(电)缆的最大垂度时架设高度必须符合表3.1.3的规定。

表3.1.3　架空光(电)缆架设高度

名　称	与线路方向平行时		与线路方向交越时	
	架设高度(m)	备　注	架设高度(m)	备　注
市内街道	4.5	最低缆线到地面	5.5	最低缆线到地面
市内里弄(胡同)	4.0	最低缆线到地面	5.0	最低缆线到地面
铁路	3.0	最低缆线到地面	7.5	最低缆线到轨面
公路	3.0	最低缆线到地面	5.5	最低缆线到路面
土路	3.0	最低缆线到地面	5.0	最低缆线到路面
房屋建筑物	—		0.6	最低缆线到屋脊
			1.5	最低缆线到房屋平顶
河流	—		1.0	最低缆线到最高水位时的船桅顶
市区树木	—		1.5	最低缆线到树枝的垂直及水平距离
郊区树木	—		1.5	最低缆线到树枝的垂直及水平距离
其他通信导线	—		0.6	一方最低缆线到另一方最高线条

4)电杆洞深

不同电杆高度和土质，对电杆的埋深有不同的要求，在施工中要保证电杆洞的深度，具体见

表 3.1.4。

表 3.1.4　电杆洞深

电杆类别	电杆总长(m)	分类			
		普通土	硬土	水田、湿地	石质
水泥电杆	6.0	1.2	1.0	1.3	0.8
	6.5	1.2	1.0	1.3	0.8
	7.0	1.3	1.2	1.4	1.0
	7.5	1.3	1.2	1.4	1.0
	8.0	1.5	1.4	1.6	1.2
	8.5	1.5	1.4	1.6	1.2
	9.0	1.6	1.5	1.7	1.4
	10.0	1.7	1.6	1.8	1.6
	11.0	1.8	1.8	1.9	1.8
	12.0	2.1	2.0	2.2	2.0
木质电杆	6.0	1.2	1.0	1.3	0.8
	6.5	1.3	1.1	1.4	0.8
	7.0	1.4	1.2	1.5	0.9
	7.5	1.5	1.3	1.6	0.9
	8.0	1.5	1.3	1.6	1.0
	8.5	1.6	1.4	1.7	1.0
	9.0	1.6	1.4	1.7	1.1
	10.0	1.7	1.5	1.8	1.1
	11.0	1.7	1.6	1.8	1.2
	12.0	1.8	1.6	2.0	1.2

5)角杆及拉线、撑杆

当标准杆距为 50 m 时,角深与转角、内角度数的关系应符合相关规定;当线路转角角深超过 15 m 时,可分测为两个角杆,两个角杆的角深和角杆前后的杆距宜相等或相近。

角杆拉线应装设在角杆内角平分线的反侧;顶头拉线应装设在杆路直线受力方向的反侧;双方拉线装设方向为杆路直线方向左右两侧的垂直线上;四方拉线为双方拉线加两个顺线拉线,地形地势限制时可以均偏转 45°角装设;三方拉线采用双方拉线加 1 个顺线拉线(装在跨越档或长杆档反侧),也可采用以顺线拉线为基准转角 120°装设;拉线地锚出土位置应依照拉线方向不能左、右改变外,可依地势采取不同"距高比"作前后移动。

(1)角杆的测定符合下列要求:

①线路转角的角度通常用"角深"D(m)来表示;"角深"的定义及常用测量方法如图 3.1.2 和图 3.1.3 所示;角杆的角深与线路转角度数的关系为

$$D = L \times \cos[(180° - \theta)/2]$$

式中　D——角杆的角深(m);

　　　L——杆距;

θ——线路的转角角度(°)；

(180° - θ)——转角的内角(°)。

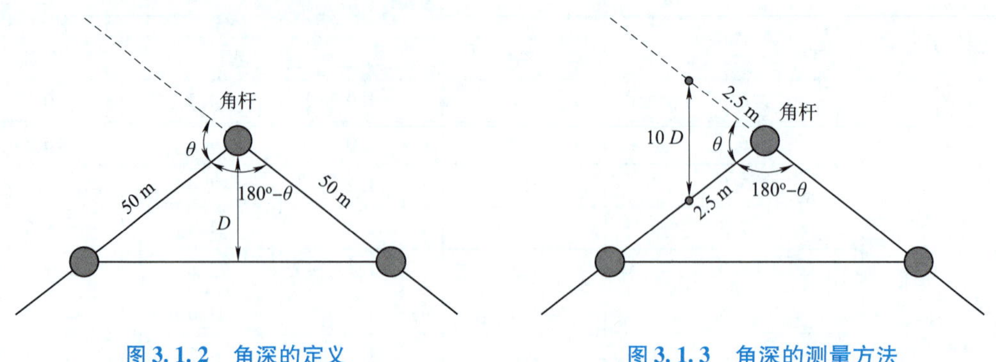

图 3.1.2　角深的定义　　图 3.1.3　角深的测量方法

②当线路转角角深超过 15 m 时，可分测为两个角杆，两个角杆的角深和角杆前后的杆距宜相等或相近，如图 3.1.4 所示。

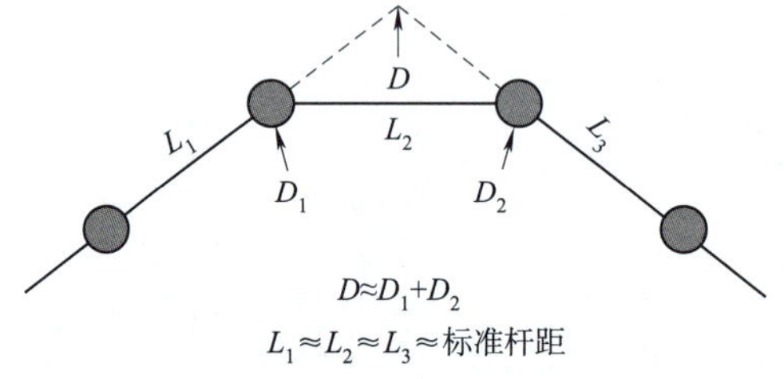

图 3.1.4　双角杆

(2) 拉线及撑杆的测定符合下列要求：

①角杆拉线装设在角杆内角平分线的反侧，如图 3.1.5 所示。

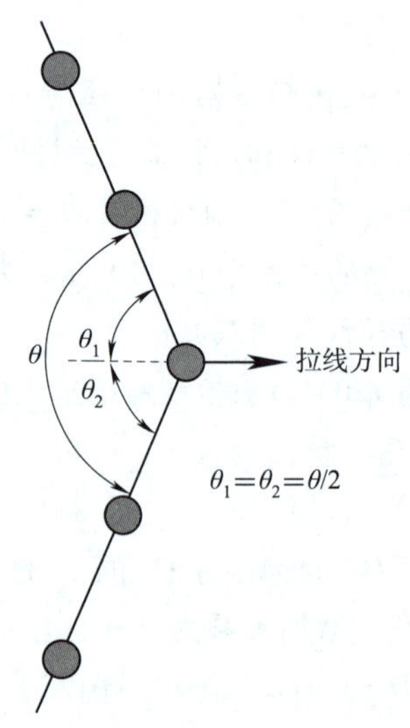

图 3.1.5　角杆拉线装设方向

②顶头拉线装设在杆路直线受力方向的反侧,如图 3.1.6 所示。

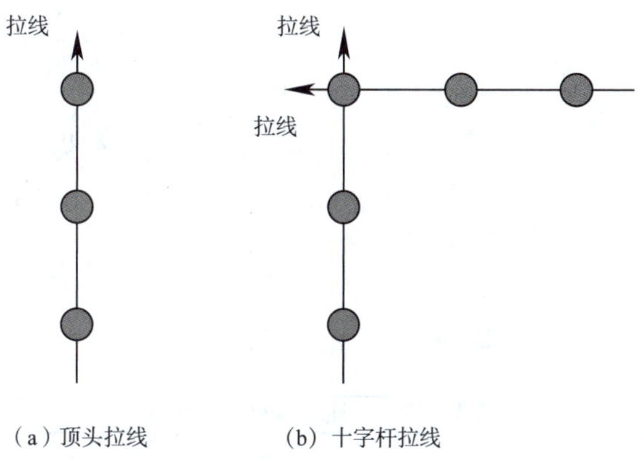

图 3.1.6 顶头拉线装设方向

③双方、四方拉线装设方向如图 3.1.7 所示。

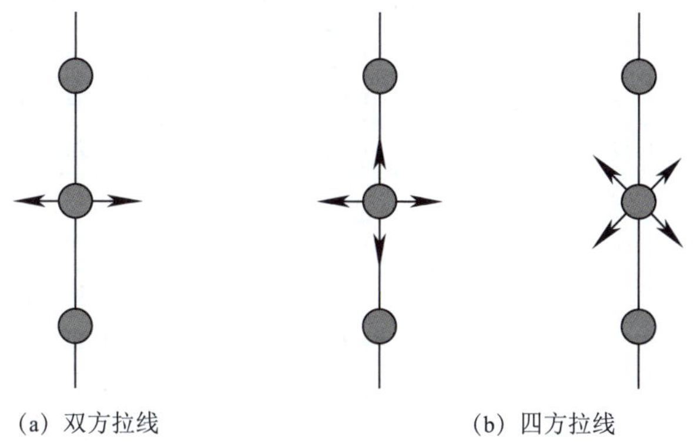

图 3.1.7 双方拉线及四方拉线装设方向

④三方拉线装设方向如图 3.1.8 所示。

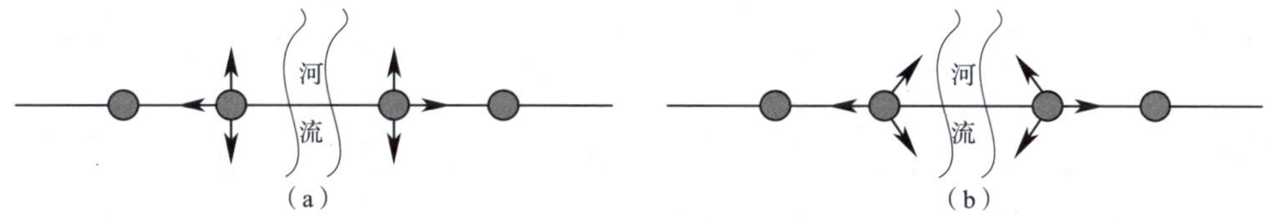

图 3.1.8 三方拉线装设方向

⑤拉线的“距高比”定义如图 3.1.9 所示。

6)吊线规格

吊线应安装在线路顺线方向电杆的侧面,在电杆两侧同一高度位置或上下交替安装。无穿钉眼的水泥杆应采用吊线抱箍方式,抱箍上安装三眼单槽钢夹板夹固吊线;有穿钉眼的水泥杆或木杆宜用穿钉方式。杆两侧同一位置安装吊线应采用双吊线抱箍或无头穿钉;交替安装方式每条吊线用一个单吊线抱箍或有头穿钉安装。

吊线均布荷载应考虑钢绞线自重荷载、架挂光(电)缆自重荷载、裹冰荷载和风荷载共同作用的情况,吊线均布荷载计算时的相关系数应符合表 3.1.5 和表 3.1.6 的规定。

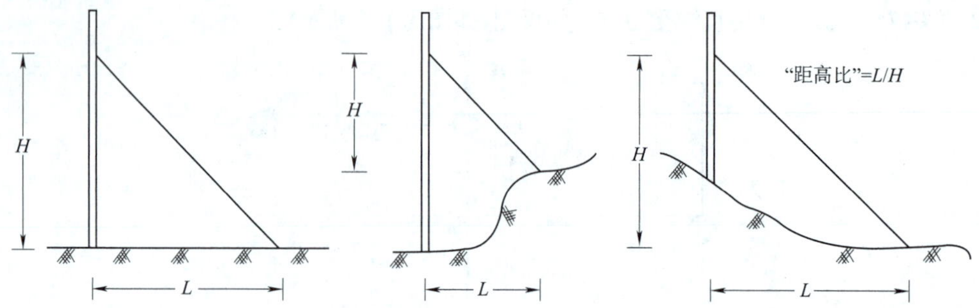

图 3.1.9　拉线“距高比”的定义

表 3.1.5　风压高度变化系数表

距地面或海平面高度(m)	地面粗糙度类别			
	A（指近海海平面和海岛、海岸、湖岸及沙漠地区）	B（指田野、乡村、丛林、丘陵以及房屋比较稀疏的乡镇和城市郊区）	C（指有密集建筑群的城市市区）	D（指有密集建筑群且房屋较高的城市市区）
5	1.17	1.00	0.74	0.62
10	1.38	1.00	0.74	0.62
15	1.52	1.14	0.74	0.62
20	1.63	1.25	0.84	0.62
30	1.80	1.42	1.00	0.62
40	1.92	1.56	1.13	0.73
50	2.03	1.67	1.25	0.84
60	2.12	1.77	1.35	0.93
70	2.20	1.86	1.45	1.02
80	2.27	1.95	1.54	1.11
90	2.34	2.02	1.62	1.19
100	2.40	2.09	1.70	1.27
150	2.64	2.38	2.03	1.61
200	2.83	2.61	2.30	1.92
250	2.99	2.80	2.54	2.19
300	3.12	2.97	2.75	2.45
350	3.12	3.12	2.94	2.68
400	3.12	3.12	3.12	2.91
≥450	3.12	3.12	3.12	3.12

表 3.1.6　吊线钢绞线安全系数

使用场合	安全系数
一般杆距	≥3.0
飞线双吊线中的正吊线	≥3.0
飞线双吊线中的副吊线	≥2.0
吊线上有人悬空作业时	≥2.0

任务 3.2　通信杆路施工

通信杆路的施工主要包括器材检查、路由复测、立杆、杆路加固及防护、吊线安装及防护和杆路标识设置等。

1. 器材检查

在任何施工过程中，首要任务是要保证不合格产品不能进入施工现场，在施工过程中应严格检查各种材料的性能，必须符合设计、规范要求。在架空通信线路施工中，应该严格检查工程所用电杆及其他线路器材的型号、规格、数量应符合设计要求。所用器材须有产品质量检验合格证、应符合现行国家/行业产品标准的规定。

材料到场后必须对电杆及器材应进行外观检查，包装应完整；外包装应标注型号、规格和数量：钢筋混凝土电杆应符合现行国家标准 GB 4623《环形混凝土电杆》相关规定，木电杆应符合现行行业标准 LY/T 1294《直接用原木电杆》相关规定，锌钢绞线应符合现行行业标准 YB/T 5004《镀锌钢绞线》相关要求。水泥底盘、卡盘、拉线盘、横木和安装铁件应符合施工图设计规定的型号、规格和数量。架空通信线路使用的绝缘子应符合现行行业标准 JB/T 10585. 2《低压电力线路绝缘子　第2部分：架空电力线路用拉紧绝缘子》的要求。

2. 路由复测

施工单位应对所施工的工程进行复测丈量，以设计单位提供的施工图设计为依据，确定杆路路由的具体位置、准确长度以及每根电杆的杆位，确定线路穿越障碍物的具体位置和相应保护措施，复测中继段距离时，应根据地形起伏，核算包括接头重叠长度、各种必要的预留长度在内的敷设总长度，并确定接头的具体位置。监理工程师采用见证或巡视的方法，检查复测所取得的数据是否与施工图纸相一致，以及复测单位所采取的纠偏技术措施，出现设计文件和施工图纸与实际要求不一致或其他必须变更设计才可以满足施工要求时，施工单位需现场通知监理单位并通过设计变更后才能进行下一工序的施工。

1）路由复测的依据

路由复测工作应以批准的施工图设计文件为依据；如有路由变更应办理路由变更手续。路由复测工作的内容包括；

（1）复测杆路路由。

（2）丈量杆距，确定杆位。

（3）确定拉线位置。

（4）复核设计杆高。

（5）记录测定资料，绘制逐杆定位图；在杆位及拉线出土点补齐标桩。

（6）核定局站站址。

路由复测时应核定通信杆路穿越铁路、公路、河流、湖泊、大型水渠、林地、果园等障碍的具体位置和保护措施，并核定防腐蚀、防白蚁、防强电、防雷等地段的长度和措施。

2）杆路路由及杆位复测

架空光（电）缆杆路一般应沿交通道路架设并与交通道路保持一定间隔距离；与公路、铁路及其他线路(高压输电线和其他通信线路)平行接近或交越时,应根据批准的施工图设计文件杆路路由图的规定,复测平行接近距离和交越点垂直距离、交越角度值,不得任意变更。杆路路由及杆位(包括拉线地锚)与其他建筑物接近的间隔距离应符合设计的规定。在跨越宽阔的河流、山谷等的飞线处,应重点复核河流、山谷的宽度、立杆位置、拉线出土位置和飞线跨距等。

3)拉线及撑杆的测定

按照施工图设计测定拉线位置,包括角杆拉线、顶头拉线、双方拉线、三方拉线及四方拉线等的位置。按照施工图设计的杆高和拉线的距高比并依地形环境测定拉线地锚出土点位置并钉立标桩。拉线的距高比宜取1,拉线出土点的测定应符合下列要求:

(1)顶头拉线、顺线拉线的出土点应与电杆、吊线在同一平面上,左右偏移量应不大于50 mm。

(2)角杆拉线的出土点应与角杆内角平分线在同一平面上,左右偏移量应不大于50 mm;角杆装设两根顶头拉线时,两条拉线的出土点应相互内移600 mm。

(3)双方拉线的出土点应与杆路直线方向左右两侧的垂直线在同一平面上,左右偏移量应不大于50 mm。

拉线距高比及地锚位置测定应符合下列要求:

①拉线跨越道路或其他障碍物(如平房)时采用高桩拉线,副拉线的距高比宜取0.5。

②人行道上拉线应采用吊板拉线,吊板拉线的距高比宜取1。

③撑杆的距高比宜取0.6。

4)电杆杆高测定

根据设计杆上装置(杆上最高一层吊线及终期最下一层缆线)及杆间跨越档(包括缆线垂度)复核设计杆高及光(电)缆与其他建筑物或设施之间的隔距。架空光(电)缆线路与其他建筑物的间距应符合设计规定。架空光(电)缆线路与架空高压电力线交越时,架空光(电)缆线路应在电力线下方通过,最高一层光(电)缆的吊线与电力线的间距应符合表3.1.2的规定。

3. 立杆

1)杆洞位置设置

不同土质,水泥杆的洞深不同,施工时一定按规范要求,不得随意增减深度,防止造成安全和质量事故。杆洞位置的设置应符合下列要求:

(1)电杆杆洞的设置位置应符合施工图设计文件的规定;装设拉线的角杆杆洞应向角杆内侧内移100~150 mm(水泥杆)或200~300 mm(木杆)。

(2)杆洞深度要求应须符合表3.1.4规定。

(3)电杆洞深的计算点:

①电杆洞深应以原地面为计算点;

②在斜坡区域挖洞时,电杆洞深应从洞口下坡口往下150~200 mm处计算洞深,如图3.2.1所示。

③有杆根底盘或垫木的电杆洞深计算如图3.2.2所示。

④拉线地锚坑的位置设定如图3.2.3所示,其后移间距=拉线洞深×距高比。

2)立杆施工

(1)直线线路的电杆位置应在线路路由的中心线上,电杆中心线与路由中心线的左右偏差应不大于50 mm。

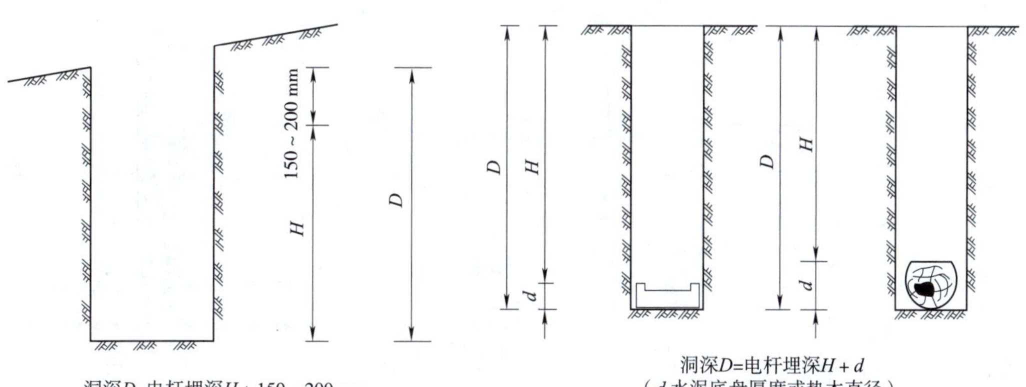

洞深D=电杆埋深H＋150～200 mm

图 3.2.1　斜坡上电杆洞深

洞深D=电杆埋深$H+d$
（d:水泥底盘厚度或垫木直径）

图 3.2.2　杆根有底盘或垫木的电杆洞深

L—拉距（m）；C—地锚出土点；D—拉线地锚坑深（m）；
S—距高比；L_1—地锚坑后移间距（m），$L_1=D\times S$（m）

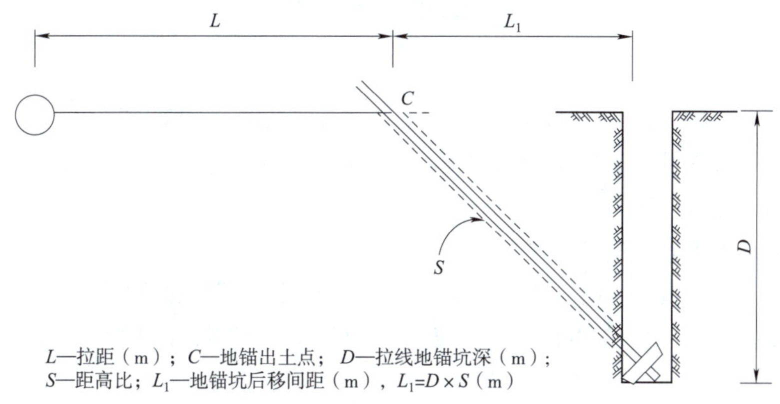

图 3.2.3　拉线地锚坑位置

(2)竖立的电杆本身应垂直向下;杆梢前后、左右的倾斜度,钢筋混凝土杆不得超过三分之一梢径,木杆不得超过二分之一梢径。

(3)终端杆杆梢应向导线张力的反侧倾斜 100～200 mm。

(4)角杆杆根应在线路转角点内移;水泥电杆内移约半个根径(为 100～150 mm),木杆内移约一个根径(为 200～300 mm),因地形限制或装撑杆的角杆杆根可不内移。

3)杆根装置

电杆根部加固装置包括底盘、卡盘或垫木、固根横木。一般情况下,水泥电杆杆根装置宜使用混凝土卡盘,用“U”字形抱箍固定;木杆杆根装置宜使用横木,用 4.0 mm 钢线缠绕固定。

卡盘及底盘装置如图 3.2.4(a)所示,电杆杆根装置位置容差应为不大于 50 mm;横木式杆根装置如图 3.2.4(b)所示;杆根垫木如图 3.2.4(c)所示。

电杆的卡盘和固根横木的装设面向和装设方式应注意:

(1)当两边杆距相等且无定向风时,应和线路方向相同。

(2)直线路上电杆连续安装卡盘或固根横木时,应交错装在电杆的两侧。

(3)角杆应装在角的内侧。

(4)当一边为较长杆挡(超过标准杆距 20%)时,应装在长杆档的一侧。

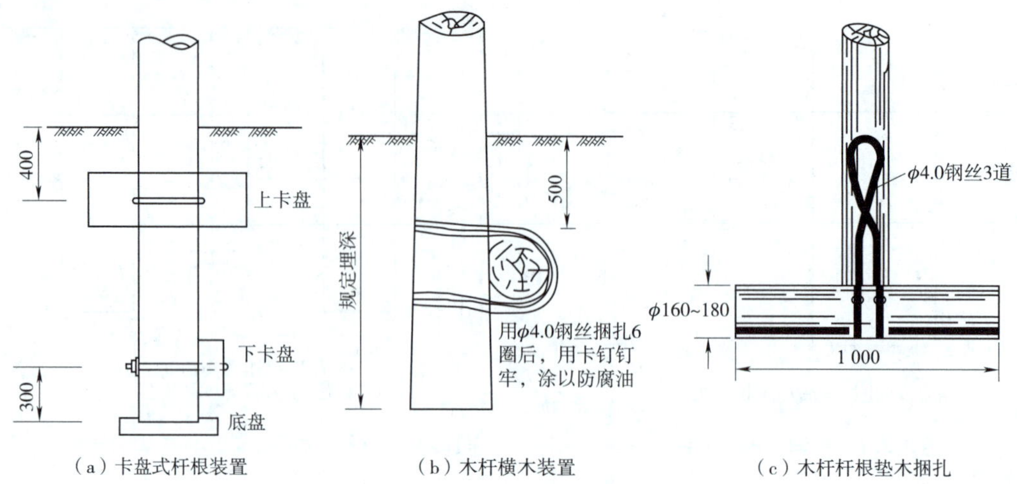

（a）卡盘式杆根装置　（b）木杆横木装置　（c）木杆杆根垫木捆扎

图 3.2.4　卡盘及底盘装置(单位:mm)

4)回填土

回填土前应检验电杆埋深,电杆埋深应符合电杆埋深的规定。回填土应分层夯实,约每 300 mm 夯实一次。装设卡盘或固根横木的杆洞,回填土时应夯实,卡盘或横木下面应无填土空隙。回填土在电杆根部宜高出地面约 200 mm。

5)杆根特殊加固的施工要求:

(1)在斜坡、土壤易塌地点的电杆,根部应用木围桩加固,木围桩加固装置,如图 3.2.5 所示。

(2)平地水土易流失地点的电杆,应用石笼加固,石笼加固装置,如图 3.2.6 所示。

(3)在河中立杆用挡水桩方式加固,挡水桩加固方式,如图 3.2.7 所示。

(4)在电杆埋深达不到要求或电杆容易受到外部撞击时,可采用石护墩保护方式,如图 3.2.8 所示。

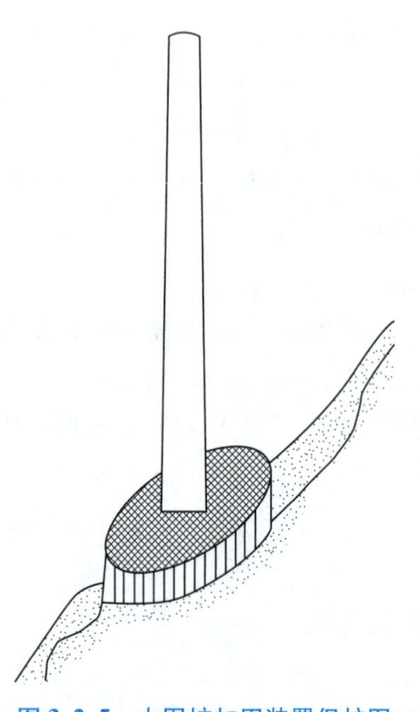
图 3.2.5　木围桩加固装置保护图

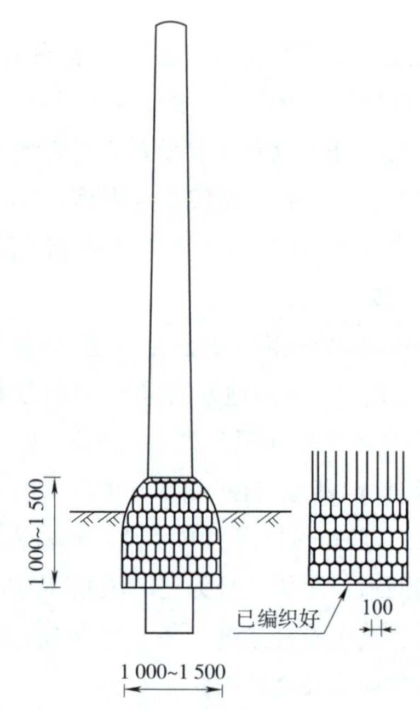

图 3.2.6　石笼加固装置保护图(单位:mm)

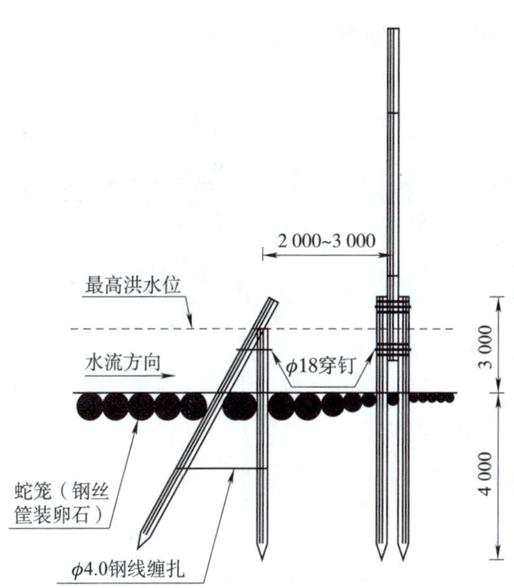

图 3.2.7　挡水桩加固装置保护图(单位:mm)

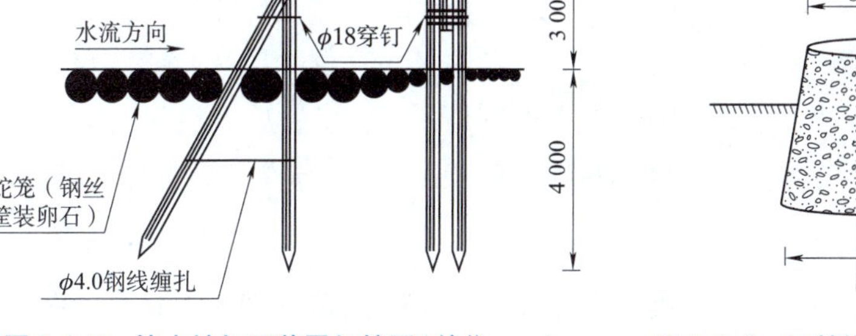

图 3.2.8　石护墩加固装置保护图(单位:mm)

4. 杆路加固及防护

拉线及撑杆的规格程式、设置应符合设计规定。拉线应采用镀锌钢绞线,拉线及撑杆装置的距高比应符合施工复测的要求。

1)拉线的安装

(1)杆上只有一条光(电)缆吊线且装设一条加装绝缘子拉线时,安装如图 3.2.9 所示。

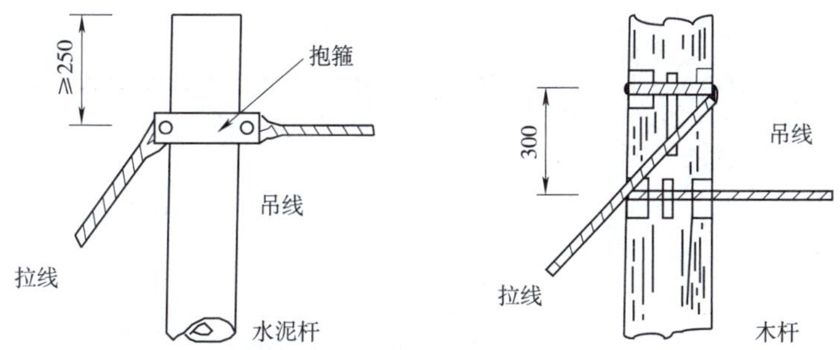

图 3.2.9　单条拉线装设位置(拉线加装绝缘子)(单位:mm)

(2)杆上只有一条光(电)缆吊线且装设一条不加装绝缘子拉线时,安装如图 3.2.10 所示。

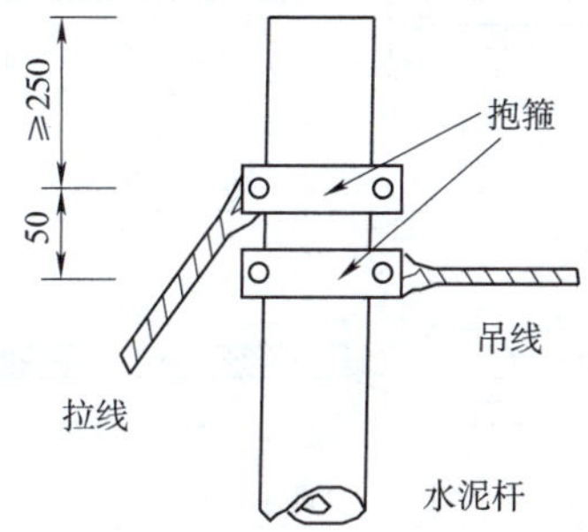

图 3.2.10　单条拉线装设位置(拉线不加装绝缘子)(单位:mm)

(3)杆上有两层光(电)缆吊线且需装设两层拉线时,安装如图 3. 2. 11 所示。

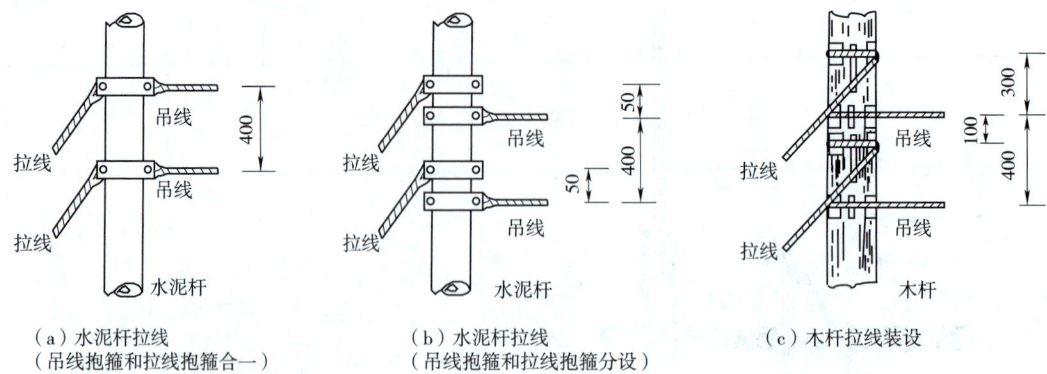

图 3. 2. 11　双条拉线装设位置(单位:mm)

2)拉线上把的扎固

常用的扎固方式有另缠法(图 3. 2. 12)、夹板法(图 3. 2. 13)和卡固法(图 3. 2. 14)三种,三种方法规格允许偏差不大于 4 mm,累计允许偏差不大于 10 mm。

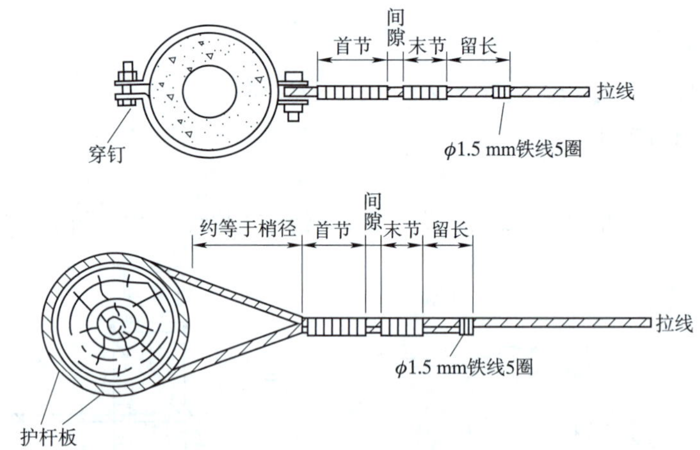

图 3. 2. 12　拉线上把另缠法

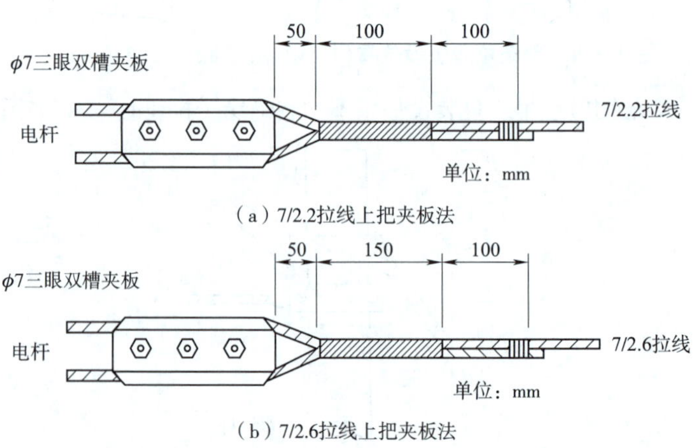

图　3. 2. 13

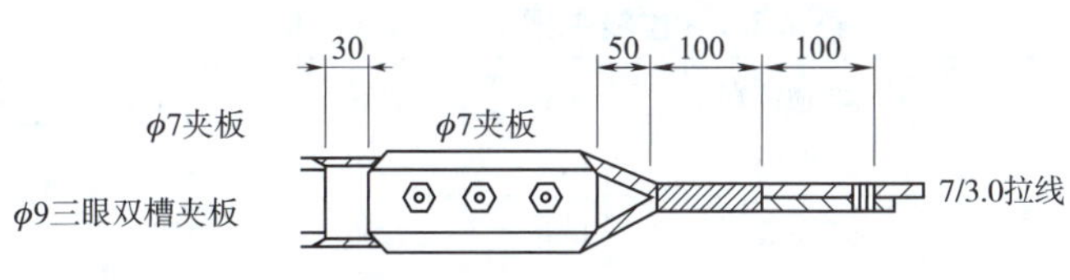

（c）7/3.0拉线上把夹板法

图 3.2.13 拉线上把夹板法(单位:mm)

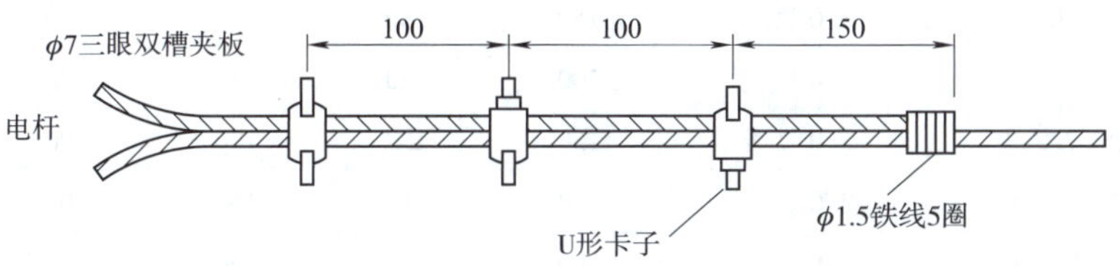

图 3.2.14 拉线上把卡固法(单位:mm)

拉线上把另缠法规格见表 3.2.1。

表 3.2.1 拉线上把另缠法规格

电杆种类	拉线程式	缠扎线径（mm）	首节长度（mm）	间隙（mm）	末节长度（mm）	留头长度（mm）	留头处理
木杆或水泥杆	1×7/2.2	3.0	100	30	100	100	用 φ1.5 mm 铁线另缠 5 圈扎固
	1×7/2.6	3.0	150	30	100	100	
	1×7/3.0	3.0	150	30	150	100	
	2×7/2.2	3.0	150	30	100	100	
	2×7/2.6	3.0	150	30	150	100	
	2×7/3.0	3.0	200	30	150	100	

拉线中把的扎固、缠扎可采用另缠法(图 3.2.15)和夹板法(图 3.2.16),其扎固、缠扎规格应符合表 3.2.2 要求。

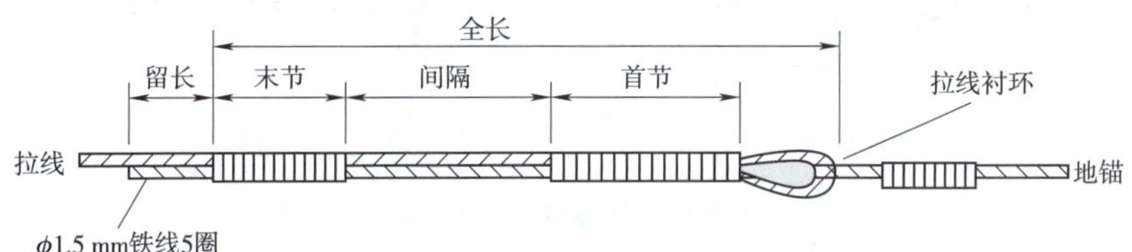

图 3.2.15 拉线中把另缠法

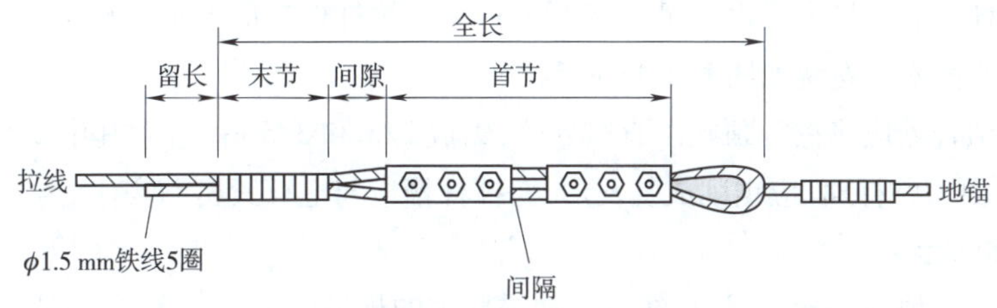

图 3.2.16 拉线中把夹板法

表 3.2.2　拉线中把夹板、另缠规格表　　单位:mm

类别	拉线程式	夹、缠物类别	首节	间隔	末节	全长	钢绞线留长
夹板法	7/2.2	ϕ7 夹板	1 块	280	100	600	100
	7/2.6	ϕ7 夹板	1 块	230	150	600	100
	7/3.0	ϕ7 夹板	2 块 中间隔 30	100	100	600	100
另缠法	7/2.2	3.0 铁线	100	330	100	600	100
	7/2.6	3.0 铁线	150	280	100	600	100
	7/3.0	3.0 铁线	200	230	150	600	100
	2×7/2.2	3.0 铁线	150	260	100	600	100
	2×7/2.6	3.0 铁线	150	210	150	600	100
	2×7/3.0	3.0 铁线	200	310	150	800	150
	V 形 2×7/3.0	3.0 铁线	250	310	150	800	150

3)吊板拉线(图 3.2.17)

吊板拉线安装如图 3.2.17 所示。

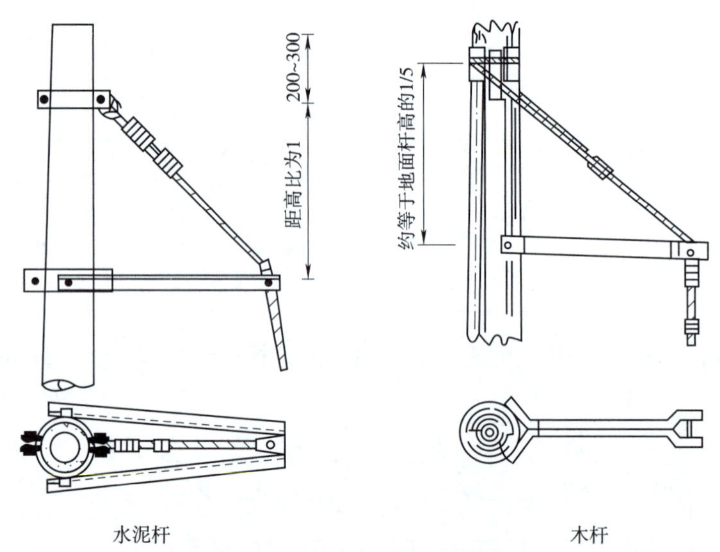

图 3.2.17　吊板拉线(单位:mm)

4)装设撑杆

电缆线路撑杆应装在最末层电缆吊线下 100 mm 处,撑杆埋深应不小于 600 mm,距高比应不小于 0.5 并加设杆根横木。安装如图 3.2.18 所示。

撑杆与电杆结合处应将撑杆顶端以直径划分,锯成 2/5 和 3/5 各一面,其中 2/5 面应与电杆中心线成直角,3/5 面为贴杆面,应锯削成复瓦形槽,撑杆槽应与电杆紧密贴实。

5)拉线地锚的装设

拉线地锚程式及地锚钢柄、水泥拉线盘或地锚横木的规格应符合表 3.2.3 规定。

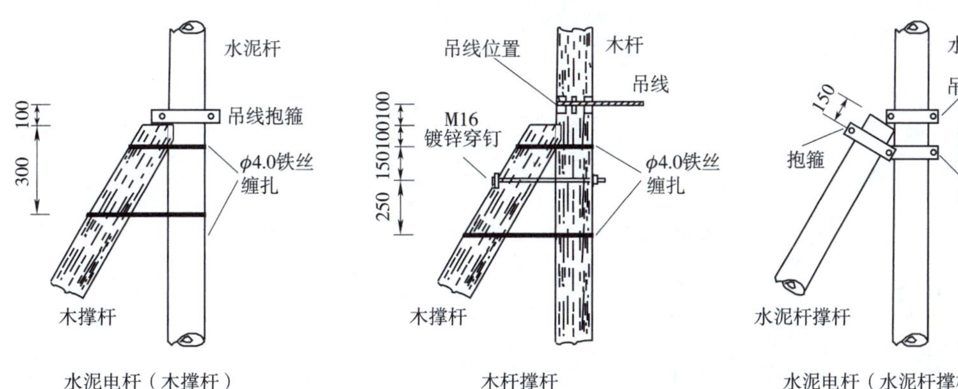

图 3.2.18　撑杆安装图(单位:mm)

表 3.2.3　拉线地锚、水泥拉线盘及地锚坑横木规格　　单位:mm

拉线程式		水泥拉线盘 长×宽×厚 (mm×mm×mm)	地锚钢柄 直径 (mm)	地锚钢线程式 股/线径	横木 根×长×直径 (根×mm×mm)	备　注
7/2.2		500×300×150	16	7/2.6(或 7/2.2 单条双下)	1×1 200×180	
7/2.6		600×400×150	20	7/3.0(或 7/2.6 单条双下)	1×1 500×200	
7/3.0		600×400×150	20	7/3.0 单条双下	1×1 500×200	
V 形	7/2.2	600×400×150	20	7/2.6 单条双下	1×1 500×200	2 条或 3 条拉线合用一个地锚时的规格
	7/2.6	700×400×150	20	7/3.0 单条双下	1×1 500×200	
	7/3.0	800×400×150	22	7/3.0 双条双下	2×1 500×200	
V 形 2×7/3.0 + 1×7/3.0		1 000×500×300	20	7/3.0 三条双下	3×1 500×200	

地锚钢柄长度规格根据拉线距高比及埋深要求选定;地锚出土长度宜为 300 mm,三条双下地锚出土长度宜为 400~500mm,允许偏差 ±100 mm。拉线地锚的实际出土点与规定出土点之间左右的偏移应不大于 50 mm;地锚的出土斜槽,应与拉线上把成直线。

拉线地锚应埋设端正,不得偏斜;地锚的拉线盘或横木应与拉线垂直。

高桩拉线的副拉线可直接入地绑扎地锚横木,地锚横木规格及埋深同一般拉线。

坚石地质用钢柄地锚规格及安装应符合以下规定:

1)地锚钢柄规格应不小于 $\phi 25\times 450$ mm;钢柄地锚与拉线连接角度为 90°。

2)钢柄地锚埋设应用水泥砂浆(1:3)封实抹平;待水泥砂浆保养期满后再收紧拉线。

3)地锚钢柄安装及固定如图 3.2.19 所示。

拉线设在市区人行道等易于碰撞的地方,在拉线入地位置应加装拉线警示(保护)套管,离地高度不小于 2 m,如图 3.2.20 所示;套管写警示语或红白相间标志。

10. 架空杆路施工方法

5. 吊线安装及防护

(1)吊线程式及安装垂度应符合设计规定。吊线应沿线路顺线方向安装电杆的两侧;在电杆两侧同一高度位置或上下交替安装,如图 3.2.21 所示。

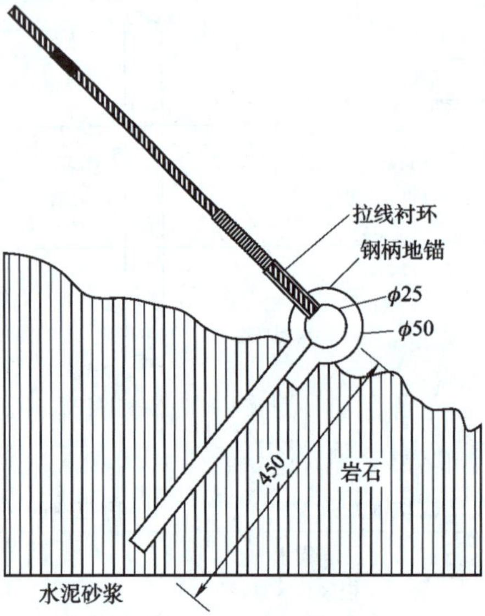

图 3.2.19　钢柄地锚(单位:mm)

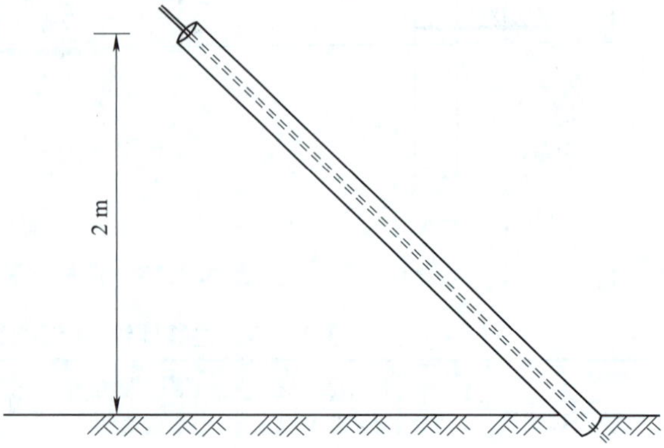

图 3.2.20　拉线警示管

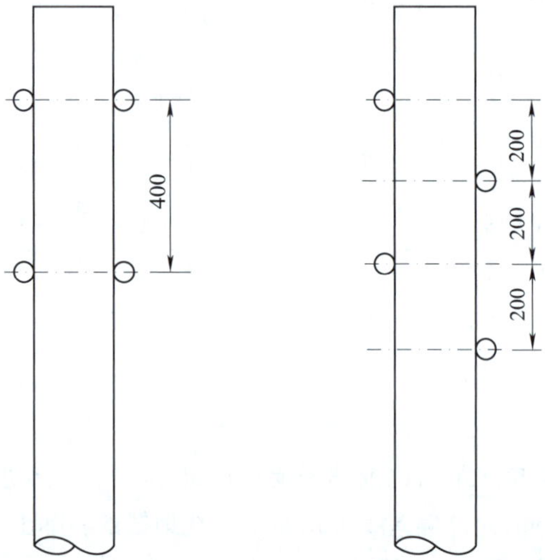

(a) 两侧同一安装位置

(b) 两侧交替安装位置

图 3.2.21　吊线在电杆上的安装位置(单位:mm)

(2)吊线用吊线抱箍或穿钉固定在电杆上,抱箍或穿钉上安装三眼单槽钢夹板夹固吊线。

(3)电杆两侧同一位置安装吊线应采用双吊线抱箍或无头穿钉;交替安装方式每条吊线用一个单吊线抱箍或有头穿钉安装。

(4)吊线在电杆上的坡度变更大于杆距的 20% 时,应加装仰角辅助装置或俯角辅助装置,辅助吊线的规格应与吊线一致,安装方式如图 3.2.22 及图 3.2.23 的要求。

(5)吊线在直线杆上的固定,如图 3.2.24 所示。

(6)吊线接续:两端可选用钢绞线卡子、夹板或另缠法,两端用同一种方法,如图 3.2.25 所示。

(7)当木杆角杆的角深在 5 ~ 10 m 时,加装吊线辅助装置如图 3.2.26 所示;角深在 10 ~ 15 m 时,木杆的吊线辅助装置如图 3.2.27 所示;水泥杆角杆辅助装置如图 3.2.28 所示。

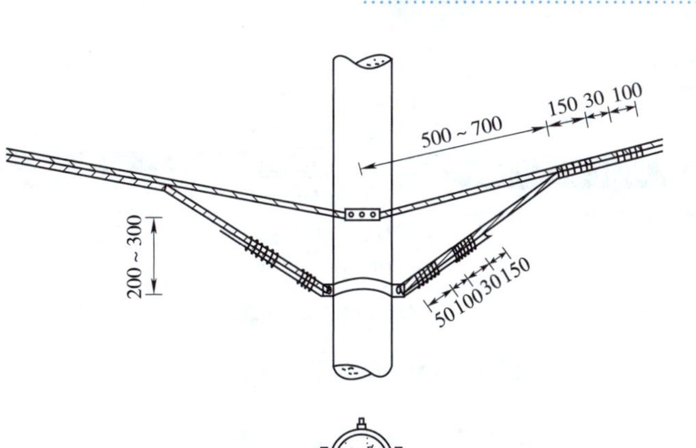

图 3.2.22 吊线仰角辅助装置(单位:mm)

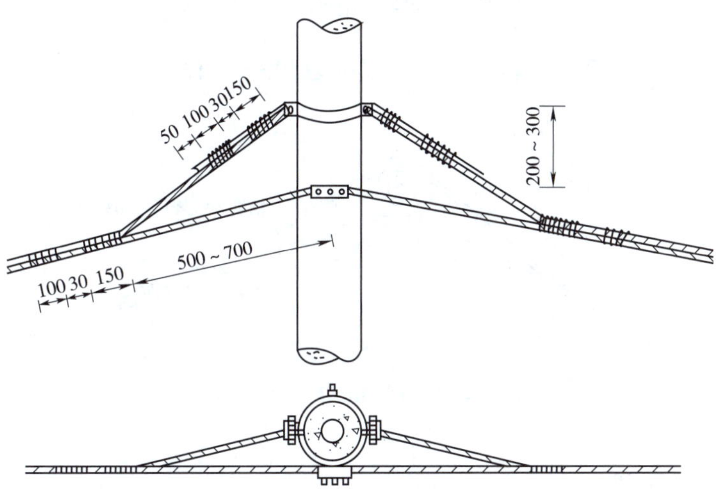

图 3.2.23 吊线俯角辅助装置(单位:mm)

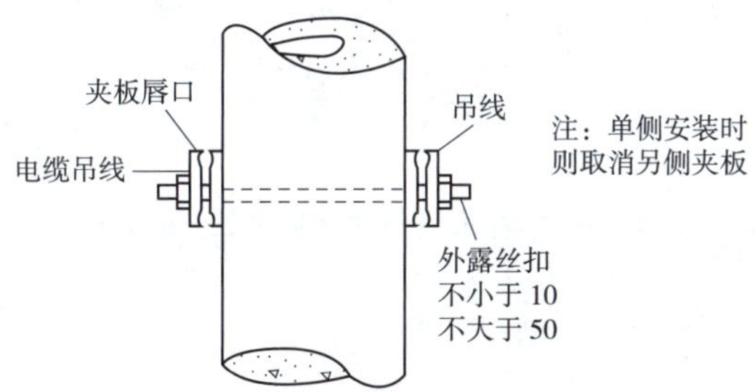

图 3.2.24 吊线固定(单位:mm)

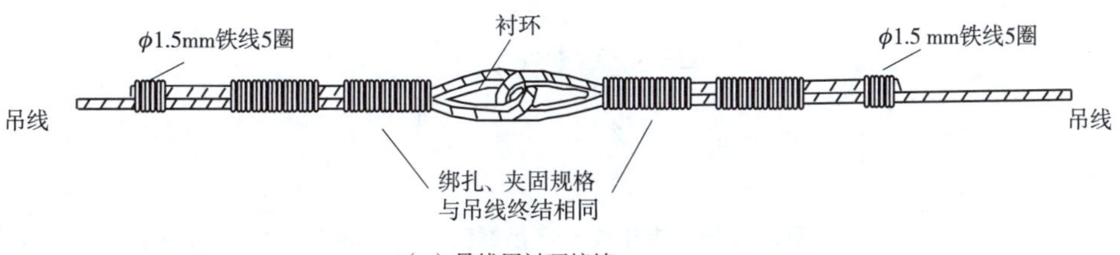

(a) 吊线用衬环接续

图 3.2.25

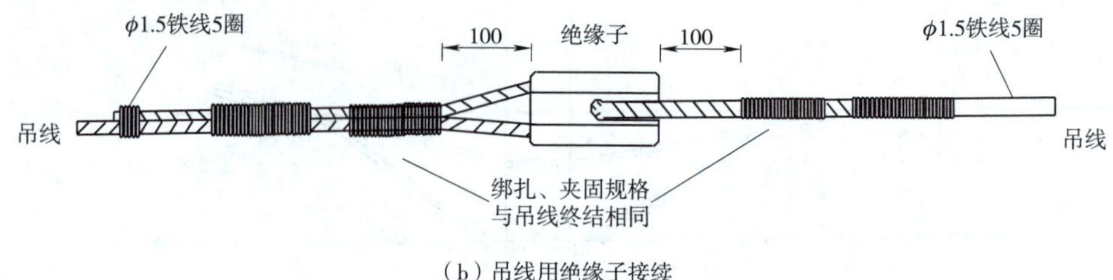

(b)吊线用绝缘子接续

图 3.2.25　吊线接续(单位:mm)

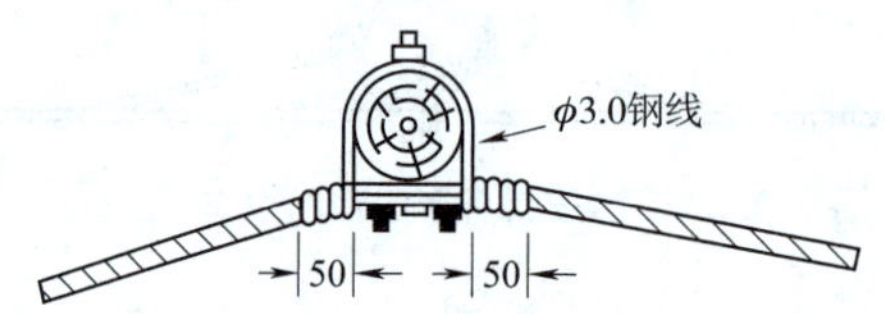

图 3.2.26　角杆吊线辅助装置之一(单位:mm)

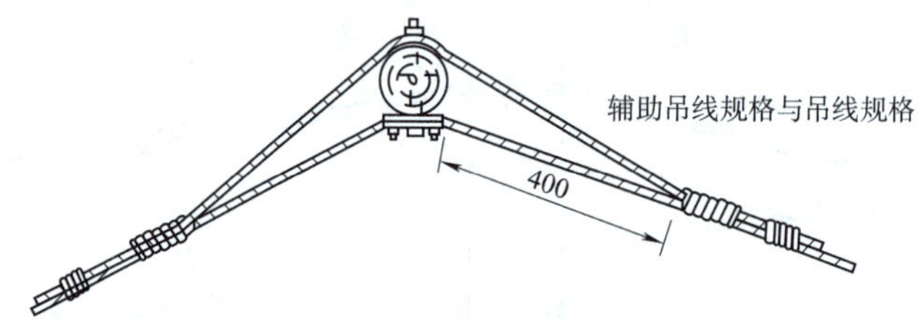

图 3.2.27　角杆吊线辅助装置之二(单位:mm)

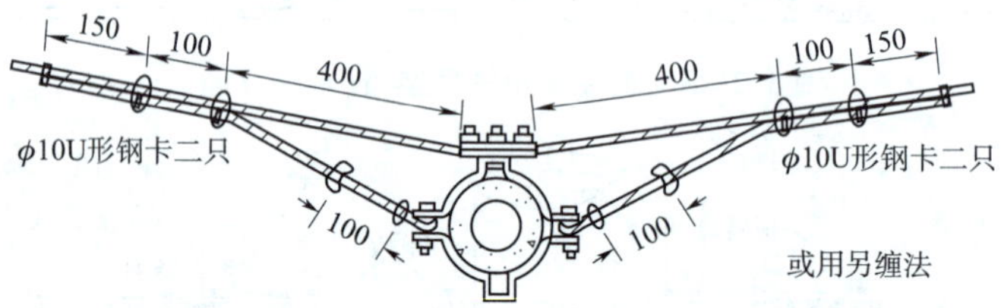

图 3.2.28　角杆吊线辅助装置之三(单位:mm)

(8)十字交叉吊线,如图 3.2.29 所示。

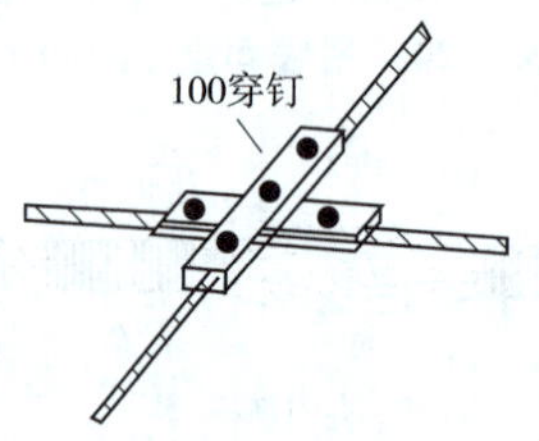

图 3.2.29　夹板式十字吊线图(单位:mm)

(9)卡固法丁字结、夹板法丁字结,如图 3.2.30 和图 3.2.31 所示。

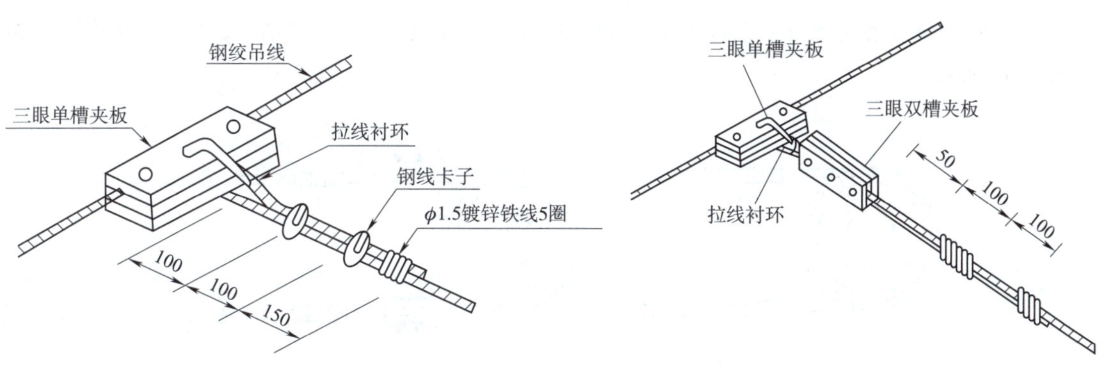

图 3.2.30　吊线丁字结图之一(单位:mm)　　图 3.2.31　吊线丁字结图之二(单位:mm)

(10)电缆吊线在终端杆及角深大于 15 m 的角杆上,应做终结;卡固法终结、另缠法终结、夹板法终结的规格如图 3.2.32 所示。

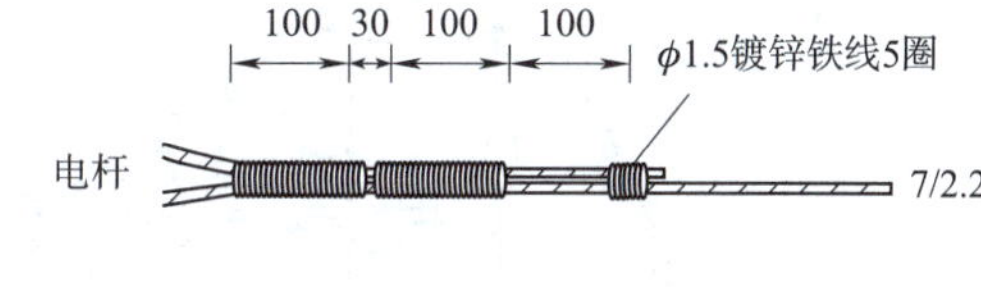

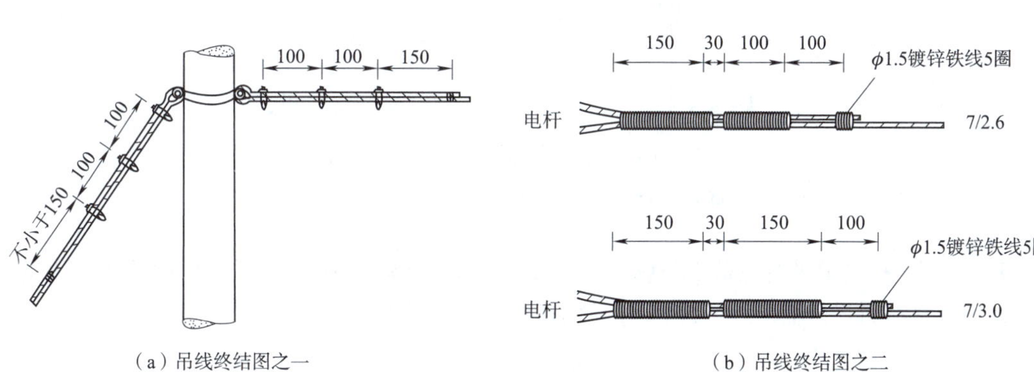

(a) 吊线终结图之一　　(b) 吊线终结图之二

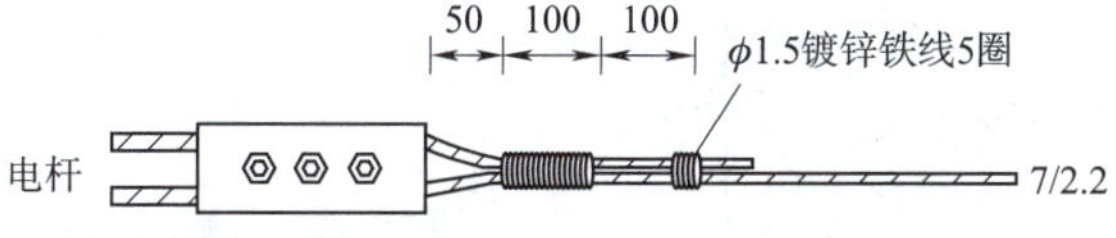

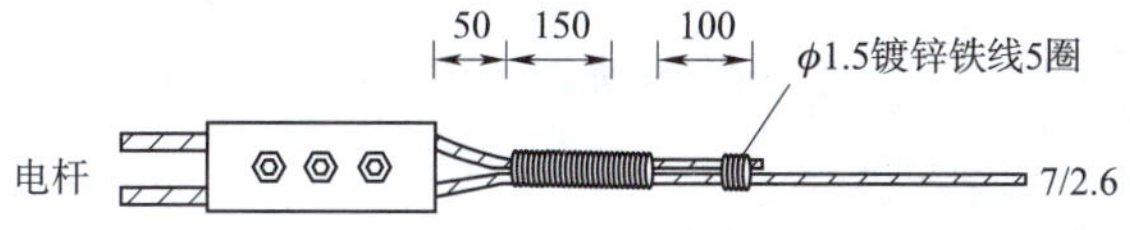

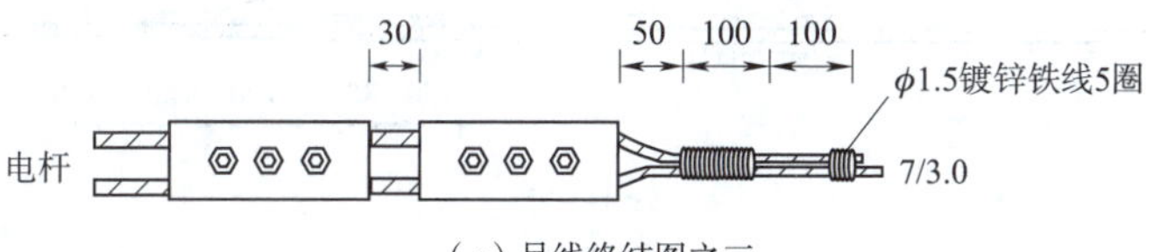

(c) 吊线终结图之三

图 3.2.32　吊线终结图(单位:mm)

(11)同层两条吊线在一根电杆上的两侧,并按设计要求做成合手终结的,合手终结的做法如图 3.2.33 所示。

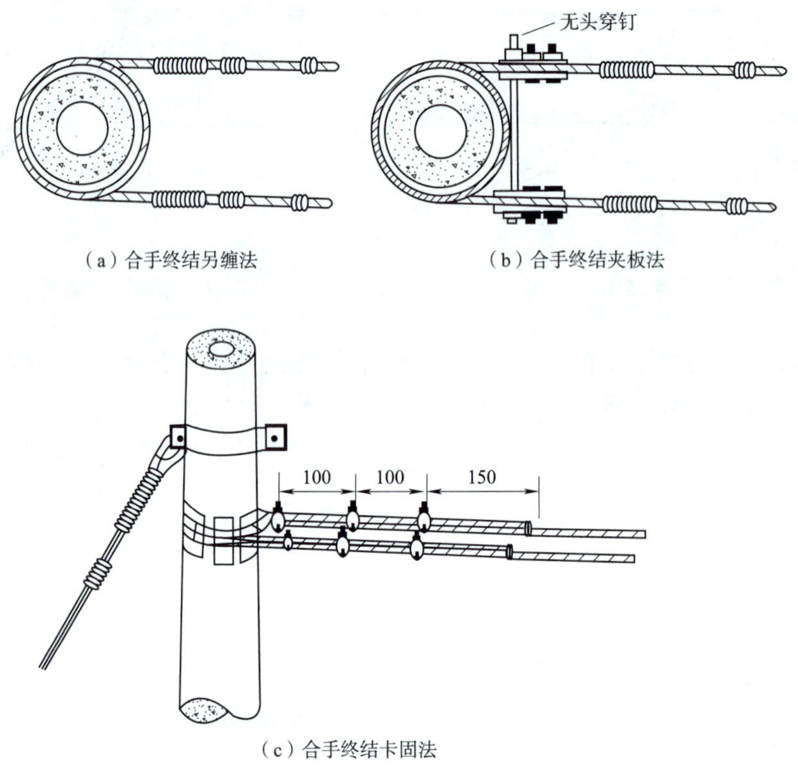

图 3.2.33　吊线合手终结图(单位:mm)

(12)相邻杆档电缆吊线负荷不等或在负荷较大的线路终端杆前一根电杆应按设计要求做泄力杆,电缆吊线在泄力杆做辅助终结,辅助终结的做法如图 3.2.34 所示。

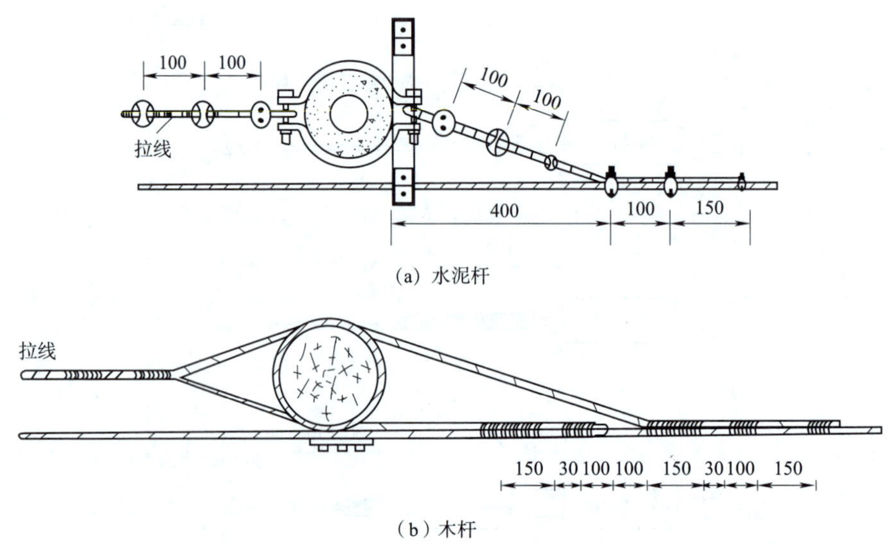

图　3.2.34

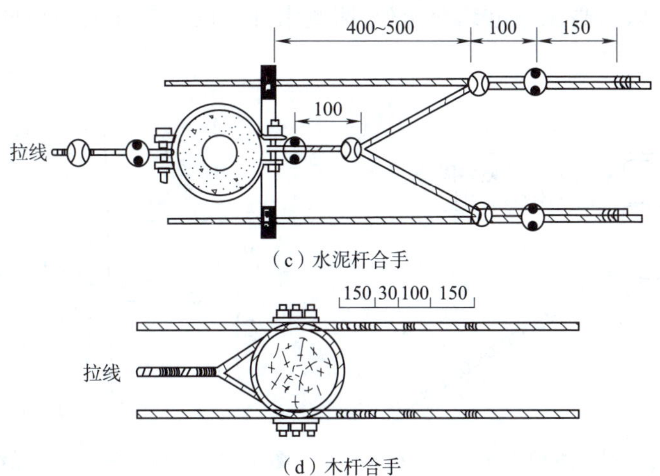

（c）水泥杆合手

（d）木杆合手

图 3.2.34　泄力杆上的吊线辅助终结（单位：mm）

6. 避雷线和接地线安装

（1）水泥电杆有预留避雷线穿钉的装设如图 3.2.35 所示。

（2）水泥电杆无预留避雷线穿钉的装设如图 3.2.36 所示。

（3）利用拉线做避雷线的装设规格，如图 3.2.37 所示。

（4）木杆上装设避雷线可直接用卡钉钉固，卡钉间距离为 500 mm。

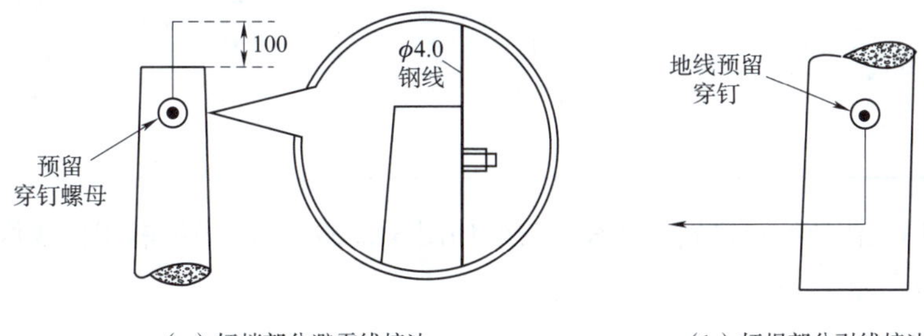

（a）杆梢部分避雷线接法　　（b）杆根部分引线接法

图 3.2.35　有预留避雷线穿钉的水泥电杆避雷线的安装（单位：mm）

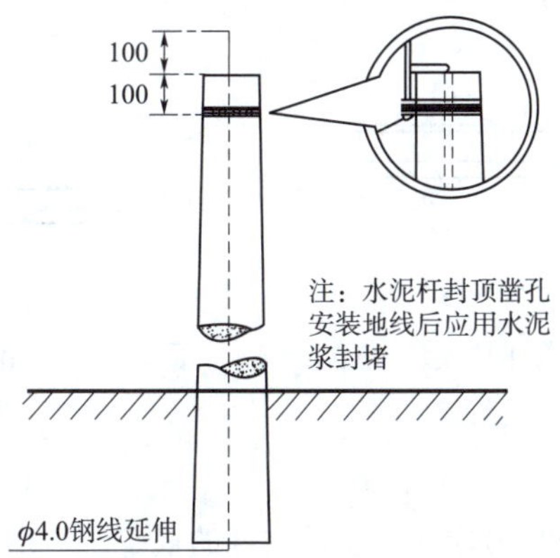

图 3.2.36　无预留避雷线穿钉的水泥电杆避雷线安装（单位：mm）

(5)在与 10 kV 以上高压输电线交越处,两侧木杆上的避雷线安装应断开 50 mm 间隙,如图 3. 2. 38 所示。

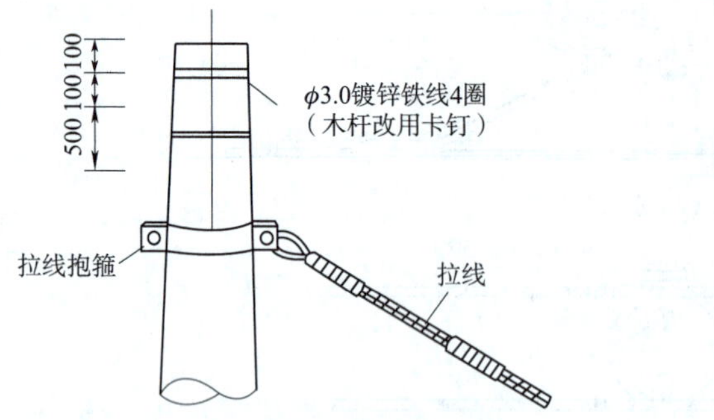

图 3. 2. 37　利用电杆拉线做避雷线安装(单位:mm)

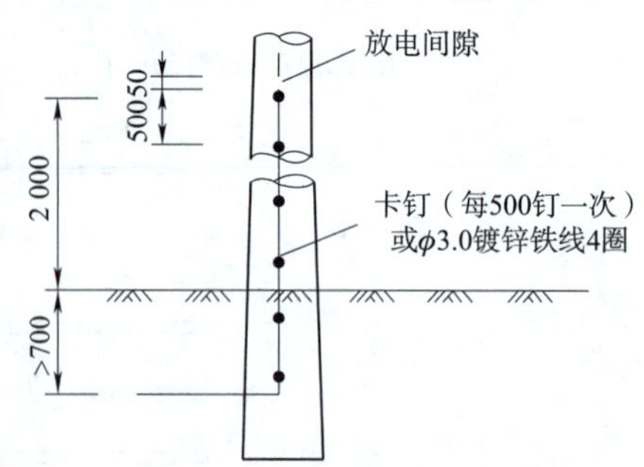

图 3. 2. 38　放电间隙式避雷线安装(单位:mm)

(6)避雷线的地下延伸部分应埋在离地面 700 mm 以下,延伸线(4. 0 mm 钢线)的延伸长度及接地电阻应符合表 3. 2. 4 规定。

表 3. 2. 4　避雷线接地电阻要求及延伸线(地下部分)长度

土　质	一般电杆避雷线要求		与 10 kV 电力线交越杆避雷线要求	
	电阻(Ω)	延伸(m)	电阻(Ω)	延伸(m)
沼泽地	80	1. 0	25	2
黑土地	80	1. 0	25	3
黏土地	100	1. 5	25	4
砂黏土	150	2	25	5
砂　土	200	5	25	9

(7)吊线利用预留地线穿钉做接地线的安装如图 3. 2. 39 所示;吊线利用拉线做接地线的安装规格如图 3. 2. 40 所示。

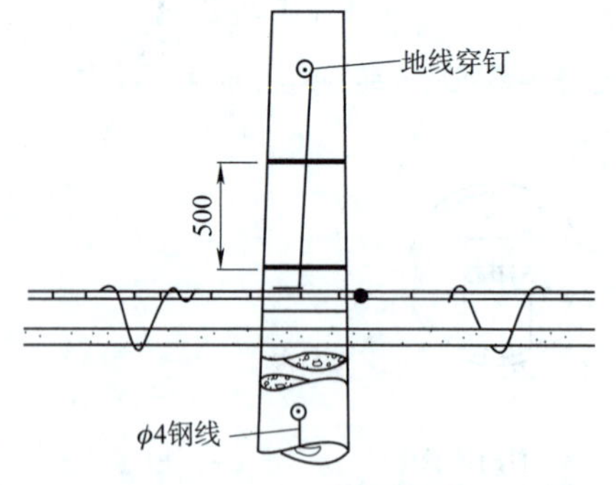

图 3. 2. 39　吊线利用预留地线穿钉做地线安装(单位:mm)

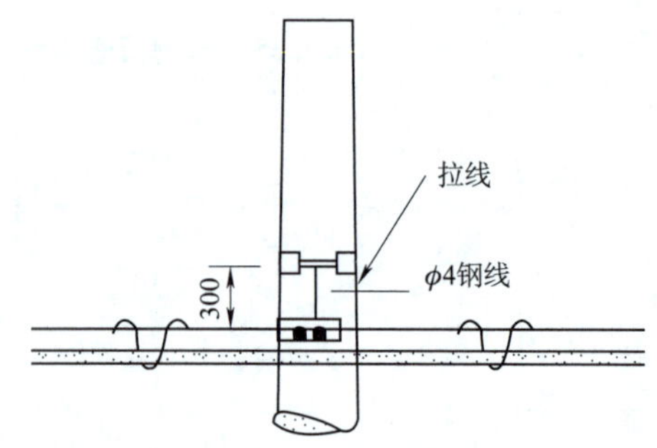

图 3. 2. 40　吊线利用拉线做地线安装(单位:mm)

7. 杆路标识设置

(1)杆路电杆的编号排列及代号应按照设计文件的规定。

(2)杆号应面向道路的一侧,如果电杆两侧均有道路,宜以该杆路所沿着的道路为准,如果某段

杆路离所沿道路较远而线路改沿小路时，则杆号宜面向小路一侧。

(3)水泥电杆宜用喷涂的号杆方式，木杆用钉杆号牌方式。

(4)在水泥杆上喷涂号杆方式时，杆号的字体及大小应整齐一致，喷涂清楚，油漆浓度应适当，无堆积或流散现象。

(5)采用杆号牌标志杆号时，杆号牌宜用铁板或铝板制作。杆号牌钉在木杆上时，在钉子处宜加 10 mm 厚的垫片，不应使杆号牌与木杆直接接触。

(6)光(电)缆通信线路工程电杆杆号编写的主要内容应包括：

①业主或资产归属单位；

②电杆的建设年份；

③中继段或线路段名称的简称或汉语拼音代号；

④市区线路的道路及街道的名称。

(7)水泥杆上编号的最下一行字或杆号牌钉在木杆上的最下沿宜距地面 2 m，市区宜为 2.5 m，特殊地段可酌情提高或降低。

(8)高桩拉线和撑杆都不应编列号码。

任务 3.3　通信管道的基础

通信管道是城镇通信网的基础设施，设置地下通信管道可以大大满足线路建设随时扩容的需要，提高线路建设及维护的工作效率，确保通信线路的安全，同时也符合城镇市容建设的需要。

地下通信管道具有投资大，施工时对城市交通和人民生活影响大的特点，一经建成就成为永久性的设施。因此，设计时必须考虑到网络发展和城市的长期规划，使通信管道能随城市的发展而延伸，彼此能连成稳定、合理的管网。

工程设计一般按路由选择、收集资料、地基与基础处理、平面设计、剖面设计和特殊情况处理的程序进行。

通信管道设计图主要由平面设计图和剖面设计图两大部分组成。通信管道平面设计主要步骤：明确管道建设目标及管孔容量；通信管道的路由选择；收集资料；通信管道具体位置确定、管道人(手)孔位置的选择及选型、引上及引下管的处理。

1. 路由选择原则

(1)符合地下管线长远规划，并考虑充分利用已有的管道设备。

(2)选在通信线路较集中、适应发展需求的街道。

(3)尽量不在沿交换区界线周围建设主干通信管道。

(4)选择供线最短，尚未铺设高级路面的道路建设管道。

(5)选择地上及地下障碍物少、施工方便的道路建设管道。

(6)尽可能避免在有化学腐蚀或电气干扰严重的地带铺设管道，必要时必须采取防腐措施。

(7)避免在过于迂回曲折或狭窄的道路中、有流沙翻浆现象或地下水位甚高、水质不好的地区建设通信管道。

(8)避免在规划未能定、可能转为其他用途的区域，远离各类取土采石和堆放填埋场中建管道。

(9)避免在经济林、高价值作物集中地带建管道。

(10)有新建的城市道路时,应考虑通信管道的建设。

在通信管道路由选择过程中,要充分了解城市全面规划和通信网发展动向,与城建管理部门充分沟通、联系,并考虑城市道路建设以及通信管道管网安全。

2. 收集资料

通信管道路由选定以后,要对沿线地上、地下的建筑物、地质及水文资料及规划的情况进行深入的调查,并收集如下资料,为设计和施工做好准备。

(1)城市道路规划图纸及资料。近期及远期发展规划及地下管线综合资料,拟设通信管道路由的道路平面、横断面、纵断面及高程等规划设计资料。

(2)地下建筑物资料。了解地下管线情况并与相关单位核实,若与相关管线发生矛盾,要与相关单位协商采取安全或避让措施。

(3)沿线房屋情况。考虑到施工时对沿线房屋的振动、地基下沉等影响。

(4)土质调查。

(5)地下水调查。调查地下水在不同季节的水位情况,通信管道应建在地下水位以上的土层中,并避开有电化学腐蚀的地段。

(6)冰冻层深度调查。通信管道应尽可能建在冰冻线以下的土层。

3. 通信管道埋设的位置及埋深

1)通信管道埋设位置的确定

在已拟定的通信管道路由上确定通信管道的具体路由时,应和城建部门密切配合,并考虑以下因素:

①通信管道铺设位置尽可能选择在原有管路或需要引出的同一侧,要设法减少引入管道和引上管道穿越道路和其他地下管线的机会,并减少管道和电缆的长度。如条件限制,通信管道必须建筑在车行道下时,尽量选择离中心线较远的一侧,或在慢道中建设,并尽量避开雨水管线。管道位置应尽量与架空杆路同侧,以便电缆引上和分支。

②节约工程投资和有利缩短工期。通信管道尽可能建筑在人行道下或绿化地带,以减少交通影响;如无明显的人行道界限时,应靠近路边敷设。这样做可使管道承受荷重较小、埋深较浅,降低工程造价(包括路面赔偿费等),有利于提高工效和缩短工期,也便于施工和维护。

③通信管道的中心线原则上应与房屋建筑红线或道路的中心线平行。遇有道路弯曲时,可在弯曲线上适当的位置设置拐弯人孔,将其两端的通信管道取直。

④应考虑电信电缆管道与其他地下管线和建筑物间的最小净距,各种管线、建筑物之间都应保持一个最小的距离,以保证施工或维修时不致相互产生影响。不应过于接近或重叠敷设。同时还应考虑到施工和维护时所需的间距,由于人孔和管道挖沟的需要,特别是在十字路口,还应结合其他地下建筑物情况,考虑其所占的宽度和间距,以保证施工。通信管道不宜紧靠房屋的基础。通信管道与其他地下管线最小平行、交叉隔距,见表3.3.1。

表3.3.1 通信管道与其他地下管线最小平行、交叉隔距　　单位:m

其他地下管线及建筑物名称	水平间距	交叉净距
已有建筑物	2.0	
规划建筑物红线	1.5	

续上表

其他地下管线及建筑物名称		水平间距	交叉净距
给水管	$d \leqslant 300$ mm	0.5	0.15
	300 mm $< d \leqslant 500$ mm	1.0	
	$d > 500$ mm	1.5	
排水管		1.0 注(1)	0.15 注(2)
热力管		1.0	0.25
输油管道		1.0	0.5
煤气管	压力≤300 kPa(压力≤3 kg/cm^2)	0.5	0.5 注(3)
	300 kPa < 压力≤800 kPa(3 kg/cm^2 < 压力≤8 kg/cm^3)	2.0	
电力电缆	<35 kV	0.5	0.5 注(4)
	≥35 kV	2.0	
高压铁塔基础边	>35 kV	2.5	
通信电缆(通信管道)		0.5	0.25
通信电杆、照明杆		0.5	
绿化	乔木	1.5	
	灌木	2.0	
道路边石边缘		1.0	
铁路钢轨(或坡脚)		2.0	
沟渠(基础底)			0.5
涵洞(基础底)			0.25
电车轨底			1.0
铁路轨底			1.5

注:(1)主干排水管后敷设时,排水管施工沟边与既有通信管道间的水平净距不得小于1.5 m。
(2)当管道在排水管下部穿越时,交叉净距不宜小于0.4 m。
(3)在燃气管有结合装置和附属设备的2 m范围内,通信管道不得与燃气气管交叉。
(4)电力电缆加保护管时,通信管道与电力电缆的交叉净距不得小于0.25 m。
(5) d 为外部直径。

⑤充分考虑规划要求和现实条件的影响。当两者发生矛盾,如规划要求管道修建的位置处尚有房屋建筑和其他障碍物(如树林、洼地等),目前难以修建或投资过大,可考虑选在车行道下或采用临时过渡性建筑。

2)城市管道人(手)孔位置的选择

(1)(手)孔位置应选择在管道分歧点、道路交叉口或需要引入房屋建筑的地点。

(2)在弯曲度较大的街道中,选择适当地点插入一个人(手)孔。

(3)在街道坡度变化较大的地方,为减少施工土方量,常在变坡点设置人(手)孔。如图3.3.1所示。

(4)通信管道穿越铁路、公路等路段,或使用顶管时,为便于维护和检查,在铁路路轨、公路、顶管两侧(端)适当的地点设置人(手)孔。

(5)在较直的管道路由上人(手)间距一般为120~130 m,最大不宜超过150 m。如采用摩擦因数较小的塑料管等管材,直线管道段长可适当放宽到 200 m,甚至接近 250 m。

(6)人(手)孔位置应与其他地下管线的检查井相互错开,其他地下管线不得在人(手)孔内穿过。

(7)交叉路口的人(手)孔位置宜选在人行道上或偏于道路的一侧。

(8)人(手)孔位置不应设置在建筑物的门口,也不应设置在规划的囤放器材或其他货物堆场,更不得设置在低洼积水地段。

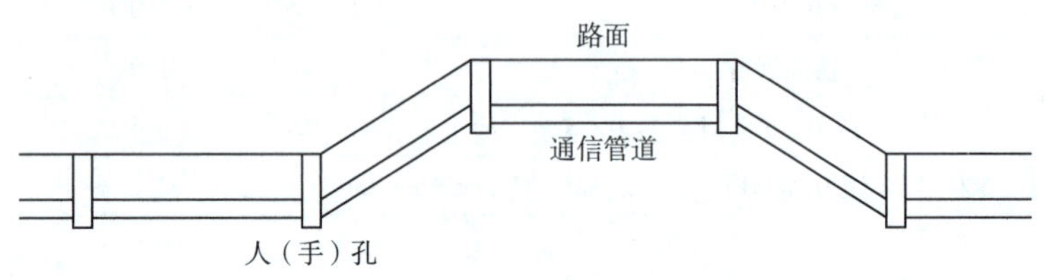

图 3.3.1　通信管路顺路坡建筑

3)引上通信管道的处理

(1)引上点位置的选择

主干光(电)缆在人(手)孔中经分支接续后,通过引上通信管道引出地面,与架空光电缆或与墙壁光(电)缆相接,供用户使用。从人(手)孔中分支出光电缆的地点即称之为引上点。引上点位置的选择要求如下:

①引上点和通信管道同属于比较稳定的建筑装置,设计时应考虑日后发展的可能性,尽量避免拆迁。

②引上点应选择在架空光(电)缆、墙壁光(电)缆或交接箱引入光(电)缆的连接点附近,避免主干光(电)缆与配线光(电)缆间的回头线。引上点选择在人(手)孔附近,减少引上通信管道的长度。

③在同一引上管中设置的引上光(电)缆不宜超过两条。引上点的位置不应设在交通繁忙的路口,以免遭车辆和行人的碰撞。

④在公路两侧均设置地下通信管道时,其供线点应以公路为界,不允许引上通信管道往返穿越公路。在房屋或建筑物的墙外引上通信管道时,引上点应尽量选择在比较隐蔽的侧墙或后墙沿。

(2)引上通信管道的设计要求

由于引上通信管道具有管孔数目少,敷设距离短,埋设浅,所经路由情况比较简单 ,其中穿放的光(电)缆外径较小的特点,所以在设计时只在平面图中表示出引上点的位置及引上通信管道长度即可,除穿越障碍有困难的情况以外,一般情况下不做剖面设计。

引上通信管道设计时应注意以下情况:

①引上通信管道穿越公路时,应尽量垂直穿越,如图 3.3.2 中 *A* 所示的情况。

②引上点距人(手)孔较远,引上通信管道需要进行两个方向的拐弯时,可在适当地点插入人(手)孔。如图 3.3.2 中 *B* 所示的情况。

③引上点位置与主干光(电)缆在同一侧,距离不远,并对断面的影响不大时,引上管可自人孔直接斜向引上点,如图 3.3.2 中 *C* 所示的情况。引上点在主干通信管道的同一侧,但引上点偏离通信管道断面有一定距离而断面限制不允许引上通信管道自人孔斜向敷设至引上点,则引上通信管

道允许在主干通信管道路由中敷设至一定位置,然后拐弯至引上点,如图 3.3.2 中 D 所示的情况。

④引上通信管道中的光(电)缆进入人孔后,光(电)缆离上覆净空间不应小于 20 ~ 40 cm,引上通信管道从光(电)缆出土点向人(手)孔应具有 0.3% ~ 0.4% 的平坦坡度,以便排泄渗入管孔中的积水。

⑤从地下出土的弯头用 90°的弯铁管或其他材质的弯管,弯管的曲率半径不得小于管径的 10 倍。

⑥引上点管孔数一般不超过两根引上管。预留管引出端用油麻堵实,以免雨水和杂物进入管内影响日后使用。

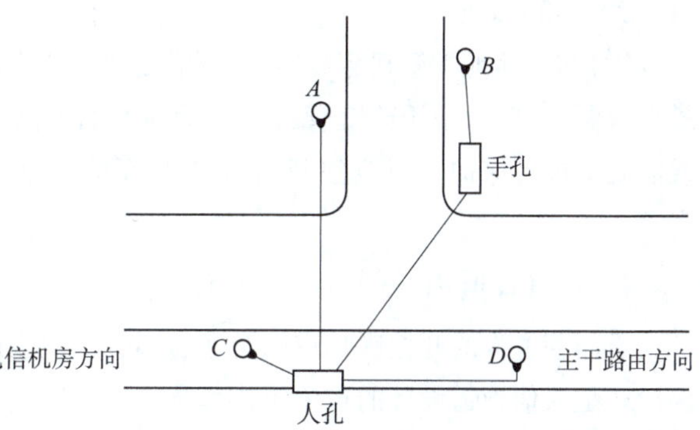

图 3.3.2 引上管道的设置

4)管道和人(手)孔埋深

通信管道的埋深取决于所在地段的土质、水文、地势、冰冻层厚度及与其他地下管线平行交越和避让的要求,还和地面的负荷的关,它直接影响管道建筑本身的安全。在保证管线质量的前提下,确定通信管道的埋深,应注意以下几点:

(1)考虑通信管道施工时对邻近管线和建筑物的影响。如离房屋较近,应考虑避免影响房屋基础,管道埋深可适当浅些。

(2)考虑水位和水质的情况。如地下水位较高,且水质不好的地带,为保证管道电缆的安全和节约防水工程费用,管道可适当埋浅。

(3)路由表面的土壤由杂土回填而成,土质松软,稳定性较差,可埋深些,以减少地基及基础的处理费用。考虑冰冻层的厚度以及发生翻浆的可能性,一般将通信管道建筑在冰冻线以下。如果地下水位很低,不致发生翻浆的现象,通信管道采取适当的措施可以埋设在冰冻层中。

(4)管道如分期敷设时,应满足远期扩建管孔所需的最小埋深要求。

(5)同一街道中通信管道敷设位置的不同,其承载的负荷也不同。荷重小的地方,如绿化地带、人行道,管道埋深可浅些;在负荷大的车行道应埋深些。

(6)管道所用的管材强度和建筑方式要求不同,埋深也不一样。不同程式的管材允许的最小埋深见表 3.3.2。

表 3.3.2 通信管道最小埋深

管道类别	管顶距地表最小深度(m)			
	人行道	车行道	电车轨道	铁路
水泥管	0.5	0.7	1.0	1.5
钢管	0.2	0.4	0.7	1.2
塑料管	0.5	0.7	1.0	1.4

注:钢管最小埋深在有冰冻的范围以内时,施工时应注意管内不能有进水或存水的可能。

(7)考虑道路改建等因素,通信管道的埋深应保证不因路面高程的变动而影响通信管道的最小埋深。设计时,应考虑在人孔口圈下垫三层砖,以适应路面高程的变动。

(8)人孔的埋深应与通信管道的埋深相适应,以便于施工和维护。一般规定通信管道顶部或基底部分分别距人孔上覆或人孔底基面的净空间不小于 30 cm。引上通信管道的管孔应在人孔上覆以下 20 ~ 40 cm 处。

(9)与其他地下管线穿越时,需要满足表 3.3.1 所列的最小交叉净距。为了达到管顶至路面的最小埋深,一般可采用改变管群组合所占断面的高度;或采取适当的保护措施,如混凝土盖板保护或混凝土包封保护。但应注意管顶离路面的高度不得小于 30 cm,并保证管孔进入人孔的相对高度。

4. 通信管道沟

通信管道沟的开挖影响道路交通、建筑物和施工人员安全,并关系工程土方量,所以通信管道沟设计是通信管道设计的重要组成部分。

1)沟槽的断面

开挖沟槽的断面形状应结合通信管道埋深、土壤性质、地面荷载及施工条件考虑,如图 3.3.3 所示。通信管道沟槽的断面分陡峭沟槽和斜坡沟槽两种。

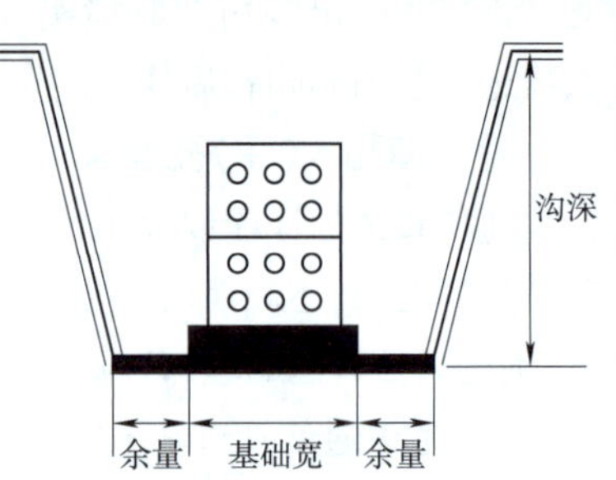

图 3.3.3　管道沟的横截面

(1)陡峭沟槽

陡峭沟槽的上部和下部宽度相等。挖掘这样断面的沟槽;必须在土质及含水量较好的地段进行,并立即铺管施工。一般较为松软的土壤,陡峭沟槽沟深不能大于 1 m,中等密实土壤沟深不能大于 1.5 m,坚硬土壤沟深不能大于 2 m。

(2)斜坡沟槽

通信管道施工工期较长时,一般采用斜坡沟槽。挖沟时采用的坡度视土质情况而定。

在土质差,地下水位高于沟底;沟深大于 1.5 m,沟边距房屋等建筑物水平距离小于 1.5 m;挖沟深度大于 3 m;沟深小于 3 m,但土质松散;横穿车行道施工和通信管道路由平行接近的其他管线距通信管道沟壁小于 0.3 m 的情况下,挖掘通信管道沟槽时沟槽侧壁塌陷,设计时应考虑加设保护措施。

通信管道槽壁的保护措施,一般采用支撑护土板的方法,即每隔一定距离,在两侧壁横放或竖放或横竖组合放置木板,用两根或数根圆木抵撑。

2)通信管道的坡度

为避免渗入管孔中的污水或淤泥沉积于管孔中,长时间造成腐蚀通信光(电)缆或堵塞管孔,相邻两人(手)孔间的通信管道应有一定的坡度,使渗入管孔中的水能随时流入人(手)孔,便于清理。管道的坡度一般应为 0.3%~0.4%,特殊情况下,最小不宜低于 0.25%。为减小施工土方量,通信管道斜坡的方向应和地面的斜坡方向一致。

水平地面中通信管道坡度的建筑方法有“一”字坡和“人”字坡两种,分别如图 3.3.4、图 3.3.5 所示。

“一”字形通信管道建筑方法简单,容易保证通信管道建筑质量,这是一种最常用的通信管道建筑方式。但在通信管道路由中穿越其他管线时,有时在高程上会出现矛盾,通信管道不得已避让时,应采用施工比较困难的“人”字形通信管道坡建筑方式,采用该种方法时,一般选用塑料管材质。

为使光(电)缆及接头在人孔中有适宜的曲率半径和合理布置,在不过度影响管道坡度和埋深等要求下,应尽量使人孔内两边管道的相对管孔接近一致的水平,在一般情况下相对位置(高程)的管孔高差不应大于 0.5m,尽量缩小管道错口的程度。

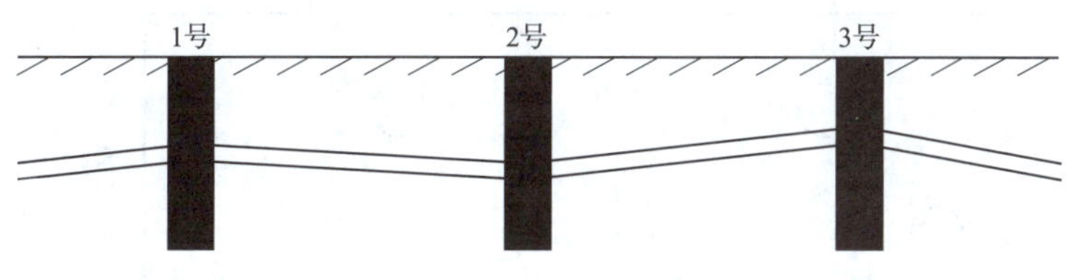

图 3.3.4　"一"字形通信管道坡

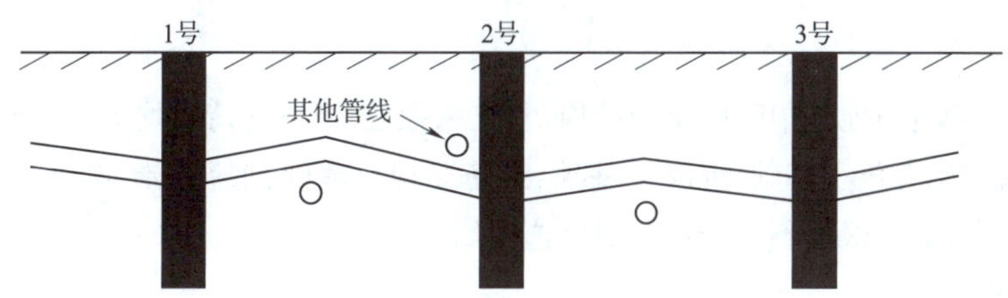

图 3.3.5　"人"字形通信管道坡

3)通信管道地基处理

通信管道的地基是承受地层上部全部荷重的地层。按建设方式,可分为天然地基和人工地基两种。在地下水位很低的地区,如果通信管道沟原土地基的承载能力超过通信管道及其上部压力的两倍以上,而且又属于稳定性的土壤,则沟底经过平整以后,即可直接在其上铺设通信管道,这种地基即属于天然地基。如果土质松散,稳定性差,原土地层必须经过人工加固,使上层较大的压力经过扩散以后均匀地分布于下部承载能力较差的土壤上,这种地基称之为人工地基。人工地基有以下几种加固方式。

(1)表面夯实。适用于黏土、砂土大孔性土壤和回填土等的地基。

(2)碎石加固:土质条件较差或基础在地下水位以下。在非稳定性土壤的基坑中放入 10 ~ 20 cm 厚的碎石层,然后分层夯实、找平,即可在其上铺设通信管道。碎石层厚度管道基坑通常为 10 cm,人孔基坑厚度为 20 cm。有混凝土基础时,碎石层地基宽度比混凝土基础宽出 10 ~ 15 cm。

(3)换土法:当土壤承载能力较差,宜挖去原有软土,换以砂、砾石及卵石,并分层夯实(每层约 15 cm 厚),以提高土壤的承受能力。

(4)打桩加固:在土质松软的回填土流砂、淤泥或Ⅲ级大孔性土壤等地区,采用桩基加固地基,以提高承载力。目前常采用混凝土桩加固,桩径为 15 ~ 20 cm、长度为 1.5 ~ 3.0m;为增加混凝土的韧性,可在圆截面的轴线方向配 4 根 ϕ12 mm 的钢筋。在支撑桩上建筑通信管道方式如图 3.3.6 所示,桩位布置如图 3.3.7 所示。

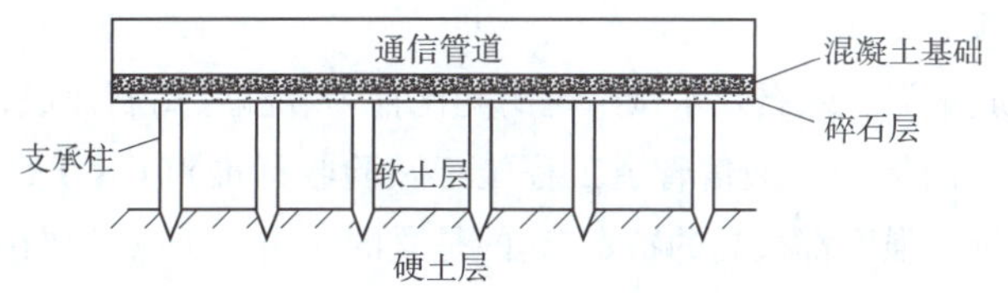

图 3.3.6　支撑桩上建筑通信管道方式

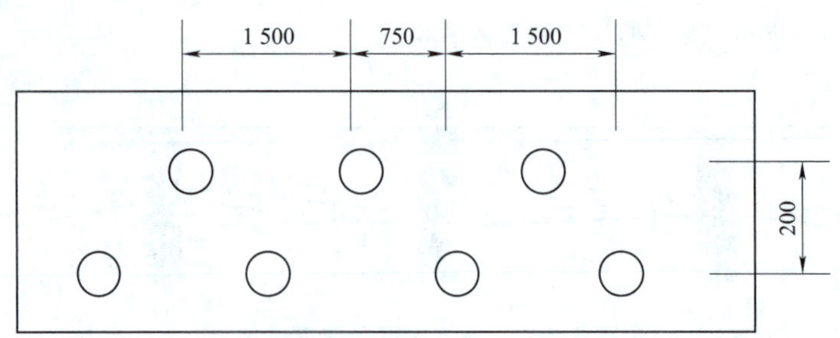

图 3.3.7　桩位布置图(单位:cm)

4)管道基础

管道的基础是管道与地基中间的媒介结构,它支承管道,管道的荷重均匀传布到地基中。管道一般均应有基础,基础有灰土基础、混凝土基础、钢筋混凝土基础、水泥预制盖板等,不同的基础具有不同的优点、缺点,必须根据不同的场合加以选用。

(1)灰土基础

灰土用消石灰和良好的细土,按体积比 3:7 或 2:8 拌和均匀,虚铺 22 ~ 25 cm 厚,加适量的水分夯实至 15 cm 而成(为一层)。具有经济实用、早期强度低但随时间增加而提高、抗拉及抗剪很差和灰土基础的抗溶性及抗冻性较差的特点。不适于在有不均匀沉陷的地基上使用,必须将其建筑在地下水位以上,冰冻线以下。

灰土也可用生石灰、砂及良好的细土以 1:3:6 的比例拌和均匀,分层夯实而成。这种基础石灰用量省,抗压强度增强,但抗拉及抗剪更差。不同配比灰土基础的材料用量见表 3.3.3。

表 3.3.3　土配比

材料名称	单位	配比值			
		2:6	2:8	3:7	4:6
生石灰	kg	182	146	218	291
过筛的净土	m^3	1.1	1.2	1.0	0.9

(2)混凝土基础

混凝土由水泥、砂、石子及水按一定的配比拌匀、浇灌、捣制而成,其配制比例和方法参见《通信管道人孔和手孔图集》(YD/T 5178—2017)和《通信管道工程施工及验收标准》(GB/T 50374—2018)。通信管道工程用到的水泥强度等级一般为 42.5 MPa、52.5 MPa 等,工程中根据载荷及基础情况选用不同强度等级的水泥。通信管道中的混凝土基础一般厚度为 8 cm,宽度比所承载的通信管道底边宽 5 ~ 8 cm,通常为 8 cm。混凝土基础具有抗压强度高、抗拉强度较低的特点。适用于一般性土壤和跨距较小的场合。一般混凝土的强度是指凝固 28 天后的强度。

(3)钢筋混凝土基础

钢筋混凝土由钢筋、水泥、沙、石及水按一定的配比拌匀、浇灌、捣制而成,其配制比例和方法参见《通信管道人孔和手孔图集》和《通信管道工程施工及验收标准》(GB/T 50374—2018)。钢筋混凝土基础,具有抗压和抗拉强度都很高的特点,起的是梁的作用。所以必须在其受拉力的区域适当地布置钢筋,以增强其抗拉能力。

下列区域宜采用钢筋混凝土基础。

①跨越沟渠基础在地下水位以下，冰冻层以内；

②土质很松软的回填土；

③淤泥流砂；

④Ⅲ级大孔性土壤；

⑤跨越沟渠。

5)管道基础的选用

通信管道基础的建筑应与地基条件及所选用的管材相适应。抗弯强度较差的管材要求较坚实的基础，抗弯能力较强的管材对基础的要求相对不高。常用管材种类有塑料管、钢管、水泥管三种。下面介绍在这三种材质下各类基础的具体做法和场合的选用。

(1)水泥通信管道基础

水泥通信管道常用的基础有灰土基础、混凝土基础和钢筋混凝土基础三种。其选用场合如下：

①土质为岩石的地区，管道沟底应保持平整；

②土质较好的地区（如硬土），挖好沟槽后应夯实沟底；

③土质较差地区，挖好沟槽后应做混凝土基础；

④土质差地区（如松软不稳定的地区），挖好沟槽后应做钢筋混凝土基础。

(2)塑料管、钢管通信管道基础

除非在非稳定性土壤中埋设需采用地基加固的方法外，在土质较好的情况下，一般不考虑设置基础。其他则按照土质不同，采用不同的地基处理或进行简单的砂基础处理。砂基础一般使用含水量为8%～12%的中砂或粗砂夯实如图3.3.8所示。砂中不宜含各种坚硬物，以免伤及管材。砂基础也可用过筛的细土取代砂。

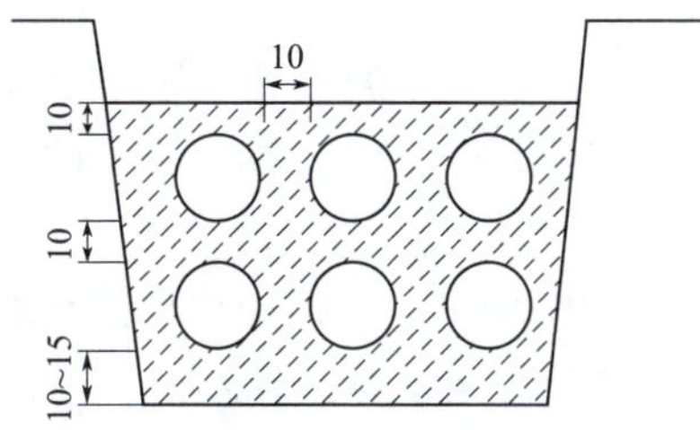

3.3.8　硬聚乙烯管铺设断面（单位：cm）

钢管由于其质地坚硬，一般只需对其进行防腐处理和简单的砂石垫层，无须进行地基的加固。

6)通信管道与其他地下管线交越的处理

从施工和维护的要求考虑，如果有两条管线，应尽可能避免把一条管线直接建筑在另一条管线之上。管道在交越时若不能达到最小的允许隔距，则应本着"局部服从整体，小管让大管，软管让硬管，有压让无压"的原则，相互协商或采取相关的保护措施。

(1)加固保护的方法

管道加固保护的方法目前主要有以下几种：

①管顶上覆保护方法：在管道上面用厚度为8 cm的C15混凝土保护，一般有采用现场 浇筑或采用预制混凝土盖板两种制作方法。

管顶上覆保护方法的地点：管道埋设在车行道下，且管道的埋深小于规定值的0.7 m的地段；

日后有可能被挖掘的地带和管道穿越铁路时，离交越处两侧 2 m 以外的地段。

②管道包封均采取现场浇灌 C15 混凝土制成，应在铺设管道后立即施工，以便使混凝土包封层与混凝土基础密切结合成整体。包封层厚度为 8 cm。

管道包封保护方法适用于管道穿越有重型车辆通过的道路和广场的地段；与其他地下管 道或线路交叉，其间隔小于最小净距特别是穿越排水管沟内部时的地段；管道埋在车行道下，且管道埋深小于规定值 0.7 m，日后路的高程有变化时的地段；靠近大树或沟内有树根时的地段；土质松软地带或管道埋在冰冻层以上时的地段；管道穿越铁路时，在交越处的中间一段(不包括两侧 2 m 以外)的地段。

(2)交叉处理的基本原则

通信管道与其他地下管线交叉处理的基本原则如下。

①必要时改变埋深，若埋深过浅，管顶可加设钢筋混凝土盖板或用混凝土将通信管道包封，以增强抗压能力。

②改变管群的组合形式，适当地改变断面高度。

③改变通信管道的坡度，必要时可拐弯绕过，以保证交越处的空间。

④采用必要的保护措施，将通信管道嵌入或从中穿插其他管线的边沿部分。

⑤考虑前后移动人孔的位置或改变人孔的形式。

(3)一般措施

通信管道与其他地下管线交越时应采取以下措施：

①两管交越处的垂直净空间小于 0.5 m 时，上层通信管道基础在经过下层管道沟槽部分浇灌不低于 50 号混凝土或用不低于 25 号砂浆砖砌填实。填满的混凝土(或砖砌)的长度宜较上层通信管道基础两侧各宽出 0.3 m。

②两管交越处的垂直净空间在 0.5～1.0 m 时，上层通信管道基础在下层管道沟槽部分用混凝土或砖砌与级配砂石填充，当地下水位很低时，亦可用三七灰土填实，其填实长度宜较上层通信管道基础两侧各宽出 0.3 m。

③两管交越处的垂直净空间大于 1.0 m 时，上层通信管道基础在下层管道沟槽部分用级配砂石回填。当地下水位很低时，可用三七灰土填实，其填实长度宜较上层通信管道基础两侧各宽出 0.3 m。

④在车行道下与大管径的其他管线交越时，由于管线间所受压力及冲击力较大，土壤下沉的可能性较大，宜填以混凝土或砖砌。

⑤在人行道或绿化带中，如地下水位很低，可考虑回填级配砂石或三七灰土。

5. 人孔、手孔和通道的建筑

中华人民共和国工业和信息化部 2017 年发布了《通信管道人孔和手孔图集》(YD/T 5178—2017)作为现行的人孔标准系列和管块组群的规定。图集内有标准系列的砖砌人孔、手孔、通道图；推荐的砖砌和混凝土砌块系列人孔、手孔、通道图；混凝土(或称水泥)管块横断图、管块组群；人孔口圈、电缆支架及常用图例等。给出了各种人孔、手孔和通道的构造尺寸、规格和建筑图纸。图集内的标准人孔系列图，适合全国大多数地区通信管道工程使用。如当地砖价昂贵、质地不佳或不宜使用标准人孔系列图和施工现场条件、环境、市政另有要求等情况，或使用标准系列图有困难时，可酌情选择推荐人孔系列图。图集的发布与实行，不要求对现有通信管道设施进行改造，应是在新建

通信管道工程中贯彻执行，以利于通信发展需要和标准化。

1)人孔的种类、形式及使用

《通信管道人孔和手孔群图集》中对人孔种类划分有以下几种。

(1)以通信管孔块容量划分

《通信管道人孔和手孔图集》定义了人孔、手孔，与管孔容量对应如下：

3孔以下：550×550手孔、700×900手孔；

3~4孔：900×1 200手孔；

6孔以下：1 000×1 500手孔、1 200×1 700手孔；

6~24孔（不含24孔）：小号手孔；

24~48孔（不含48孔）：中号手孔；

48孔及以上：大号手孔。

(2)以人孔的通向划分

直通人孔：适用于直线通信管道中间设置的人孔。

三通人孔：适用于直线通信管道上有另一方向分歧通信管道，在其分歧点上设置的人孔或局前人孔。

四通人孔：适用于纵横两条通信管道交叉点上设置的人孔或局前人孔。

斜通人孔：适用于非直线（或称弧形、弯管道）折点上设置的人孔。斜通人孔分为15°、30°、45°、60°、75°共五种。每种斜通人孔的角度，可适用于±7.5°范围以内。

(3)以人孔上覆承受负荷能力划分

适应于快速路及主干路上载重卡车通道地方设置的人孔；

适应于次干路及支路上载重卡车通道地方设置的人孔；

（车辆荷载取值按照“公路-Ⅰ级”后轴重标准值2×140 kN计算。）

2)通道建筑

通道是一种大的电信管道。与电缆管道相比，通常具有容纳电缆条数多、内部工作空间大、光（电）缆工作安全可靠，有利于施工、维护、运营和管理，可延长光（电）缆使用寿命，减少维护费用，能适应今后通信发展需要的特点。但通道具有建设初期投资大，技术要求高，施工难度较大，占据地下断面较多，在地下管线较多的场合难以安排等缺点。

根据我国施工机械化程度较低的现状，目前只能采用明挖沟槽的施工方法和浅埋式的混合结构。目前通道的适用场合有：

(1)电话局所的进局区段。如进局光（电）缆条数很多时，也可延伸到局所附近左右两个方向的交叉路口（一般离局2 km以内的段落）。

(2)穿越城市的广场、大型立交桥、高速公路、地下铁道和主干道路等市政设施。

(3)光（电）缆条数很多（如已接近48条时），且今后不易扩建的地段。如城市中心的繁华 商业区街道以及其他有特殊要求的地段。当市话局所的终局容量较小，其管孔数量少于明孔时，宜采用多孔管块组成的进局管道，并采用局前人孔的方法。

通道的基本结构要求如下：

(1)通道的长度应根据实际需要延长，不做规定。

(2)通道为浅埋式结构，一般在地面下0.1~3.0 m范围内，宜浅埋不宜深埋，以节约工程造价和有利于施工。如有特殊情况（例如与其他地下障碍物有交叉时），必须深埋，应另行设计。

（3）通道穿越障碍有困难或在地下管线较多的地段，允许通道拐弯或减小通道的断面尺寸，以降低工程投资和简化交越的技术处理。在地下水位较高的地段，可视具体情况，建筑埋深较浅，并适当减少通道的净高（如降为1.70 m左右），以降低工程投资和有利于施工维护。

（4）通道的侧墙厚度一般为24 cm，如遇特殊需要（如穿越荷重大的车行道），墙体厚度可增加为37 cm。

（5）电缆铁支架的间距一般为70 cm，第一个铁支架距端壁的间距为50 cm。如遇特殊情况［如光（电）缆接头较长时］，其间距亦可适当调整，如前者可增为90 cm。

（6）通道所用的人孔铁盖、口圈和电缆铁支架的规格及尺寸，与一般人孔相同。其安装砌筑和预埋螺栓等事宜亦与一般人孔一样。

（7）通道的基础与人孔一样，采用C15素混凝土，一般在现场浇制。上覆盖板（不论有无人孔口圈）均采用C20钢筋混凝土预制或现浇，如采用预制构件，从搬运和安装方便考虑，其长度可比现浇短些。

图3.3.9是一个小号光（电）缆通道示意图。

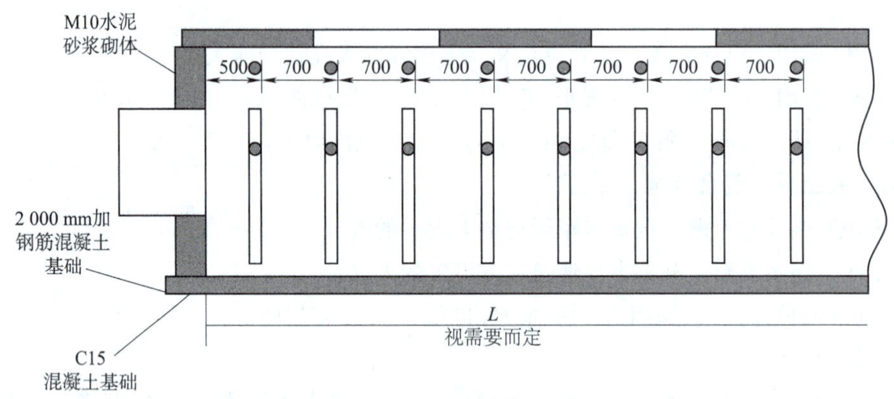

图3.3.9　小号光（电）缆通道示意图（单位：mm）

光（电）缆通道设置原则

①光（电）缆通道用于出局及光（电）缆容量较大的地段，其长度可任意延长，并在跨越障碍物时，可随时拐弯。

②光（电）缆通道每隔100 m左右设置一个人孔盖，以便通风。

③当地下管缆较多，设置一般电信人孔受到断面限制时，可建筑断面较窄的小号光（电）缆通道。

④当地下水位较高时，可建筑埋深较浅的光（电）缆通道，并减少通道的净高，以降低投资，并利于维护。

浅埋式通道，一般埋深在地面下0.1～2.7 m范围内，如有特殊需要，可另行设计。对通道建筑中的通风、照明、防水、排水和其他特殊情况的处理等有如下要求：

①通风。我国目前采用自然通风，要求通道在每隔100 m左右设置一个人孔盖，如通道中途拐弯或断面减少时，其间隔应适当缩短。施工和维护时进入通道前，必须确实验证无有害气体，对人员不会发生危险时，再进入通道。

②照明。邻近电话局所的进局通道和主干通道，其距离较长(大于100 m)，且容量较大时，应设置永久性的市电照明设施，由电话局内接出供电。此外，应配备临时使用的应急照明措施(如利用蓄电池直流供电灯具或应急照明灯照明)，以保证在正常或突然的情况下都能应用，通道中间的永久性市电照明设施，可在其顶棚底下或侧墙上方装置防潮照明灯线和灯座，灯具的间距一般为25 m左右，不宜超过30 m，为节约耗电量，宜采用控制开关的措施；远离局所，在线路中间的短距离通道(如穿越主干道路或广场等)，如设永久性的市电照明设施有困难时，可采取临时向邻近单位连接市电、并配备有应急照明灯两者兼用的照明措施。

③排水。在地下水位较低的地段，主要是地面水流入通道，造成积水时，可采用自然排水措施。在通道的剖面设计时，利用通道基础和路面的自然坡度一致，在通道基础标高的最低处设置排水管，将积水引至雨水井或污水井。为了防止暴雨时反灌或防止有害气体进入通道中，应当采取设置流水单向阀等措施。如果地形较平坦，其纵向坡度小于0.1%，不能使积水自然排除时，可采取排水沟槽的分段排水方法，使通道中的积水流入沟槽；如通道基础底部的标高比道路的雨水(污水)系统标高低得多，使通道内的积水不能向这些系统排出，应在通道中的最低处设置集水坑，随时用抽水泵将集水坑中的积水强行排出。

④防水。在地下水位高的地段，为了有效地防止地下水渗漏入通道，应采取相应的防水措施。

⑤进局通道间设置联络通道。在交换设备容量较多的局所，应有两个路由的进局通道引入局内，使缆线不致过于集中。从经济上考虑，可用多孔管组成管群的联络管道相连各主干进、出局管道，达到联络通道的要求。

⑥进线室和通道的高程不一致的特殊处理。光(电)缆进线室和通道的高程应基本接近，最好光(电)缆进线室的标高高于通道的标高，以防止外来地下水流向局内。如果相反，可采取在通道进局附近将其基础标高提高到能防止水流入的高度，并在该处设置安全隔离墙或其他堵塞措施等以解决室外水流向局内的问题。

⑦进局通道在局前合并引入的方式。当进局通道是由两个方向合并引入局内时，可采用在通道基础上设置缆线槽道，以便通道两侧的缆线敷设和互相穿越；在通道的顶棚底下(即上覆盖板下)设置吊挂式缆线铁架走道，两侧缆线在走道上整齐排列敷设或相互穿越；在通道的合并引入处的适当位置设置缆线垂直角钢或铁支架，在铁支架上安装缆线托板，以便缆线安放。

⑧其他地下管线进入通道的处理。通道一般不应允许其他地下管线敷设或穿越，尤其是对通信和人员有危险或损害的地下管线(如煤气管道、污水管等)。如遇到其他地下管线近期难于迁移时，可用以下过渡方法来设法解决缆线敷设问题。

其他地下管线穿越，且管径较小时，一般宜安排在通道的上部或下部穿越，避免通信缆线在其上部和下部交叉，对施工和维护不便。如穿越的其他管线直径较大，且占用通道上部高程较多时，应考虑在交越处适当加深通道深度，但该方法通常不宜采用。

如交越管线的管径较大，且在中间时，为了充分利用剩余空间，可在它两侧装设短的缆线铁支架，使缆线在其上部或下部穿越，同时在其邻近一侧，增加人孔铁盖，以便人员出入。

在交越处，其他地下管线必须增加包封措施，以防泄漏气体或液体。必要时，可对通信缆线采用保护措施，保证通信安全。

如其他地下管线可以改变其截面或采取其他躲让措施时，应协商尽量减少占用通道的断面高程，让其部分管径占用通道的断面，且放在上方或下方，以利通信缆线在通道内安排布放。

任务3.4　通信管道施工

1. 器材检验及管材的选用

1)器材检验

(1)通信管道工程所用的器材规格程式及质量应满足设计文件和技术规范的要求,并由施工单位会同建设单位或监理单位在使用之前组织进场检验,发现问题或不合格的器材应及时处理。

(2)凡有出厂证明的器材经检验发现问题时应作质量技术鉴定后处理,凡无出厂合格证明的器材禁止在工程中使用,严禁使用质量不合格的器材。

(3)经过检验的器材,应做好检验记录。

(4)通信塑料管道器材进场后存放、保管、消防、安全等应满足相关标准要求。

(5)水泥及水泥制品、砂、石子等应符合《通信管道工程施工及验收规范》(GB/T 50374—2018)的相关规定。

2)管材的选用

通信管道的管材主要有水泥管块、钢管、大口径波纹管、硬聚乙烯管、CPVC 实壁管、硅芯管、聚乙烯(HDPE)多边形梅花管、蜂窝管、栅格管等。

通信管道水泥管块的型号主要有:三孔管块[360×140×600(mm)]、四孔管块[250×250×600(mm)]和六孔管块[360×250×600(mm)],如图3.4.1所示。

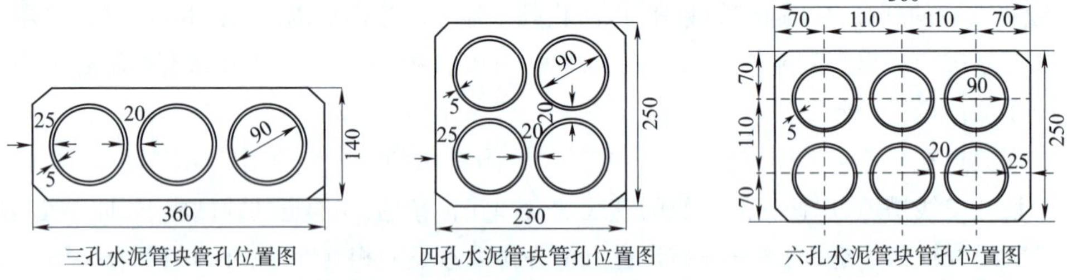

图3.4.1　通信管道水泥管块(单位:mm)

水泥管块价格低廉,制造简单,材料充裕,但管块较重,长度短,接续点多,敷设时要求有较好的基础,密闭、防水性能差,有渗漏现象。不适用于:

①当地基有不均匀下沉或跨度较大的地段;

②管道附件有腐蚀介质且有严重腐蚀时;

③腐蚀地段下障碍物较多且复杂,需要多次转弯时;

④埋深在地下水位以下,或与有渗漏的排水系统邻近时。

通信管道用钢管常用的型号有:89×4-14、102×4-14、102×4-14等。

钢管的优点有:

①机械强度高、抗弯性能好;

②密闭性能好,不透气,不漏水;

③需要弯曲时,易于加工。

其缺点是埋在土壤中易腐蚀，需做防腐处理，而且管材较重，造价较高。

大口径波纹管具有造价低、重量小、抗冲击、耐压、耐酸、碱腐蚀、阻燃、绝缘、施工安装方便等特点。规格有 ϕ90/104 mm、ϕ93/110 mm、ϕ95/110 mm、ϕ100/110 mm、ϕ125/135 mm 等，如图 3.4.2 所示。

硅芯管采用特种 HDPE 原料加硅料共挤复合而成，如图 3.4.3 所示。具备以下特点：

①硅芯管内壁是一种带有硅胶质固体润滑剂，缆线在管道内可反复抽取；

②硅管曲率半径小，为其外径的 10 倍。敷设管时遇到弯曲处和上下管落差处可随路而转或随坡而走，无须做任何特别处理；

③密闭性能好，耐化学腐蚀；

④抗老化，使用寿命长；

⑤施工快捷，可大大降低工程造价。

图 3.4.2　大口径波纹管

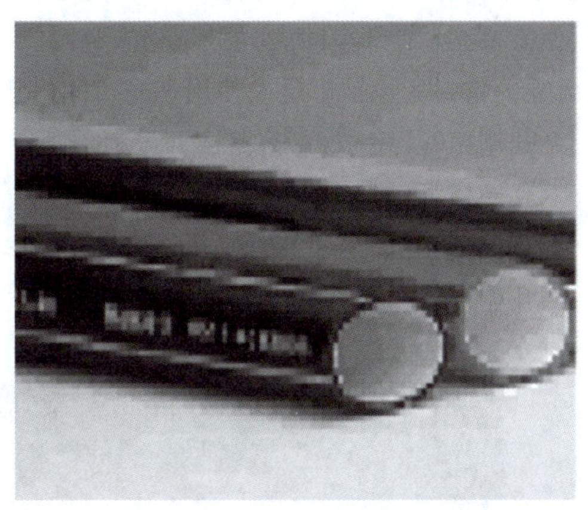

图 3.4.3　硅芯管

硅芯管广泛用于高速公路、铁路等光电缆通信网络系统，其常用规格如表 3.4.1 所示。

表 3.4.1　硅芯管规格

<table>
<tr><th>规　格</th><th>外径
(mm)</th><th>外径允许偏差
(mm)</th><th>最小内径
(mm)</th><th>内层壁厚
(mm)</th><th>管长
(m)</th></tr>
<tr><td>54/63</td><td>63</td><td rowspan="5">+0.3</td><td>54</td><td>≥0.2</td><td rowspan="5">100
20
20</td></tr>
<tr><td>41/50</td><td>50</td><td>51</td><td></td></tr>
<tr><td>33/40</td><td>40</td><td>33</td><td></td></tr>
<tr><td>28/32</td><td>32</td><td>26</td><td></td></tr>
<tr><td>20/25</td><td>25</td><td>18</td><td></td></tr>
</table>

高密度聚乙烯(HDPE)多边形梅花管（又称多孔管）是以 PVC 树脂为主要原料加，添加各种助剂，经挤出加工而成的一种新型的用于通信网络管材。它解决了在光、电缆管道铺设过程中，CPVC 实壁管、波纹管效率较低的问题，特别是光、电缆在长途铺设过程中相互缠绕的问题，使光、电缆管道变得更加有序。如图 3.4.4 所示 PE 梅花管系列：五孔梅花管（型号：ϕ32 mm 五孔梅花管、ϕ28 mm 五孔梅花管）；七孔梅花管（型号：ϕ32 mm 七孔梅花管）。蜂窝管（图 3.4.5）型号：ϕ32 mm 七孔蜂窝管。

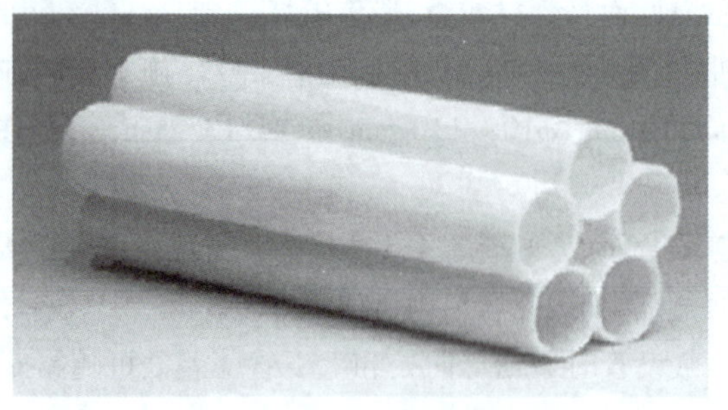

图 3.4.4　梅花管

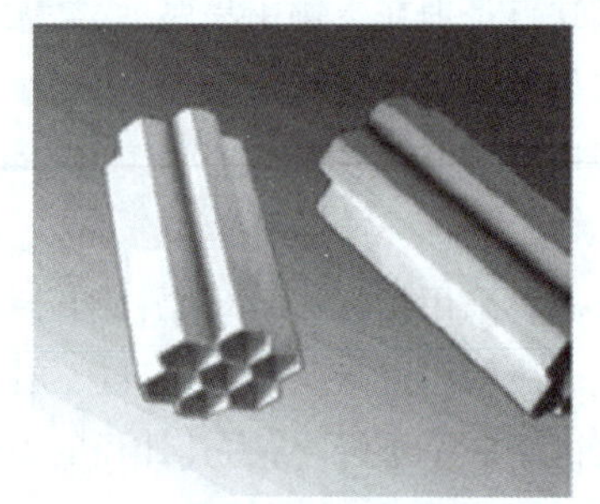

图 3.4.5　蜂窝管

栅格管是集护套与子管为一体,一次挤压成型 ,造型美观,采用 PVC 工程塑料制作,抗压强度高,重量小,使用寿命长,内壁光滑,摩擦力小,施工方便,可抵抗外力影响,保护光、电缆的功能。内孔近似方格型 ,有效空间大,便于穿光、电缆。该管材的力学强度性能很好,可直接代替钢管过马路,无需要包封。也被广泛地使用在城市通信建设中,如图 3. 4. 6 所示。栅格管系列:

九孔栅格管(型号:9-33 栅格管、9-28 栅格管);

六孔栅格管(型号:6-36 栅格管、6-33 栅格管、6-28 栅格管);

五孔栅格管(型号:5-33/50 栅格管、5-28/42 栅格管);

四孔栅格管(型号:4-50 栅格管、4-42 栅格管、4-28 栅格管)。

(型号:4-50 栅格管、4-42 栅格管、4-28 栅格管)。

图 3. 4. 6　4 孔、6 孔、9 孔栅格管

管材选用的一般原则:

建筑方式及管材的选用,关系到通信线路的质量,影响着城市交通和人民生活及工程造价等,所以设计时对管材应根据敷设的地理环境与方式,敷设的线缆种类进行选用,深入调查,因地制宜地加以选用。并应符合下列要求:

(1) 对于新建道路宜采用混凝土管或塑料管,主要应用于小区主干和配线管道,宜以 3 ~ 6 孔(孔径 90 mm)管块为基数进行组合。

(2)在下列情况下宜采用双壁波纹式塑料管、硅芯式塑料管、多孔式塑料管及普通硬质塑料管。

①小区主干、配线管道;

②管道的埋深位于地下水位以下,或与渗漏的排水系统相邻近;

③地下综合管线较多及腐蚀情况比较严重的地段;

④地下障碍物复杂的地段；

⑤施工期限要求急迫或尽快回填土的地段。

(3) 在下列情况下宜采用钢管：

① 管道附挂在桥梁上或跨越沟渠，有悬空跨度；

② 需采用顶管施工方法穿越道路或铁路路基时；

③ 埋深过浅或路面荷载过重；

④ 地基特别松软或有可能遭到强烈震动；

⑤有强电危险或干扰影响需要防护；

⑥建筑物的通信引入管道或引上管；

⑦在腐蚀比较严重的地段采用钢管时，须作好钢管的防腐处理。

(4)与热力管接近或交越的情况，不宜采用塑料管。

(5)土壤中含有较严重的腐蚀物，或杂散电流较大的地区，不宜采用钢管。

2. 工程测量

通信管道工程的测量，应按照设计文件及城市规划部门已批准的位置坐标和高程进行。

施工前必须依据设计图纸和现场交底的控制桩点，进行通信管道及(人)手孔位置的复测并按施工需要钉设桩点复测钉设的桩(板)应符合下列规定：

(1)直线管道自人手孔中心 3 ~ 5 m 处开始，沿管线每隔 20 ~ 25 m 宜设一桩(板)；设计为弯管道时桩板应适当加密。

(2)桩点设置应牢固顶部宜与地面平齐。桩点附近有永久建(构)筑物时可做定位检点并做好标志和记录。

(3)平面复测允许偏差应符合下列规定：

① 管道中心线不得大于：±10 mm；

② 直通型人手孔的中心位置不得大于 100 mm；

③ 管道转角处的人手孔中心位置不得大于 20 mm。

施工现场必须设置临时水准点，并应标定管道及人手孔施工直测的水准桩点，临时水准点的设置应符合下列要求：

①临时水准点应满足施工测量的精度允许误差不大于 ±5 mm；

②临时水准点的设置必须牢固、可靠，两点的间距不应大于 150 m；

③临时水准点、水平桩(或平尺板)的顶部必须平整稳定并有明显标记；

④临时水准点、水平桩(或平尺板)应按顺序编号，测定相应高程，计算出各点相应沟(或坑)底的深度，标在平尺板上并做好记录。

施工时必须按下列规定进行校测：

①在完成沟(坑)挖方及地基处理后，应校测管道沟、人手孔坑底地基的高程是否符合设计规定；

②施工过程中如发现水平桩(或平尺板)错位或丢失，应及时进行校测并补设桩点。

挖土方工作完成后，凡在沟(坑)中的其他管、线等(指不需移改的)地下设施及已移改完毕的地下设施，必须测量其顶部(底部)的高程、宽度等及与临近人手孔和通信管道通道的相对位置、垂直间距、水平间距，并做好记录必须注明其类别、规格等。

通信管道的各种高程,以水准点为基准,允许误差不应大于±10 mm。

3. 土方工程

1)挖掘沟坑

(1)通信管道施工中,遇到不稳定土壤或有腐蚀性的土壤时,施工单位应及时提出,待有关单位提出处理意见后方可施工。

(2)管道施工开挖时,遇到地下已有其他管线平行或垂直距离接近时,应按设计规范的规定核对其相互间的最小净距是否符合标准。如发现不符合标准或危及其他设施安全时,应向建设单位反映,在未取得建设单位和产权单位同意时不得继续施工。

(3)挖掘沟坑如发现埋藏物,特别是文物、古墓等必须立即停止施工,并负责保护现场,与有关部门联系,在未得到妥善解决之前,施工单位等严禁在该地段内继续工作。

(4)施工现场条件允许,土层坚实及地下水位低于沟坑底,且挖深超过3 m时,可采用放坡法施工(图3.4.7)。放坡挖沟坑的坡与深度关系按表3.4.2的要求执行。

表3.4.2 放坡挖沟坑的坡度与深度关系

土壤类别	H:D	
	H<2 m	2 m<H<3 m
黏土	1:0.10	1:0.15
砂黏土	1:0.15	1:0.25
砂质土	1:0.50	1:0.50
瓦砾、卵石	1:0.50	1:0.75
炉渣、回填土	1:0.75	1:1.00

注:H为深度;D为放坡(一侧的)宽度。

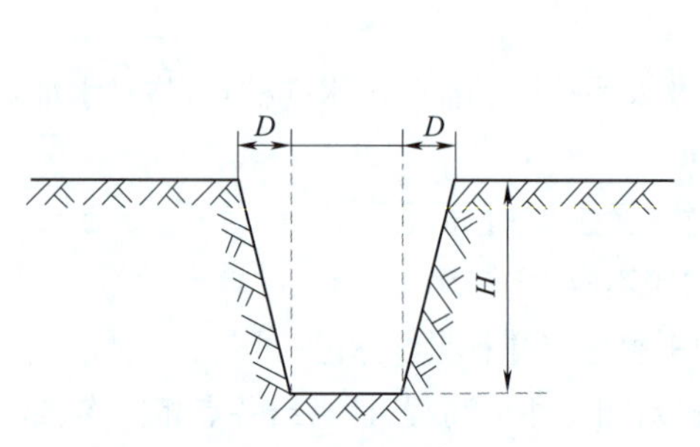

图3.4.7 放坡挖沟(坑)

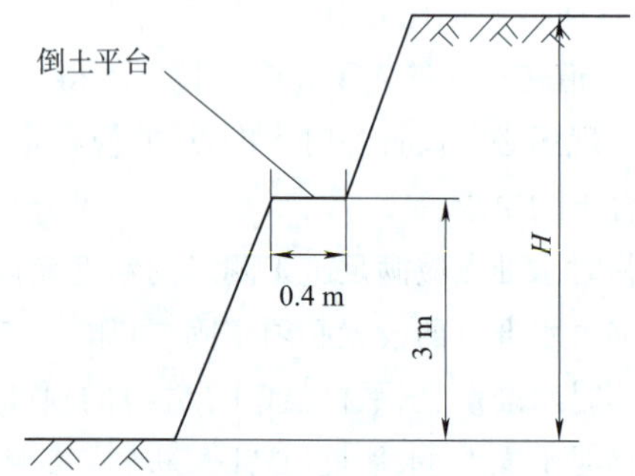

图3.4.8 增设倒土平台

(5)当管道沟及人手孔坑深度超过3 m时,应适当增设倒土平台(宽400 mm)或加大放坡系数(图3.4.8)

(6)挖掘不需支撑护土板的人手孔坑,其坑的平面形状应与人手孔形状相同,坑的侧壁与人手孔外壁的外侧间距不应小于0.4 m,其放坡应按表3.4.2执行。

(7)挖掘需支撑护土板的人手孔坑,宜挖矩形坑。人手孔坑的长边与人手孔壁长边的外侧(指最大宽处)间距不应小于0.3 m,宽不应小于0.4 m。

(8)通信管道工程的沟坑挖成后,凡遇被水冲泡的必须重新进行人工地基处理,否则严禁进行下一道工序的施工。

(9)凡设计图纸标明需支撑护土板的地段,均应按照设计文件规定进行施工;设计文件中没有具体规定的,遇下列地段应支撑护土板。

①横穿车行道的管道沟。

②沟坑的土壤是松软的回填土、瓦砾、砂土、级配砂石层等。

③沟坑土质松软且其深度低于地下水位的。

④施工现场条件所限无法采用放坡法施工而需要支撑护土板的地段,或与其他管线平行较长且相距较小的地段等。

(10)挖沟坑接近设计的底部高程时应避免挖掘过深破坏土壤结构,如挖深超过设计标高100 mm,应填铺灰土或级配砂石并应夯实。

(11)通信管道工程施工现场堆土应符合下列要求:

①开凿的路面及挖出的石块等应与泥土分别堆置。

②堆土不应紧靠碎砖或土坯墙,并应留有行人通道。

③城镇内的堆土高度不宜超过1.5 m。

④堆置土不应压埋消火栓、闸门、电缆(光缆)线路标石以及热力、煤气、雨(污)水等管线的检查井、雨水口及测量标志等设施。

⑤堆土的坡脚边应距沟坑边40 cm以上。

⑥堆土的范围应符合市政、市容、公安等部门的要求。

(12)挖掘通信管道沟坑时,严禁在有积水的情况下作业,必须将水排放后进行挖掘工作。

(13)挖掘通信管道沟坑施工现场,应设置红白相间的临时护栏或醒目的标志。

(14)室外最低气温在零下5 ℃时,对所挖的沟坑底部应采取有效的防冻措施。

2)回填土

通信管道工程的回填土,应在管道或人手孔按施工顺序完成施工内容,并24 h经养护和隐蔽工程检验合格后进行。回填土前应先清除沟坑内的遗留木料、草帘、纸袋等杂物。沟坑内如有积水和淤泥,必须排除后方可进行回填土。

通信管道工程的回填土除设计文件有特殊要求外,应符合下列规定:

(1)在管道两侧和顶部300 mm范围内,应采用细砂或过筛细土回填。

(2)管道两侧应同时进行回填土,每回填150 mm厚,应夯实。

(3)管道顶部300 mm以上,每回填土300 mm厚,应夯实。

通信管道工程挖明沟穿越道路的回填土,应符合下列要求:

(1)在市内主干道路的回填土夯实,应与路面平齐。

(2)市内一般道路的回填土夯实,应高出路50~100 mm;在郊区土地上回填土,可高出地表150~200 mm。

人手孔坑的回填土应符合下列要求:

(1)在路上的人手孔坑两端管道回填土应按照明沟穿越道路的回填土的规定执行。

(2)靠近人手孔壁四周的回填土内不应有直径大于100 mm的砾石、碎砖等坚硬物。

(3)人手孔坑每回填土300 mm时应夯实。

(4)人手孔坑的回填土,严禁高出人手孔口圈的高程。

管道及人手孔坑夯实密实度应符合当地市政部门施工的有关规定。

在修复通信管道施工挖掘的路面之前,如回填土出现明显的坑、洼,通信管道的施工单位应按照市政部门的要求及时处理。通信管道工程回填土完毕,应及时清理现场的碎砖、破管等杂物。

3)人手孔通道的地基与基础

(1)人手孔、通道的地基应按设计规定处理,如系天然地基必须按设计规定的高程进行夯实、抄平。

(2)人手孔、通道基础支模前,必须校核基础形状、方向、地基高程等。

(3)人手孔通道基础的外形、尺寸应符合设计图纸规定,其外形偏差应不大于 ±20 mm,厚度偏差应不大于 ±10 mm。

(4)基础的混凝土强度等级及配筋等应符合设计规定。浇灌混凝土前,应清理模板内的杂草等物,并按设计规定的位置挖好积水罐安装坑,其大小应比积水罐外形四周大 100 mm,坑深比积水罐高度深 100 mm;基础表面应从四周向积水罐做 20 mm 泛水(图 3.4.9)。

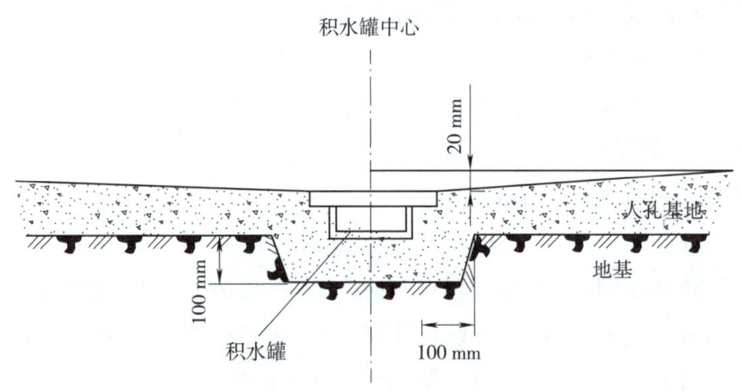

图 3.4.9　人手孔通道基础断面

(5)设计文件对人手孔、通道地基、基础有特殊要求时如提高混凝土强度等级、加配钢筋、防水处理及安装地线等均应按设计规定办理。

4)墙体

(1)人手孔通道内部净高应符合设计规定墙体的垂直度(全部净高)允许偏差应不大于 ±10 mm,墙体顶部高程允许偏差不应大于 ±20 mm。

(2)墙体与基础应结合严密、不漏水,结合部的内外侧应用 1:2.5 水泥砂浆抹八字,基础进行抹面处理的可不抹内侧八字角(图 3.4.10)。抹墙体与基础的内、外八字角时,应严密、贴实、不空鼓、表面光滑、无欠茬、无飞刺无断裂等。

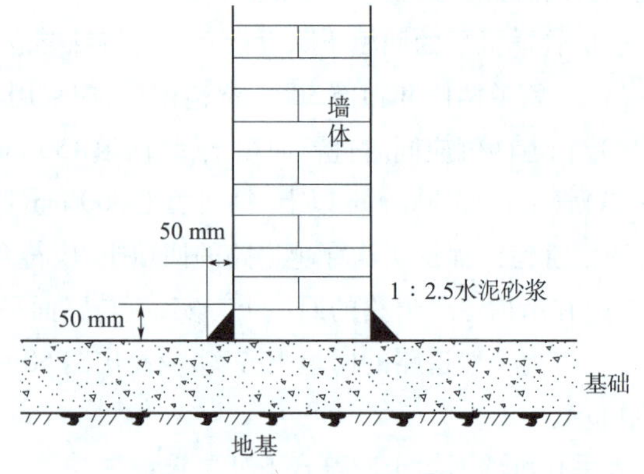

图 3.4.10　基础与墙体抹八字

(3)砌筑墙体的水泥砂浆强度等级应符合设计规定;设计无明确要求时,应使用不低于 M7.5

水泥砂浆。

通信管道工程的砌体,严禁使用掺有白灰的混合砂浆进行砌筑。

(4)人手孔通道墙体的预埋件应符合下列规定:

①电缆支架穿钉的预埋:

a. 穿钉的规格位置应符合设计规定穿钉与墙体应保持垂直。

b. 上下穿钉应在同一垂直线上允许垂直偏差不应大于5 mm,间距偏差应小于10 mm。

c. 相邻两组穿钉间距应符合设计规定偏差应小于20 mm。

d. 穿钉露出墙面应适度应为50~70 mm;露出部分应无砂浆等附着物,穿钉螺母应齐全有效。

e. 穿钉安装必须牢固。

②拉力拉缆环的预埋:

a. 拉力拉缆环的安装位置应符合设计规定,一般情况下应与对面管道底保持200 mm以上的间距。

b. 露出墙面部分应为80~100 mm。

c. 安装必须牢固。

(5)管道进入人手孔、通道的窗口位置,应符合设计规定允许偏差不应大于10 mm;管道端边至墙体面应呈圆弧状的喇叭口;人手孔、通道内的窗口应堵抹严密,不得浮塞,外观整齐表面平光。

管道窗口外侧应填充密实、不得浮塞、表面整齐。

(6)管道窗口宽度大于700 mm时,或使用承重易形变的管材(如塑料管等)的窗口外,应按设计规定加过梁或窗套。

4. 铺设管道

铺设管道的规格、程式和管群断面组合应符合设计规定和规范要求,本文主要介绍现在通信管道常用的塑料管道的敷设。

1)基本要求

塑料管道的铺设应满足设计规定的各项要求;塑料管铺管及接续时施工环境温度不宜低于-5 ℃。

塑料管道的组群应符合下列规定:

(1)管群应组成矩形,横向排列的管孔数宜为偶数,且宜与人手孔托板容纳电缆数量相配合。

(2)矩形高度不宜小于其宽度但也不应超过一倍。

(3)管孔内径大的管材应放在管群的下边和外侧管孔内径小的管材应放在管群的上边和内侧。

(4)多个多孔管组成管群时宜选用栅格管、蜂窝管或梅花管,同一管群宜选用一种管型的多孔管,但可与波纹单孔管或水泥管等大孔径管组合在一起。

(5)多个多孔管组群时,管间宜留10~20 cm空隙,进入人孔时多孔管之间应留50 cm空隙,单孔波纹管、实壁管之间宜留20 cm空隙,所有空隙应分层填实。

(6)两个相邻人孔之间的管位应一致,且管群断面应符合设计要求。

2)管材材质的选择

(1)管材的规格和材质应符合国家现行标准和设计要求。

(2)正常的温度环境宜选用聚氯乙烯(PVC-U)塑料管,高寒环境宜选用高密度聚乙烯(HDPE)塑料管。

(3)在鼠害、白蚁地区宜选用具有相应防护能力的塑料管。

(4)采用定向钻孔方式铺设管道时,宜采用高密度聚乙烯(HDPE)管。

(5)非埋地应用的塑料管,应采取防老化和防机械损伤等保护措施。

3)管道铺设的相关规定

(1)通信塑料管道与铁道的交越角不宜小于60°。交越处距道岔、回归线的距离应大于3 m;有铁道交越处当采用钢管时应有安全设施。

(2)通信塑料管道的埋设深度(管顶至路面)在人行道下不应小于0.7 m;在车行道下不应小于0.8 m;与轨道交越(管顶到轨道底)不应小于1.0 m;与铁道交越(管顶至轨道底)不应小于1.50 m。埋深达不到要求时应加保护措施。

(3)管道进入人孔处,管道顶部距人孔内上覆顶面的净距不得小于300 mm,管道底部距人孔底板的净距不得小于400 mm。引上管进入人孔处宜在上覆顶下面200~400 mm范围内,并与管道进入的位置错开。

(4)通信塑料管道宜设在冻土层下,在地基或基础上面均应设50 mm垫层,垫层应用细砂或细土。在严寒且水位较低的地区铺设在冻土层内时,宜在塑料管群周围填充粗砂且围护厚度不宜小于200 mm。

(5)通信塑料管道的段长应按相邻两个人孔的中心点间距而定。直线管道的段长不应大于200 m,高等级公路上的直线管道段长不应大于250 m,弯曲管道的段长不应大于150 m。

(6)弯曲管道的曲率半径不应小于10 m,弯管道的转向角 θ 应尽量小,同一段管道不应有反向弯曲(即"S"形弯)或弯曲部分的转向角 $\theta>90°$ 的弯管道(即"U"形弯)。弯曲管道示意如图3.4.11所示。

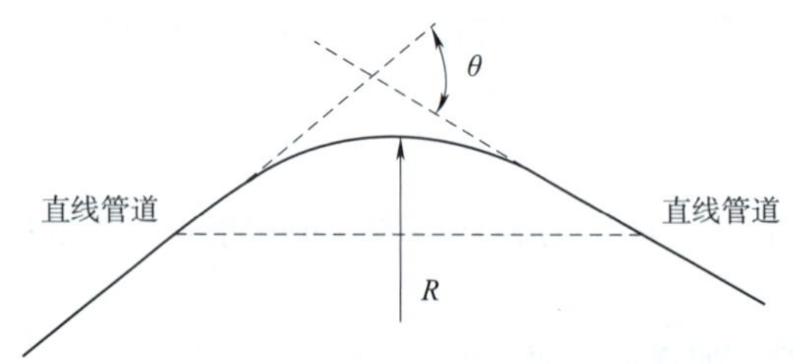

图3.4.11 弯曲管道示意图

(7)在特殊情况下,当 $H\leqslant500$ mm时,为局部躲避障碍物,可允许按照图3.4.12进行施工。

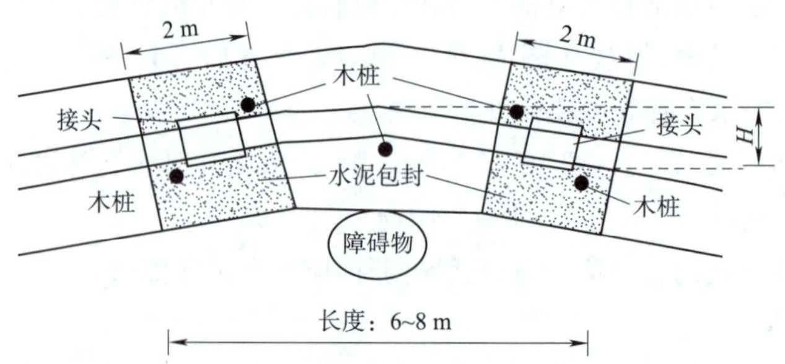

图3.4.12 弯曲管道包封及铺设示意($H\leqslant500$ mm)

弯曲管道的接头应尽量安排在直线段内,如无法避免时应将弯曲部分的接头作局部包封,包封长度不宜小于 500 mm,也可将弯曲部分的管道进行全包封,包封的厚度宜为 80 ~ 100 mm。

严禁将塑料管加热弯曲。

(8)管道进入人手孔时管口不应凸出人手孔内壁,应终止在距墙体内侧 100 mm 处,并应严密封堵,管口做成喇叭口。管道基础进入人手孔时,在墙体上的搭接长度不应小于 140 mm。

(9)塑料管应由人工传递放入沟内,严禁翻滚入沟或用绳索穿入孔内吊放。

4)塑料管的连接

(1)塑料管的连接宜采用承插式粘接、承插弹性密封圈连接和机械压紧管体连;接承插式管接头的长度不应小于 200 mm。

(2)塑料管材标志面应朝上方。

(3)多孔塑料管的承插口的内外壁应均匀涂刷专用中性胶合黏剂,最小黏度为 500 MPa · s,塑料管应插到底,挤压固定。

(4)各塑料管的接口宜错开排列,相邻两管的接头之间错开距离不宜小于 300 mm;弯曲管道弯曲部分的管接头应采取加固措施。

(5)栅格管、波纹管、硅芯管组成管群应间隔 3 m 左右用勒带绑扎一次,蜂窝管或梅花管宜用支架分层排列整齐。

塑料管群小于两层时,整体绑扎;大于两层时,相邻两层为一组绑扎,然后整体绑扎。

(6)塑料管的切割应根据管径大小选用不同规格的裁管刀,管口断面应垂直管中心,平直、无毛刺。

(7)单孔波纹塑料管的接续宜选用承插弹性密封圈连接

进行接续作业时,先检查密封圈是否完好,并将承插的内、外口清理干净,不得残留淤泥杂物,然后将密封圈放置在承插口的中间一个波纹槽内,方向不应放反,承口内涂少量肥皂水,将插口端对准承口插入,直至牢固为止。将 B 管插口插入 A 管承口的示意如图 3.4.13 所示。

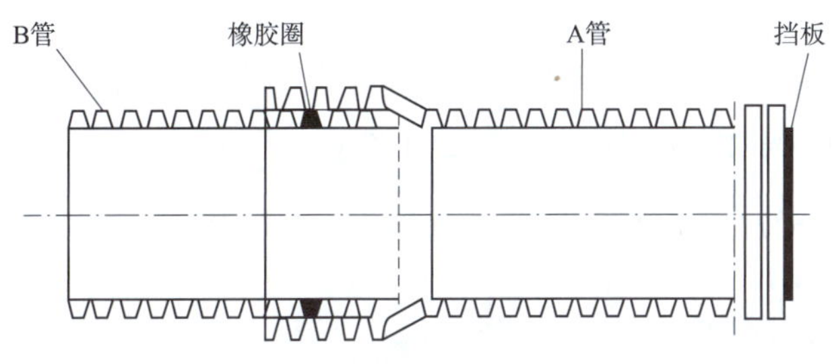

图 3.4.13　B 管插口插入 A 管承口的示意

11. 管道施工规范

任务 3.5　架空光缆的敷设

1. 架空光缆敷设特点及要求

1)架空光缆敷设特点

(1)架空光缆主要用于二级干线及本地网光缆线路,适用于地形平坦、起伏较小的地区。

(2)架空光缆主要有挂在钢绞线下和自承式两种吊挂方式,目前基本都采用钢绞线支承式。其敷设方式为通过杆路吊线吊挂或捆绑(缠绕)架设。

2)架空光缆敷设对光缆的要求

(1)架空光缆应具有良好的力学性能,使之能承受敷设施工时的牵引张力及敷设后的悬垂张力,并应具有良好的抗弯曲、抗振动性能。

(2)架空光缆应具有良好的防潮、防水性能。

(3)架空光缆应具有良好的温度特性,以适应各种不同的使用环境。在不同的地区,按当地的气温变化情况选择适当的光缆。

2. 架空光缆敷设规范

(1)架空光缆线路与其他建筑物的距离应符合规定。

(2)根据设计要求选用光缆附挂方式,如选用挂钩时,光缆挂钩的间距应为(50 ±3) cm,电杆两侧的第一只挂钩应距电杆(100 ±2) cm。

(3)按设计要求的光缆端别敷设,其曲率半径应大于光缆外径的 20 倍。光缆敷设后应平直、无扭转、无机械损伤。

(4)轻负荷区光缆每隔 5 杆档,中、重负荷区应在每根电杆上做一处伸缩弯,伸缩弯在电杆处下垂 25 cm,并加套塑料管保护,如图 3.5.1 所示。

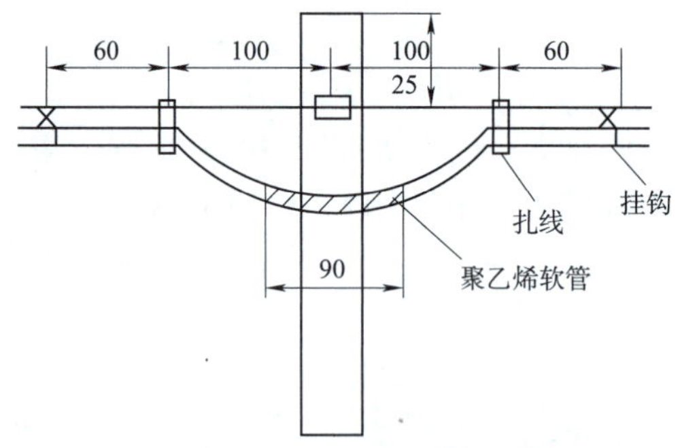

图 3.5.1　光缆在杆上伸缩弯示意图(单位:cm)

(5)架空光缆在吊线接续处吊扎的规定应符合图 3.5.2 的要求。

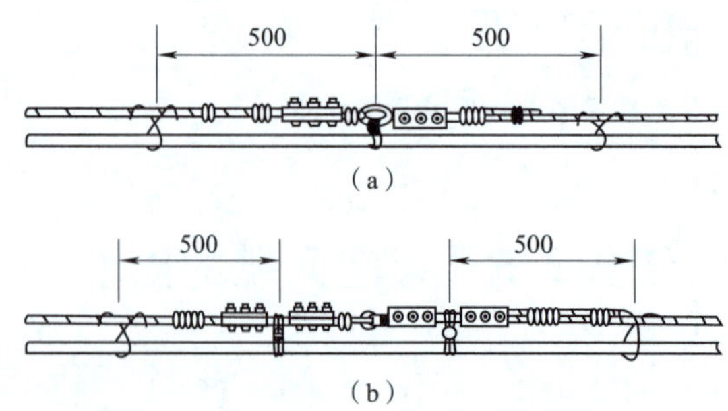

图 3.5.2　吊线接续处光缆绑扎示意图(单位: mm)

(6)架空光缆接头在吊线上吊扎的规定应符合图 3.5.3 的要求。

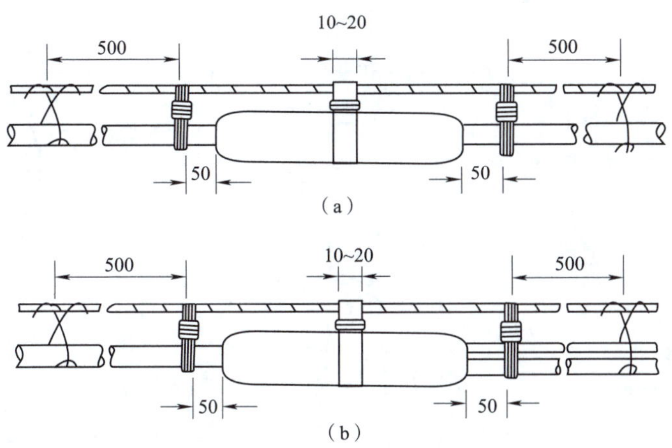

图 3.5.3　光缆接头在吊线上的安装图(单位：mm)

(7)架空光缆在十字吊线处吊扎的规定应符合图 3.5.4 的要求。

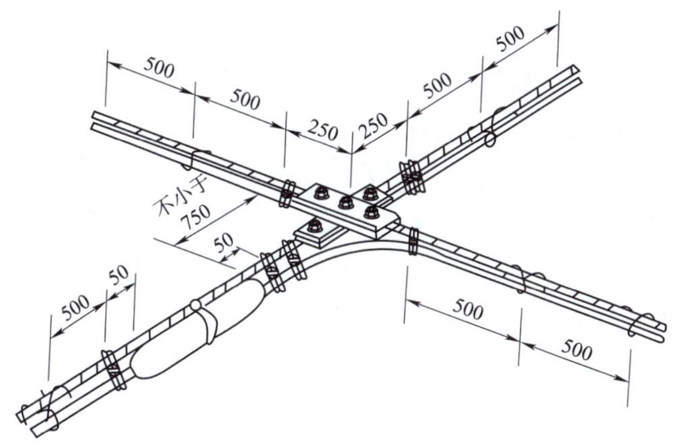

图 3.5.4　光缆在十字吊线处的吊扎(单位：mm)

(8)架空光缆在丁字吊线处吊扎的规定应符合图 3.5.5、图 3.5.6 的要求。

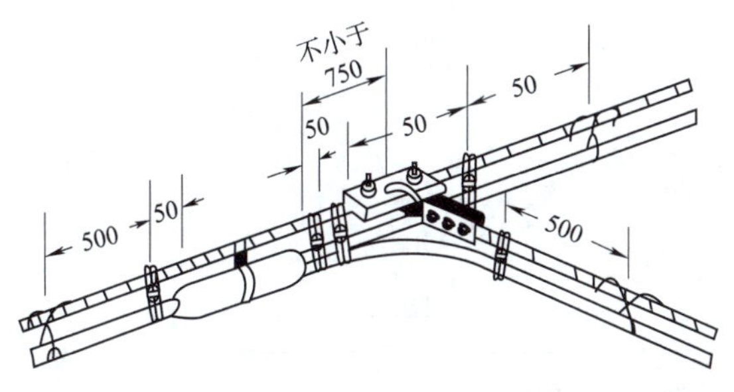

图 3.5.5　光缆在丁字吊线处的吊扎图(单位：mm)

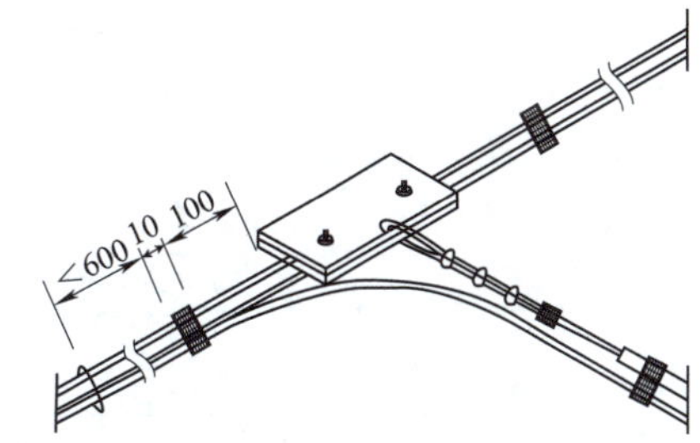

图 3.5.6　光缆在丁字吊线处的吊扎(单位：mm)

(9)光缆接头盒及预留光缆的安装应符合图 3.5.7 的要求。

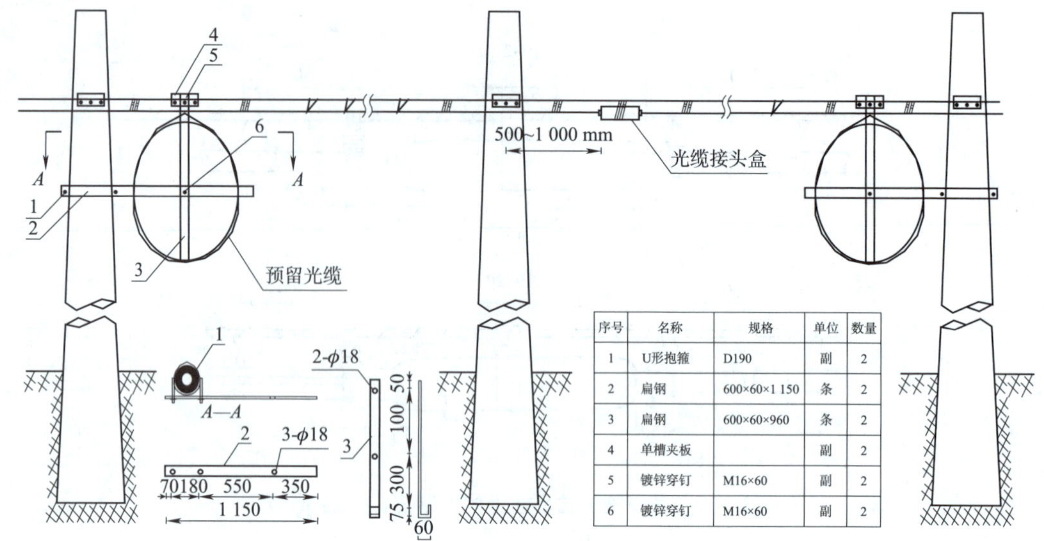

序号	名称	规格	单位	数量
1	U形抱箍	D190	副	2
2	扁钢	600×60×1 150	条	2
3	扁钢	600×60×960	条	2
4	单槽夹板		副	2
5	镀锌穿钉	M16×60	副	2
6	镀锌穿钉	M16×60	副	2

图 3.5.7　架空光缆接头及余留光缆安装示意图(单位：mm)

(10)在已有杆路上敷设光缆时,若为新吊线,则按规范实施;若在原有吊线上敷设,则需要考虑吊线负荷,施工方法参照上述要求执行。

3. 吊挂式架空光缆的敷设

吊挂式架空光缆是目前国内采用最多的光缆架空方式,其主要敷设方式有三种,即滑轮牵引法、杆下牵引法及预挂钩牵引法。

(1)滑轮牵引法

为顺利布放光缆不损伤光缆外护层,应采用导向滑轮和导向索,在光缆始端和终点的电杆上安装滑轮如图 3.5.8 所示。

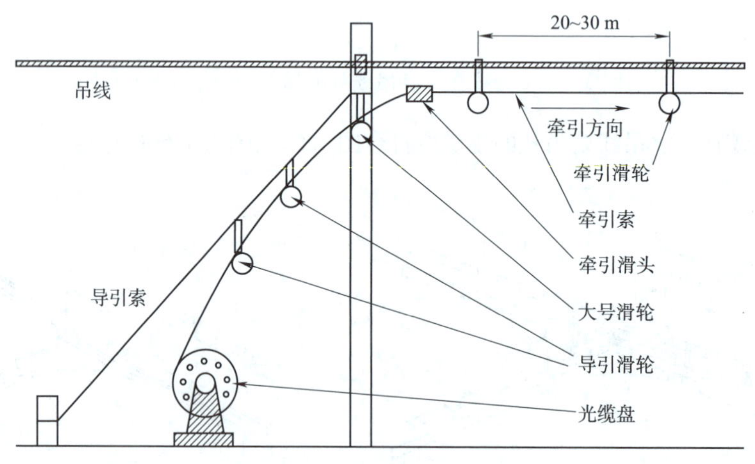

图 3.5.8　滑轮牵引法示意图

每隔 20 ~ 30 m 安装一个导引滑轮,一边将牵引绳通过每一滑轮,一边按顺序安装,直至光缆放线盘处与光缆牵引头连好。

采用端头牵引机或人工牵引,在敷设过程中应注意控制牵引张力。

一盘光缆分几次牵引时,可在线路中盘成"∞"形分段牵引。

每盘光缆牵引完毕,由一端开始用光缆挂钩将光缆吊挂于吊线上,替换下导引滑轮。

光缆接头预留长度为 8 ~ 10 m,应盘成圆圈后用扎线固定在预留架上。

(2)杆下牵引法

对于郊外杆下障碍不多的情况下,可采用杆下牵引法。

将光缆盘置于一段线路的中间位置,采用机械牵引或人工牵引将光缆牵引至预定位置,然后将盘上余缆倒下,盘成"∞"形,再向反方向牵引至预定位置。安装光缆挂钩,将光缆挂于吊线上。

在挂设光缆的同时,将杆上预留、挂钩间距一次完成,并做好接头预留长度的放置和端头处理。

(3)预挂钩牵引法

在杆路准备时就将挂钩安装于吊线上,在光缆盘及牵引点安装导向索及滑轮,将牵引绳穿过挂钩,预放在吊线上,敷设光缆时与光缆牵引端头连接。牵引完毕后,稍调挂钩间距,并在杆上做"伸缩弯",同时做好接头长度预留。

4. 缠绕式架空光缆的敷设

缠绕式架设是采用不锈钢捆扎线把光缆和吊线捆扎在一起。这种方式具有省时省力、不易损伤护层、可减轻风的冲击振动、维护方便等优点,但需要的设备较多,其附设方式有人工牵引和机械牵引两种。

(1)人工敷设缠绕式光缆

在光缆盘及终端牵引点安装导向索和导向滑轮,并在杆上安装导引器。人工或机械牵引光缆,并用活动滑轮吊挂完成临时架设。

用人工牵引自动缠绕机,当缠绕机被牵引向前移动时,随着缠绕机滚动部分与前进方向的垂直转动,完成将光缆和吊线用捆扎线缠绕在一起。缠绕机过杆由专人移动,安装好后继续缠绕。

杆上余留,应按要求作"伸缩弯",扎线过杆时不需断开,可直拉过杆,"伸缩弯"两侧应使用固定卡将光缆固定,接头点扎线作终结扣,光缆用固定卡固定。光缆接头预留部分应捆好固定于杆上。

(2)机械方式敷设缠绕光缆

机械方式敷设即采用汽车装载光缆,将光缆的架设、捆扎同时进行,省去了光缆临时架设的过程。当汽车载放光缆慢速前驶时,缠绕机随之进行自动绕扎、将光缆捆扎于吊线上,如图 3.5.9 所示。

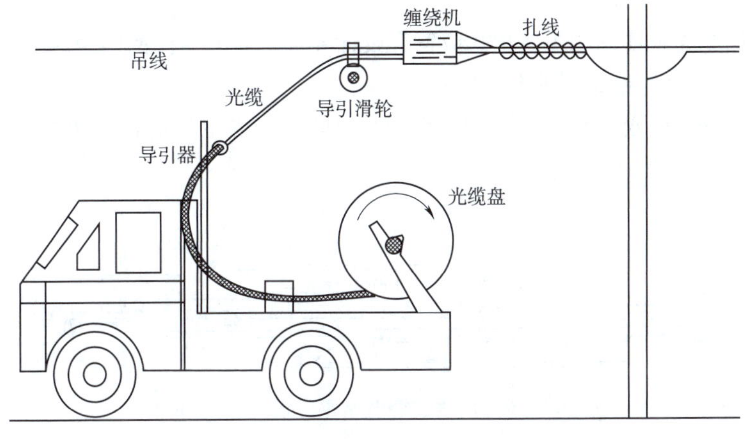

图 3.5.9　机械方式敷设缠绕光缆示意图

光缆经过线杆时，同人工牵引绕扎一样，由人工作伸缩弯、固定光缆并将缠绕机由杆子一侧移至另一侧安装好。

这种架设方式虽然有较多优点，但使用汽车架设受条件的限制，一般应具备下列条件：道路宽度能允许车辆行驶、架空杆路离路肩距离不大于3m、架设段内无障碍物、光路吊线位于杆路其他线路的最下方。

5. 敷设墙壁光缆

1）敷设墙壁光缆的一般规定

（1）应按设计要求敷设墙壁光缆。

（2）除地下光缆引上部分外，严禁在墙壁上敷设铠装或油麻光缆。

（3）墙壁光缆跨越街道、院内通路等，其缆线最低点距地面应不小于3.5 m。

（4）墙壁光缆与其他管线的最小间距应符合表3.5.1的规定。

表3.5.1 墙壁光缆与其他管线的最小间距表 单位：mm

管线名称	平行净距	交越净距
避雷线接地引线	1 000	300
工作保护地线	50	20
电力线	150	50
给水管	150	20
压缩空气管	150	20
无包封热力管	500	500
包封热力管	300	300
煤气管	300	20

2）敷设吊线式墙壁光缆

（1）吊线式墙壁光缆使用的吊线程式应符合设计要求。墙上支撑的间距应为8～10 m，终端固定物与第一个中间支撑的距离应不大于5 m。

（2）吊线在墙壁上的水平敷设，其终端的固定、吊线的中间支撑应符合图3.5.10、图3.5.11的要求。

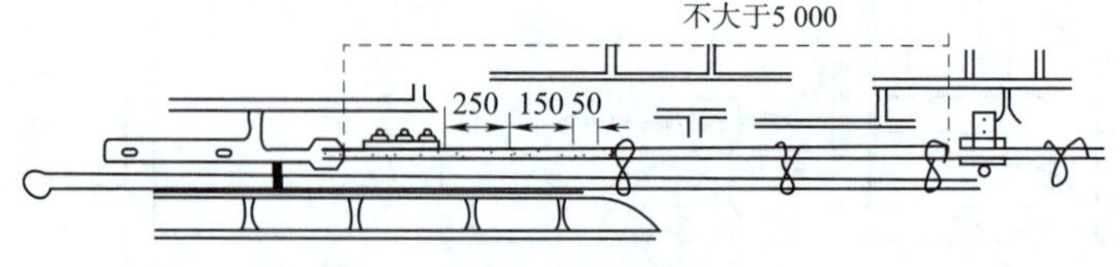

图3.5.10 吊线在墙壁水平敷设（单位：mm）

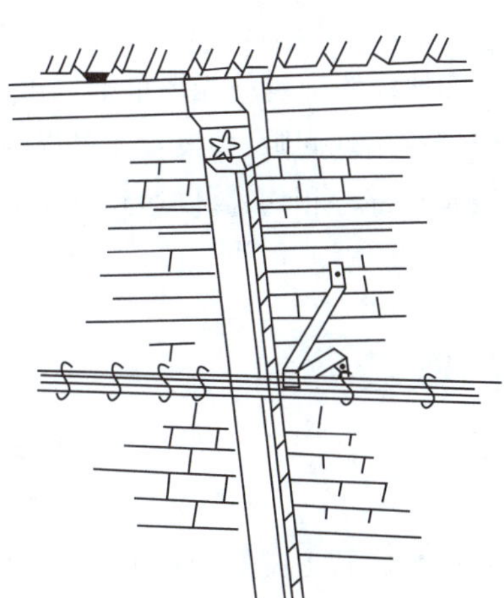

图 3.5.11　吊线在墙壁中间支撑示意图

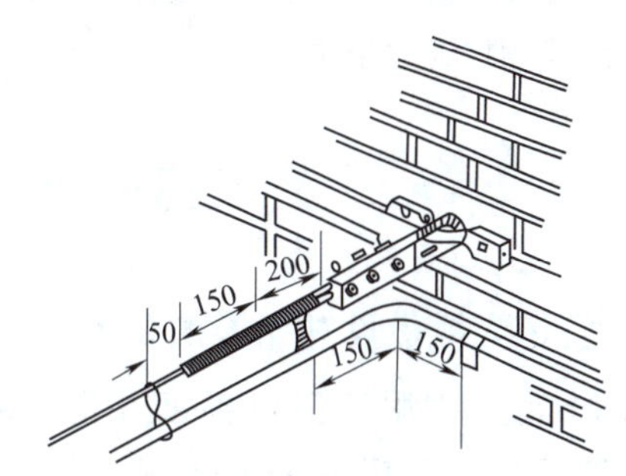

图 3.5.12　吊线在墙壁的终端安装图(单位:mm)

(3)吊线在墙壁上的终端应符合图 3.5.12 的要求。

3)卡钩式墙壁光缆

(1)应根据设计要求选用卡钩。卡钩必须与光缆、子管外径相配套。

(2)光缆卡钩间距为(500 ±50) mm,转弯两侧的卡钩距离为 150 ~250 mm,两侧距离须相等。

(3)固定螺钉应在光缆的同一侧,严禁在外墙使用木塞固定光缆。

(4)室内沿墙光缆的敷设应符合下列规定:光缆沿墙面敷设时,卡钩距离为 1 m。光缆的引上应选择不易遭受碰撞、较隐蔽的位置,在可能触及的部位应加装 2 m 塑料管保护,装置规格应符合图 3.5.13 的要求。

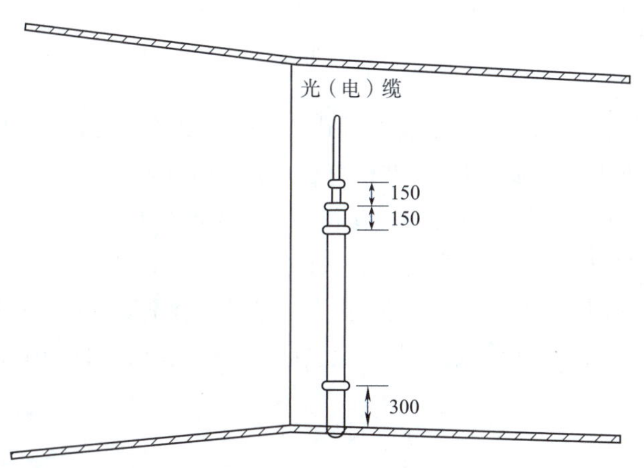

图 3.5.13　室内光缆引上装置安装图(单位:mm)

6. 警示管、保护管的加装

(1)过路警示管可根据不同型号采取不同的装设形式。过路警示管应装设在主干道路正上方的光缆吊线上;公路、城区道路应根据主干道路宽度考虑装设长度,一般乡村道路装设长度 4 ~6 m 为宜;特殊地段可根据需要装设,以达到警示过往车辆的目的。

(2)在架空线路穿越城区、乡村、厂矿、公路等易被行人及车辆碰撞的拉线下部,应装设拉线警示管，以达到警示过往行人及车辆的目的。

(3)电力线保护管装设在架空光缆与10 kV以下电力线、其他缆线交越的光缆最上层吊线上；保护管封口应在吊线正下方，中间应避免接口，必须接口时应避免出现间隙，装设长度可根据交越电力线宽度和间距进行计算，装设保护管应与电力线两侧边线延续部分相均等，以达到避免电力线与光缆吊线相接触之要求。

任务3.6　管道光缆的敷设

1. 管道光缆敷设对光缆的要求

管道光缆一般用于市区内局间中继线路，其管道为塑料管或水泥管道内的塑料子管，特殊地段需用钢管。由于管道路由较复杂，光缆所受张力、侧压力不规则，因此管道光缆应具有良好的抗张、抗侧压及弯曲性能。同时，由于管道中的光缆有可能长期浸泡在水中，因此管道光缆应具有良好的防潮、防水性能。

2. 管道光缆敷设工作流程

在市话管道中光缆的敷设工作流程如图3.6.1所示。

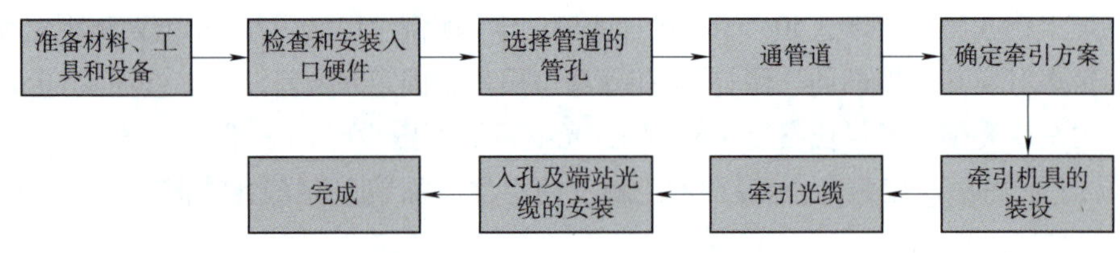

图3.6.1　管道光缆敷设流程

3. 管道的选用原则

按设计规定的管道路由和占用管孔，检查管孔是否空闲以及进、出口的状态；按光缆配盘图，核对光缆接头处位置、地貌和接头安装位置，并检查合理和可能性。

光电缆敷设在管道中，合理的选用管孔，有利于穿放光电缆和维护，所以在选用管道管孔时总原则是：先下后上，先侧后中。大容量线缆一般敷设在靠下和靠侧壁的管孔。管孔必须对应使用，同一条线缆所占用的管孔位置，在各个人(手)孔内应尽量保持不变，以避免发生交错现象。

缆线一般是一孔一缆。由于光缆较小，一般在敷设光缆时在管孔内加套子管，子管中一管一缆。

4. 管道的清洗

城市地下管道大多有积水和淤泥，在光缆敷设前要对管道进行疏通和清洗。无论是新建管道还是利用旧管道，在敷设光电缆前，均应对管孔和人(手)孔继续清洗。

(1)穿管器准备

目前多数采用低压聚乙烯塑料穿管器，穿管器具有携带方便、连接简单、外径细等优点。玻璃钢穿管器如图3.6.2所示。

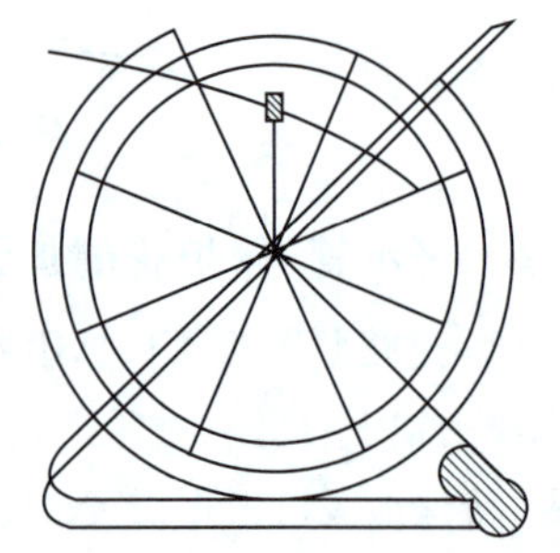

图3.6.2　玻璃钢穿管(孔)器

(2)制作管孔清洗工具

对于新管道以及淤泥较多的陈旧管道,采用传统的管孔清洗工具比较有效。清洗工具可按图3.6.3所示制作。

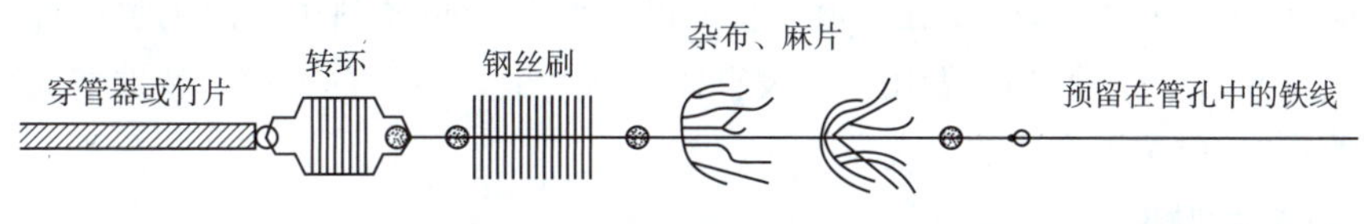

图3.6.3 管孔清洗工具示意图

图3.6.3所示,清洗刷将管孔内清洗较彻底,对于新管道可把管道接缝外水泥残余、硬块除去,起到"打磨"作用;钢丝刷可清除淤泥、污物;杂布、麻片起清扫作用可将淤泥、杂物带出管孔。另外,管孔也可用直径合适的圆木棒试通,由于目前管孔绝大多数用塑料子管布放光缆,因此,圆木的直径应按敷设三根塑料子管考虑。注意在工具制作时各相关物件应连接牢固,避免中途脱落或折断给清洗管道工作带来麻烦。

(3)清洗步骤

①打开人孔盖后,应等待一段时间并用有害气体探测器探测人孔内的有害气体,确认安全后方可进行下一步施工。若人孔内有积水时应排出积水。

②将穿管器(或竹片)从管孔的一端穿至另一端,穿管器末端连接清洗工具。从下一个人孔抽出穿管器(或竹片),也可以直接穿入下一段管孔中,牵引铁线可以在人孔内断开,两个较短的人孔相连时也可以直接穿过。

③淤泥较多时,可将水管引入管孔内进行冲刷,也可高压水枪反复冲洗直至疏通为止。对于陈旧管道,道路行树树根长入管孔缝隙造成管孔不通、管孔错位、破损以及严重淤积无法疏通时,应算准具体位置由建设单位组织修复或更换其他管孔。

(4)机械洗管法

目前,对于塑料管道或较长的硅芯管,由于塑料管道密封性较高,可采用气压清洗技术,在使用气压清洗管道时,对端人孔内严禁人员进入,防止清洗冲出的杂物伤人。对于水泥管道,由于密封性差和摩擦力大不宜采用气压洗管方式。

5. 预放塑料子管

目前普遍在一个管孔内预放3根塑料子管或5孔梅花管进行分割,如图3.6.4所示。塑料子管的外径为32 mm、内径为28 mm。

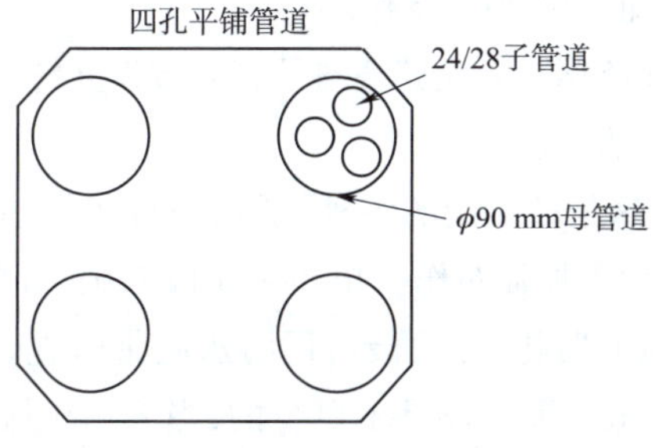

图3.6.4 子母管道示意图

(1)塑料子管和5孔梅花管的质量检查

①塑料子管和5孔梅花管为聚乙烯半硬管，质量应符合设计要求。

②现有的ϕ90 mm标准水泥管孔，可容纳3根28/32 mm塑料子管；ϕ110 mm标准塑料管道可容纳28/32 mm子管4根或5×22/28五孔梅花管1根。28/32 mm塑料子管用于敷设直径为不大于20 mm的光缆，5×22/28五孔梅花管用于敷设直径为不大于15 mm的光缆。特殊情况下对于铠装直埋光缆进管道时，应选用合适的大直径子管。

(2)塑料子管的敷设

①塑料子管在管道内敷设以一个或几个人孔间隔长度为敷设单元，其最大敷设长度取决于允许的最大张力。根据理论计算，一般水泥管道敷设子管的最大长度可达300 m，目前市话管道人孔间距多数在120 m左右，一般可将子管整盘敷设。

②子管的敷设方法

用穿管器作穿引线，首先穿入管孔内，穿管器一端固定在子管端头上（子管端头进行处理后，同时将多根子管固定在一起）；另一端用人工、用光缆拖车或用绞盘车拖拽。

如果预放有铁线的，可以直接将3根或4根子管用铁线捆扎牢固，然后通过转环用牵引钢绞线或铁线，由人工或拖车拖拽。

在子管敷设过程中若产生扭曲，将给光缆的敷设带来困难，当扭绞节距在10 m以内时，光缆与子管内壁的摩擦力增大，牵引张力将增加几倍。因此，敷设塑料子管应避免扭曲，其方法是：在子管前边加上转环，最好在子管进入管孔处将三根子管隔开。

6. 光缆牵引端头的制作方法

光缆在敷设牵引过程中，光纤芯线不能受力，其张力的75%应由中心加强件（芯）承担，外护套受力不足25%（钢丝铠装光缆除外）。对于光缆敷设，尤其管道敷设，光缆牵引端头制作是非常重要的工序。光缆牵引端头制作方法是否得当，直接影响光纤的传输特性。因此，光缆牵引端头的制作是光缆施工人员的一项基本功。目前，少数工厂在光缆出厂时，已制作好牵引端头，故在单盘检验时应尽量保留一端。

(1)牵引端头的要求

①牵引张力应主要加在光缆的加强件（芯）上（75% ~80%）；其余加到外护套上（约20% ~25%）。

②光缆内光纤不应承受张力。

③牵引端头应具有防水性能，避免光缆端头浸水。

④牵引头可以是一次性的，也可以现场制作。

⑤牵引端头体积（特别是直径）要小，尤其塑料子管内敷设光缆时必须考虑。

(2)牵引端头的种类和制作的方法

①简易式如图3.6.5所示，这是较常用的一种，适用于直径较小的管道光缆。其制作方法，是将光缆外护套开剥30 ~40 cm，留下加强芯作一扣环，并用ϕ1.6 mm或ϕ2.0 mm铁线2根与加强芯一样作扣环，然后用铁丝在光缆上捆扎三道，最后用防水胶带包扎。外护套开口处用防水胶带紧包，避免水的浸入。转环对于管道光缆敷设是不可少的，当采用机械牵引时牵引索采用钢丝绳，当采用人工方式牵引时，可用尼龙绳或铁丝作牵引索。

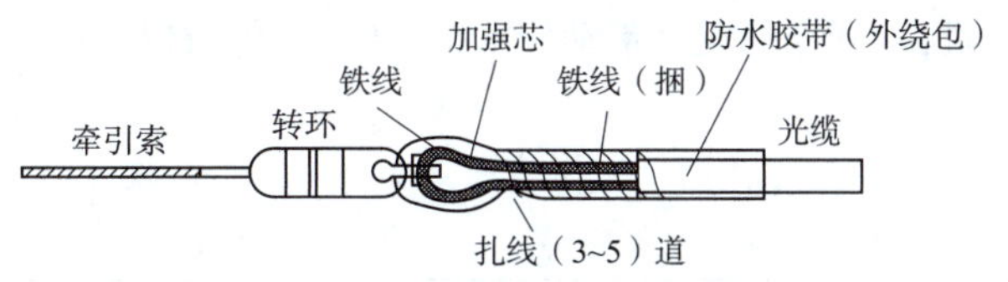

图 3.6.5 光缆牵引端头制作示意图

②夹具式牵引头如图 3.6.6 所示，这种方式较方便。一般用压接套筒式、弹簧夹头式和抓式夹具。使用时，先将光缆剖开，除去护套和芯线约 10 cm，加强芯用夹具夹紧，护套由套筒收紧。夹具本身带转环，为了提高防水性能，在套筒与护套间用防水胶带包扎好。

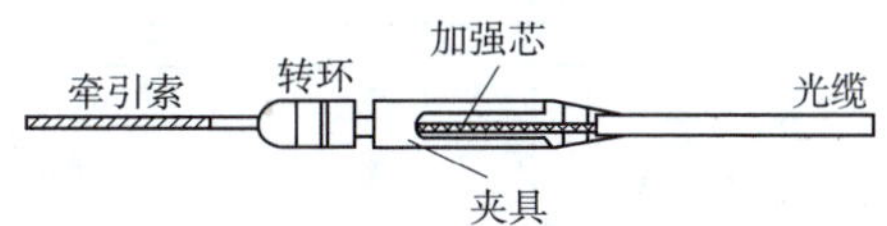

图 3.6.6 光缆牵引端头制作示意图

③预制型牵引端头如图 3.6.7 所示，这是由工厂或施工队在施工前预先制作的一次性牵引端头。这种方式的优点是可预先制作好，方便省时，同时具有防水性能良好的特点。

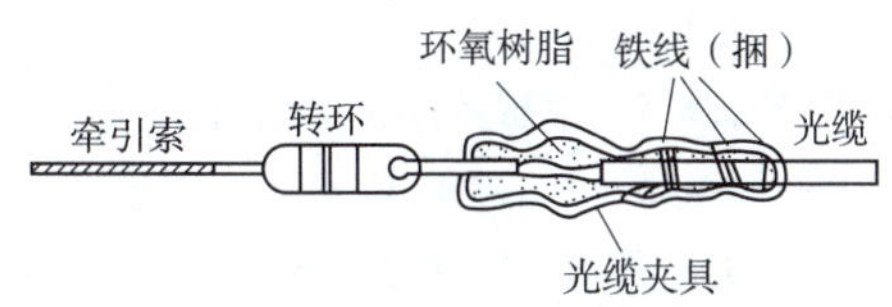

图 3.6.7 光缆牵引端头制作示意图

④网套式牵引端头如图 3.6.8 所示，由于 40～50 cm 长的网套具有收紧性能，受力分布均匀且面积大，故非常适用于具有钢丝铠装的光缆。当用于非钢丝铠装的光缆时，应把加强芯引出作一扣环，将其与网套扣环一同连至转环。当管道内有水时，在套上网套时，光缆端头应预先用树脂或防水胶带等材料作防水处理。

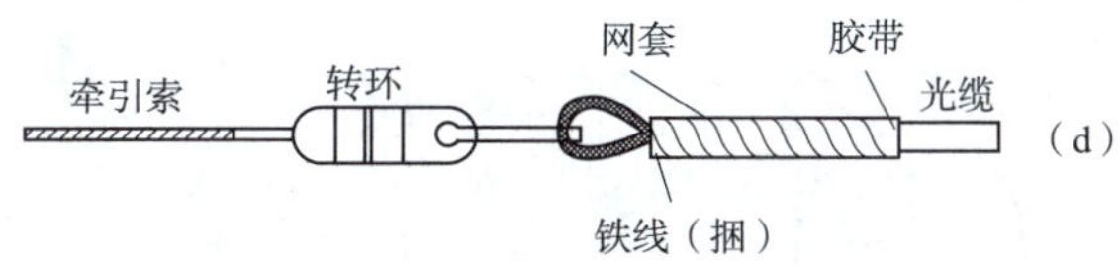

图 3.6.8 光缆牵引端头制作示意图

7. 管道光缆敷设的主要机具

1）终端牵引机

终端牵引机又称端头牵引机，如图 3.6.9 所示。终端牵引机，安装在允许牵引长度的路由终点，通过牵引钢丝绳把终端的光缆按规定速度牵引至预定位置。

2）辅助牵引机

这种光缆牵引设备，不论是在光缆的管道敷设、直埋敷设或架空敷设中，一般都置于中间部位，起辅助牵引作用。图 3.6.10 是辅助牵引机的实物图，光缆夹持在两组同步传输带中间，终端牵引机牵引光缆时,辅助牵引机以同样的速度带动传动带,光缆由传动带夹持,利用摩擦力对光缆起牵引作用。

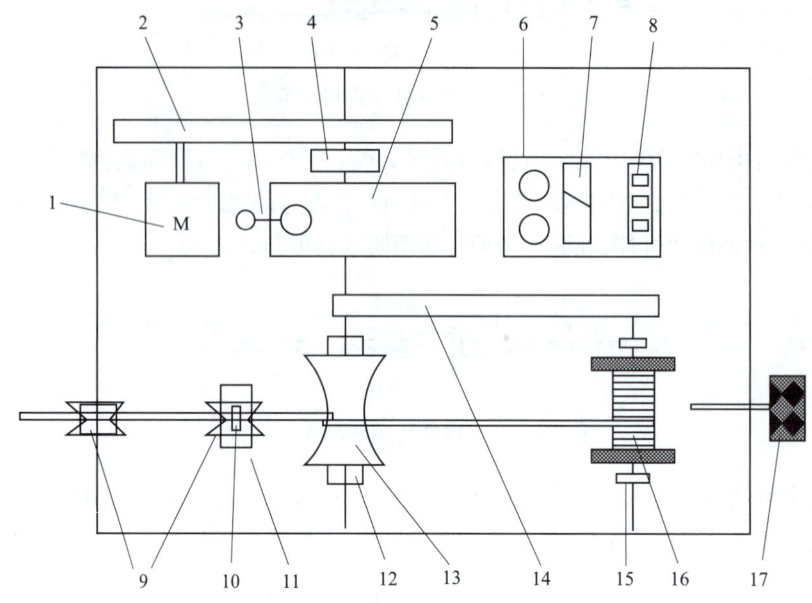

图 3.6.9　光缆终端牵引机示意图

1—电动机;2—主传动带;3—人工换挡开关; 4—离合器;5—变速器;6—仪表盘;7—张力指示器;8—计米器;9—钢丝导轮;10—张力调节器;11—张力传感器;12—绞盘分离器;13—绞盘;14—收线传动带;15—轴承;16—收线盘、牵引钢丝绳;17—收线盘分离踏板

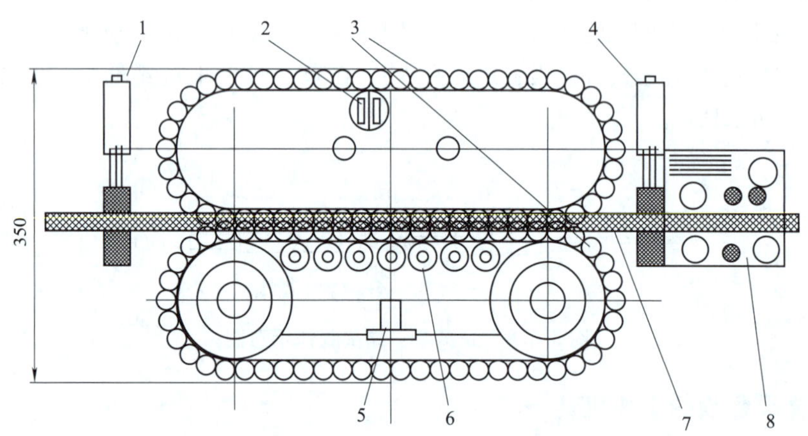

图 3.6.10　光缆辅助牵引机

1、4—光缆固定;2—夹持;3—同步传动带;5—减速器;6—导轮;7—光缆;8—液压马达

3)导引装置

管道光缆敷设,要通过人孔的入口、出口,路由上出现转角、曲线以及管道人孔的高差等情况,为了光缆安全、顺利地通过这些部位,必须在有关位置安装相应的导引装置以减少光缆的摩擦力、降低牵引张力。

按上述不同用途，光缆导引装置可设计成不同结构的导引器和导引滑轮。

导引器是专门为光缆的管道敷设而设计的。导引器有多种形式，但多数是带轴承的组合滑轮，如图 3.6.11 所示。

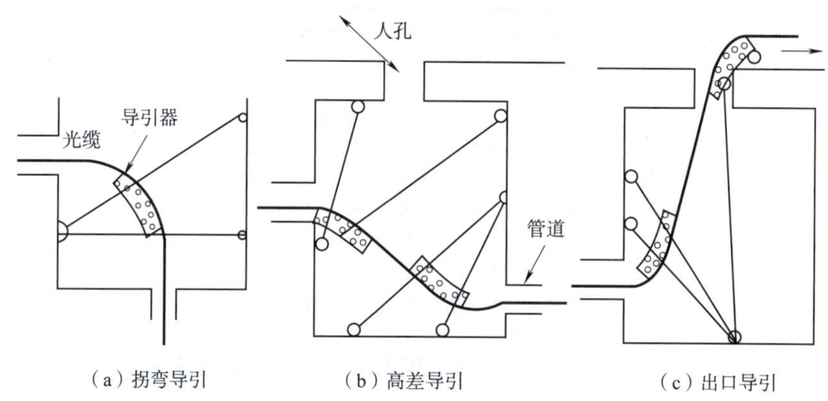

图 3.6.11　光缆导引器的使用方法示意图

导引器在管道光缆敷设中使用广泛，用 1 个或 2 个导引器可作为光缆转角导引；用 2 个可组成高低人孔的高差导引或光缆引出人孔导引。尽管用在不同的地方，但作用是一样的，即减少光缆所受的侧压力以及降低牵引张力，对安全敷设起重要作用。出口引出光缆还可以采用金属滑轮导引。

导引管是主要用于光缆始端入口处的导引设备。光缆盘处应有专人值守，把光缆慢慢放入人孔，只要确保光缆在人孔内有少量余量，使光缆保持松动状态，入口处可以不用导引软管等设施，但在人孔入口处应加一软垫以避免擦伤光缆。并注意光缆从盘上放出的速度要与敷设速度同步，以避免打小圈或“浪涌”现象。

8. 管道光缆的敷设方法

1）机械牵引法

（1）集中牵引法

集中牵引法即端头牵引法，牵引钢丝通过牵引端头与光缆端头连好，用终端牵引机按设计张力将整条光缆牵引至预定敷设地点，如图 3.6.12（a）所示。

（2）分散牵引法

不用终端牵引机而是用 2 ~ 3 部辅助牵引机完成光缆敷设。这种方法主要是用多台牵引机使分散的牵引力协同完成。如图 3.6.12（b）所示是管道光缆分散牵引法的典型例子。

（3）中间辅助牵引法

这是一种较好的敷设方法，它既采用终端牵引机又使用辅助牵引机。一般以终端牵引机通过光缆牵引端头牵引光缆。具有集中牵引和分散牵引的优点，克服了各自的缺点。因此，在有条件时选用中间辅助牵引方法为好，如图 3.6.12（c）所示。

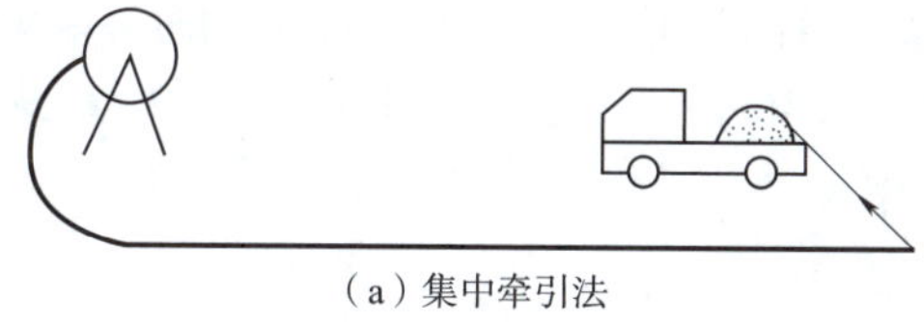

（a）集中牵引法

图　3.6.12

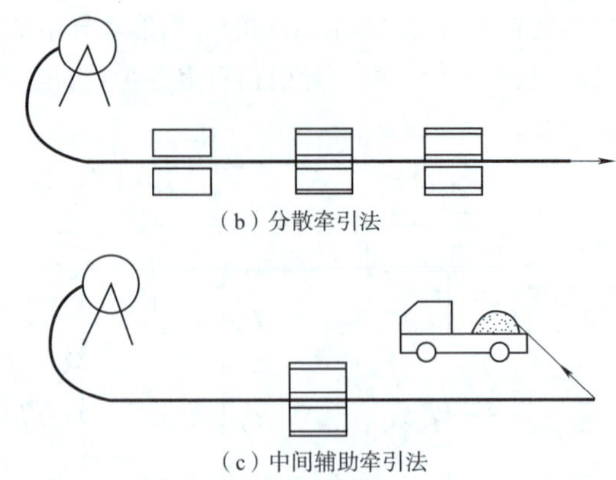
(b) 分散牵引法

(c) 中间辅助牵引法

图 3.6.12　三种不同的牵引方式

管道光缆机械敷设全过程一般会用到上述牵引方式的 1 ~2 种,如图 3.6.13 所示。

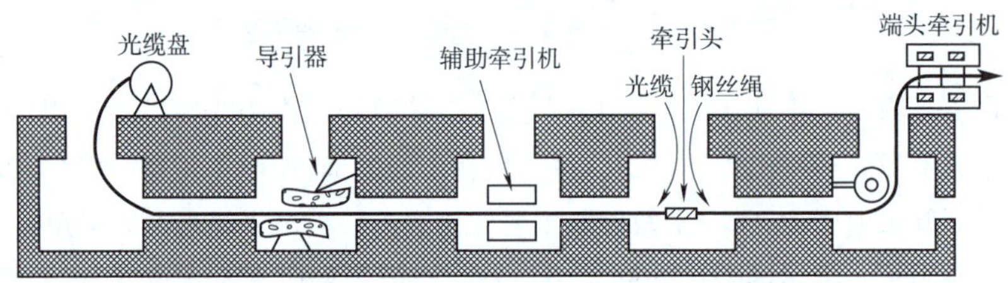

图 3.6.13　管道光缆机械牵引示意图

2) 人工牵引法

在没有牵引机情况下,可采用人工牵引方法来完成光缆的敷设。

人工牵引方法的要点是在良好的指挥下尽量同步牵引,牵引时一般为集中牵引与分散牵引相结合,即有一部分人在前边拉牵引索(穿管器或铁线)、每个人孔中有 1 ~2 人帮助拉。前边集中拉的人员应考虑牵引力的允许值,尤其在光缆引出口处,应考虑光缆牵引力和侧压力。

人工牵引敷设长度不宜过长,常用的办法是采用倒"∞"法,即牵引出几个人孔后,将光缆引出盘"∞",然后再向前敷设,直至放完整盘光缆。

人工牵引在转角和引出口处应安装导引管为宜。

3) 机械与人工相结合的敷设方法

机械与人工相结合敷设牵引方式分为中间人工辅助和终端人工辅助两种牵引方式。

(1) 中间人工辅助牵引方式

终端用终端牵引机作主牵引。中间在适当位置的人孔内由人工帮助牵引,若再用上一部辅助牵引机,可延长一次牵引的长度。

端头牵引的缺点是,它必须先把牵引钢丝放至始端,然后再进行牵引。为克服这一问题可以这样做:假设牵引 1 km 光缆,可以在前 400 m 由人工牵引,与此同时终端牵引机可向中间放牵引钢丝,这样当两边合龙后,再采用端头牵引与人工辅助相结合的方式。这样既加快了敷设速度,又充分利用了现场人力,提高了劳动效率。

(2) 终端人工辅助牵引方式

用人工将光缆牵引至辅助牵引机,然后这些人员又改在辅助机后边帮助牵引,由于辅助牵引机有最大 200 kg 的牵引力，减轻了劳动量，延长了一次牵引的长度，减少了人工牵引方法时的倒“∞”次数，提高了敷设速度。

9. 光缆及牵引设备的安装

1）缆盘放置及引入口安装

光缆由光缆拖车或千斤支撑于管道人孔一侧。在光缆进入人孔处采用输送管，安装示意图如图 3.6.14(a)所示。将光缆盘放在使光缆进入人孔处近似直线的位置；受条件限制时也可按图 3.6.14(b)所示位置放置。输送管可用蛇皮钢管或聚乙烯管，使用它可以避免光缆打小圈和防止光缆外护套损伤。

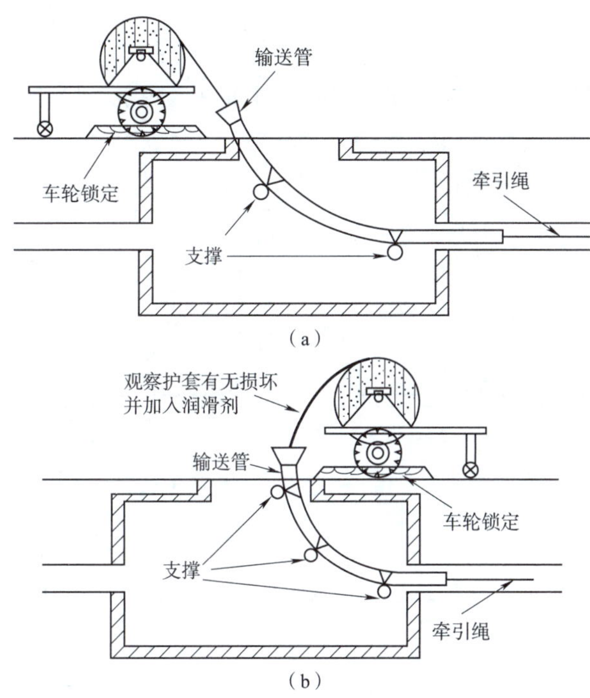

图 3.6.14　光缆人孔处的安装

2）光缆引出口处的安装

端头牵引机将牵引钢丝和光缆引出人孔的方式及安装，这里介绍两种方式。

(1) 采用导引器方式

把导引器和导轮按如图 3.6.15 所示方法安装，应使光缆引出时尽量呈直线，可以把牵引机放在合适的位置。若人孔出口窄小或牵引机无合适位置时为避免光缆侧压力过大或摩擦光缆，应将牵引机放置在前边一个人孔(光缆牵引完后再抽回引出人孔)但应在前一个孔另安装一副导引器或滑轮。

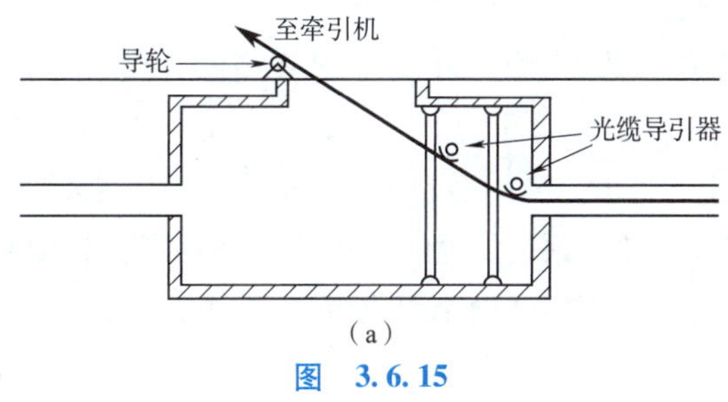

图　3.6.15

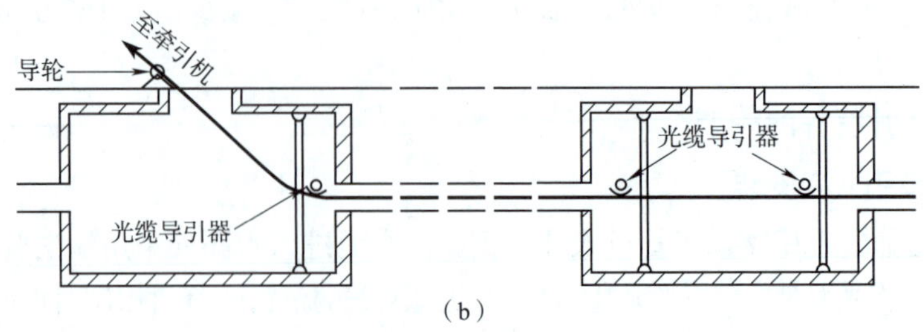

图 3.6.15 光缆引出口处的安装

(2)采用滑轮方式

这种方式基本上是敷设普通光缆的方式,用金属滑轮或滑轮组,如图 3.6.16 所示。

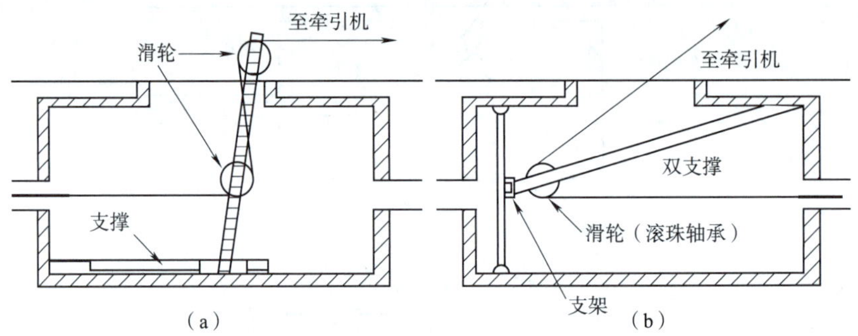

图 3.6.16 光缆引出口处的安装

3)转角处减力装置的安装

光缆转角,牵引张力较大,故应安装导引器或减力轮,图 3.6.17 就是采用减力轮方式的安装图。

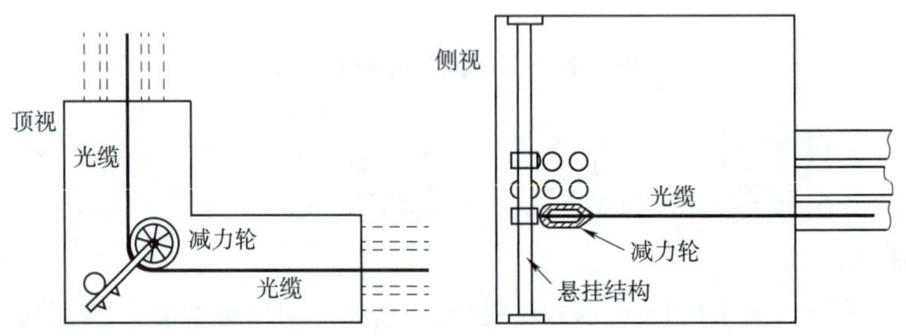

图 3.6.17 转角处减力装置的安装

4)管孔高差导引器的安装

为减少管孔高差所引起的摩擦力、侧压力,通常是在高低管孔之间安装导引器,具体安装方法如图 3.6.18 所示。

5)中间牵引时的准备工作

采用辅助牵引机时,将设备放于预定位置的人孔内,放置时要使辅助牵引机上光缆固定部位与管孔持平,并将辅助机固定好。若不用辅助牵引机,可由人工代替,即在合适位置的人孔内安排人员帮助牵引。

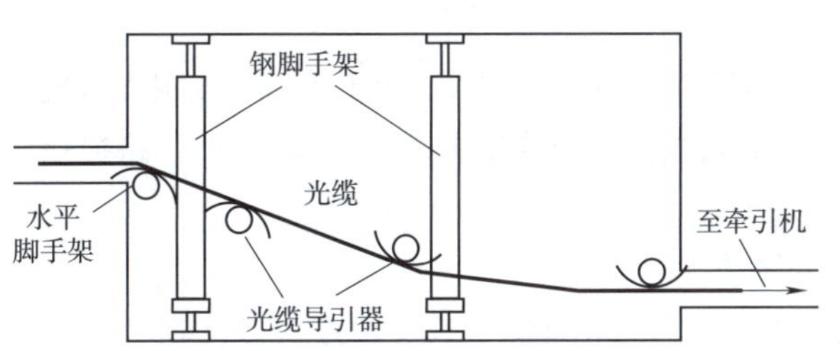

图 3.6.18 管道高差导引器的安装

10. 硅芯管管道光缆的“高压气流推进法”

“高压气流推进法”又称气吹法,其基本原理是:由气吹机把空压机产生的高压气流和光缆一起送入管道。由于管壁内层固体硅胶较低的摩擦系数和高压气体的流动,使光缆在管道内呈悬浮状态,从而减小了光缆在管道中的阻力,光缆也不会受到管道内的任何损伤,其形象的比喻就如同湍急的河水中漂浮着一根木头顺流而下。

一般情况下,一台气吹机可一次吹 1 000 ~ 2 000 m 长度的光缆,若采用多台气吹机接力吹缆,可吹 4 000 ~ 6 000 m 长度的光缆。

11. 人孔内光缆的安装

(1)直通人孔内光缆敷设后,将每个人孔中的余缆沿人孔壁放至规定的托架上,应尽量置于上层,并采用蛇皮软管保护,用扎线绑扎固定。其固定和保护方法如图 3.6.19 所示。

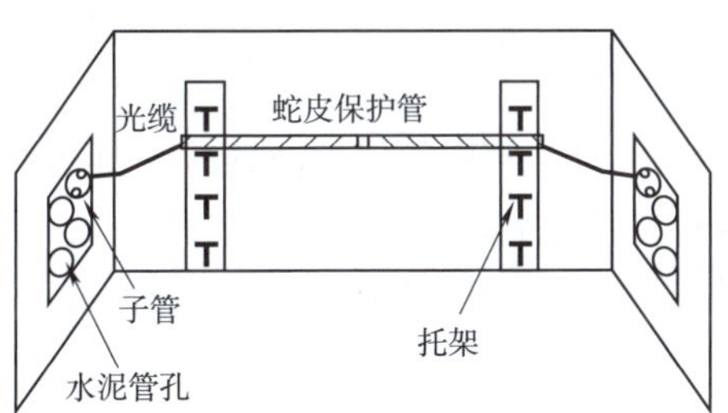

图 3.6.19 人孔内光缆的固定和保护

(2)接续用余留光缆在人孔中的固定

人孔内供接续的光缆余留长度一般不少于 7 m,由于接续工作往往要过几天或更长的时间,因此余留光缆应妥善地盘留于人孔内,具体要求如下:

①光缆端头做好密封处理。为防止光缆端头进水,应采用端头热缩密封处理。

②余缆盘留固定。余留光缆应按弯曲半径的要求,盘圈后挂在人孔壁上或系在人孔内盖上,注意端头不要浸泡于水中。

任务 3.7 直埋光缆的敷设

1. 直埋光缆敷设特点

长途干线光缆工程主要采用直埋敷设。其主要特点是能够防止各种外来的机械损伤,而且在达到一定深度后地温较稳定,减少了温度变化对光纤传输特性的影响,从而提高了光缆的安全性和传输质量。

由于直埋光缆多用于地域宽阔的野外敷设，适用于机械化或很多人同时施工，因此光缆盘长可达2～4 km(一般盘长为2 km)，减少了光缆接头，有利于降低全线路损耗，但同时也对光缆提出了更高的要求。

1)直埋敷设对光缆的要求

(1)由于直埋光缆埋深达1.2 m，并且通常为大长度敷设，因此要求光缆有足够的抗拉力和抗侧压力，以适应较大的牵引拉力和回填土的重力。

(2)应有良好的防水、防潮性能，以适应地下水和潮湿的长期作用。

(3)光缆护套应具有防鼠、防白蚁、防腐蚀性能，避免老鼠、白蚁的啃咬破坏和化学侵蚀。(注意：在老鼠、白蚁高发区应选用耐老鼠、白蚁护层；普通光缆没有防老鼠、白蚁性能)

2)直埋光缆的敷设流程

直埋式光缆线路的敷设工作流程如图3.7.1所示。

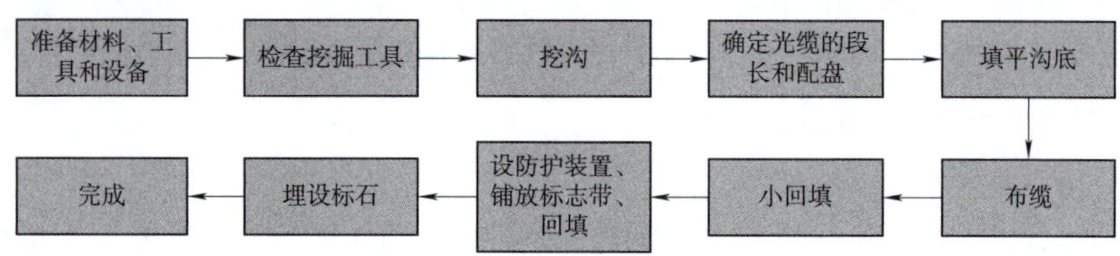

图3.7.1　直埋式光缆的敷设工作流程

2. 开挖光缆沟

埋式光缆的沟深、规格要求及光缆在沟内的保护，除设计另有规定外均参照《电信网光纤数字网传输系统工程施工及验收暂行技术规定》(YDJ 44—1989)。

敷设直埋光缆必须首先进行挖沟，挖沟可以用人工或机械辅助。目前，国内光缆沟的挖掘方法主要靠人工开挖。

沟的深度应符合设计规定，挖沟是按复测后的划线进行，不得任意改道和偏离；光缆沟应尽量保持直线路由，沟底要平坦，克服蛇行走向。要考虑光缆弯曲半径的允许值，避免拐小弯。

不同土质及环境，对光缆埋深有不同的要求。施工中应按设计规定地段达到要求。对于全石质路由，若环境条件不允许爆破，而开挖又确有困难时，经主管部门同意，埋深可降为50 cm但应采取封沟措施。长途干线光缆埋深和间距应符合表3.7.1、表3.7.2规定。

表3.7.1　长途干线光缆埋深表

敷设地段	埋　深　(m)
普通土、硬土	≥1.2
半石质(砂砾土、风化石)	≥1.0
全石质、流砂	≥0.8
市郊村镇	≥1.2
市区人行道	≥1.0
穿越铁路(距道砟底)公路(距路面)	≥1.2
沟、渠、水塘	≥1.2

注：石质、半石质地段应在沟底和光缆上方各铺100 mm厚的细土或砂土。

表 3.7.2 下埋光缆与其他建筑物间最小净距表

名　称		平行时(m)	交越时(m)
市话管道边线(不包括人孔)		0.75	0.25
非同沟的直埋通信电缆		0.5	0.5
埋式电力电缆	35 kV 以下	0.5	0.5
	35 kV 以上	2.0	0.5
给水管	管径小于 30 cm	0.5	0.5
	管径为 30 ~ 50 cm	1.0	0.5
	管径大于 50 cm	1.5	0.5
高压石油、天然气管		10.0	0.5
热力、下水管		1.0	0.5
煤气管	压力小于 3 kg/cm^2	1.0	0.5
	压力 3 ~ 8 kg/cm^2	2.0	0.5
房屋建筑红线(或基础)		1.0	
树　木	市内、村镇大树、果树、路旁行树	0.8	
	市外大树	2.0	
水井、坟墓		3.0	
粪坑、积肥池、沼气池、氨水池等		3.0	

注:采用钢管保护时,与水管、煤气管、石油管交叉跨越的净距可降为 0.15 m。

光缆沟的底部宽度一般为 30 cm,当同沟敷设两条光缆时,应保持 5 cm 的间距,故宽度一般为 35 cm。

沟的上宽尺寸应根据光缆沟的深度和土质来确定,对深度较深或土质松散易塌方地段,坡度应大一些。对于一般土质地段,沟深为 1.2 m 时,上宽尺寸为 60 cm。光缆沟的断面如图 3.7.2 所示。对于同沟敷设的光缆沟以及土质松散或水位较低的地段,沟宽以 80 cm 为宜。

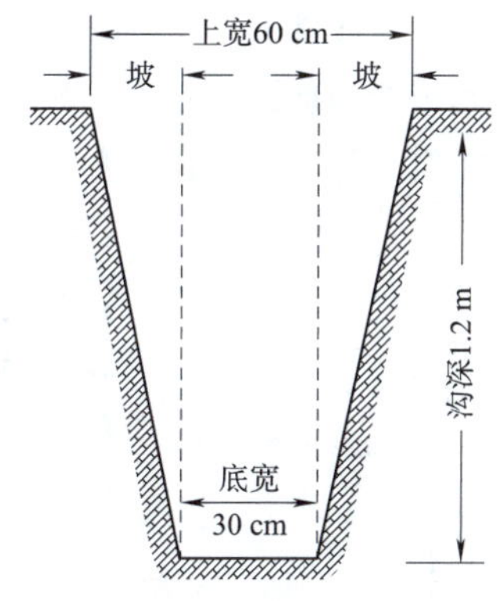

图 3.7.2 光缆沟的横截面示意图

对于特殊地段，如山区石质地带用爆破方法开沟，沟的宽度情况决定，一般不应小于 20 cm（沟底垫 10 cm 细土或砂土）。

沟底应平整、无碎石，石质、半石质沟底应铺 10 cm 厚的细土或细砂。

光缆沟回填时，先回填 15 cm 的碎土或细土，然后回填其他土质，并人工踏平后要高出地面 10 cm。

1）"S"形光缆沟的要求

（1）"S"弯余留的规定

光缆敷设在坡度大于 20°，坡长大于 30 m 的斜坡上时，应作"S"形余留；无人中继站进局（站）时作"S"形敷设；穿越铁路、公路、河流时，亦应作"S"形敷设。

（2）"S"弯的标准尺寸

根据上述"S"余留规定以及特殊要求地段的"S"敷设的光缆沟，均应按图 3.7.3 所示标准尺寸挖沟。

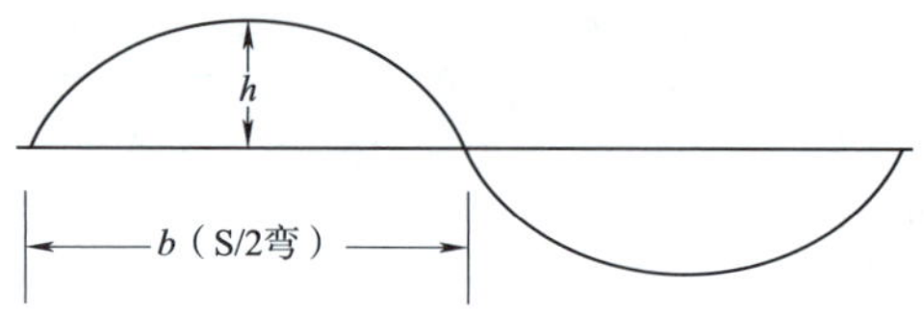

图 3.7.3 "S"弯光缆沟示意图

一个"S"弯余留长度△S 按设计要求，图 3.7.3 中 b 和 h 的尺寸由表 3.7.3 中的数值决定。

表 3.7.3 "S"形弯光缆沟比例数字 h 值

b	△S			
	2.02	2.03	4.40	5.04
3	1.112	1.4	1.65	1.88
5	1.42	11.76	2.06	2.33

2）起伏地形的沟深要求

光缆经常遇到梯田，陡坡等起伏地形，这些地段挖沟不能挖成直上直下成直角弯的沟底，如图 3.7.4（a）所示。若是这样，敷设时则会出现光缆腾空及弯曲半径过小的情况。正确的处理办法是沟底成缓坡，这样光缆不会腾空并符合弯曲度的要求，如图 3.7.4（b）所示。

对于起伏地形沟深标准的掌握，若按平坦地段规定 1.2 m 挖，则在换成缓坡后就会小于 1.2 m，这一点应注意。为避免这一情况，可在坡两侧适当加深，加大缓坡长度。

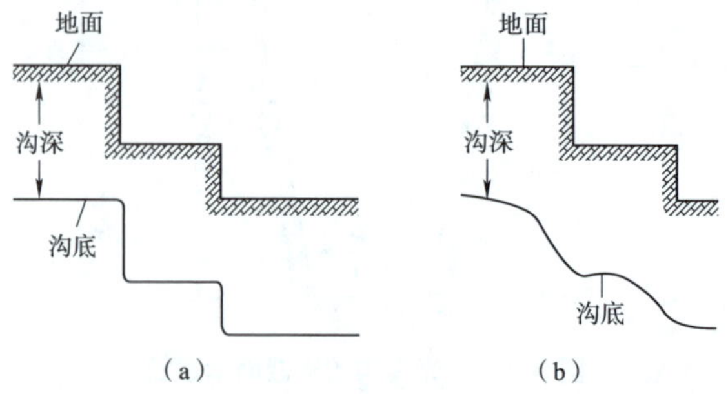

图 3.7.4 起伏地形沟开挖示意图

3)穿越沟、渠的挖沟要求

当采用截流挖沟时,对于沟、渠段的光缆沟深度要从沟、渠水底的最低点算起;在沟、渠两侧的陡坡上,应挖成类似起伏地形的缓坡,坡度应大于光缆的标称弯曲半径的要求。在沟渠两侧并按设计要求作“S”弯挖沟处理。沟、渠的沟底要求如图 3.7.5 所示。

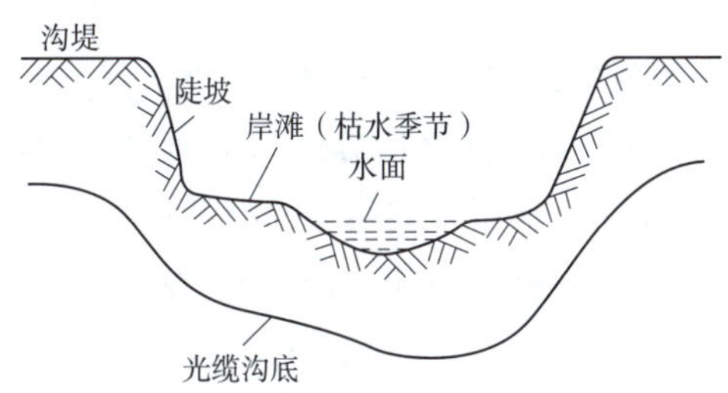

图 3.7.5　穿越沟、渠的光缆沟

3. 埋式光缆的敷设

直埋光缆主要有机械牵引敷设和人工抬放敷设两种方法。机械牵引敷设法利用机动车拖引光缆盘,将光缆自动布放在沟中或沟边,布放在沟边的光缆,要用人力移入沟中。机械牵引敷设法节省人力、效率高、质量好,但易受地形条件限制。地形比较复杂、不利于机械作业的场合多采用人工敷设法。人工敷设时,首先将单盘光缆架在千斤顶上,然后每隔一定距离用人力将光缆放入沟。

1)机械牵引敷设法

机械牵引敷设采用端头牵引机、中间辅助牵引机牵引光缆。2 km 盘长的光缆主要采用端头牵引机和中间辅助牵引机,将一盘长为 2 km 自由光缆由中间向两侧牵引,如图 3.7.6 所示。

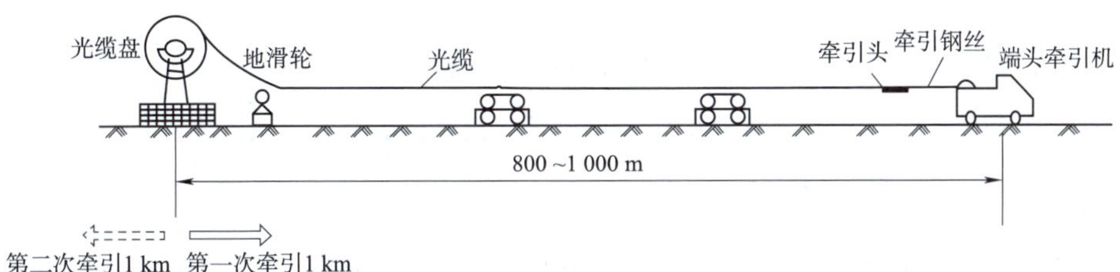

图 3.7.6　2 km 盘长光缆机械牵引示意图

4 km 盘长的光缆可分两次牵引,其中端头牵引机牵引 1 km,中间辅助牵引 500 m,用两台中间辅助牵引机(其中 500 m 由人工来代替),每次牵引 2 km,如图 3.7.7 所示。

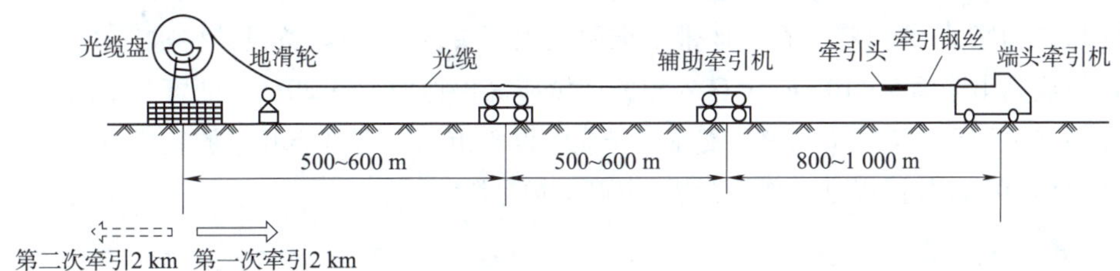

图 3.7.7　4 km 盘长光缆机械牵引示意图

2)沟上滑轮牵引法

在已挖好的光缆沟上,每隔20 m左右安装一个导向滑轮,在拐弯点安装转弯导向轮。敷设时,牵引绳系到光缆端头上,由机械在前方牵引或由人工边走边牵引,使光缆在导向滑轮上随滑轮不断转动,直至到终点。

3)人工抬放法

人工抬放光缆是将一盘光缆分为2~3段敷设,自几十至上百人人均间隔10~15 m排列,光缆放于肩上边抬边走。这种方法由于可以利用当地劳力,不需要专用设备,但这种方法必须组织好人力,由专人统一指挥。缆盘、光缆端头、拐弯等重要部位应由专业人员负责。抬放过程中注意速度均匀,避免"浪涌"和光缆拖地,严禁光缆打"背扣",防止损伤光缆。

4)倒"∞"抬放法

这是一种适合山区的光缆敷设方法,如图3.7.8所示。具体做法是将光缆分成若干组并堆盘"∞"状,可用竹竿或棒等作为抬架。敷设时以4~5人为一组且将"∞"状光缆像抬轿一样放于肩上缓慢向前行走,光缆由后边一个"∞"不断退下并放入沟中,放完第一个"∞"后,再退下放入第二个"∞",直至放完。这种方法的最大优点是可避免光缆在地上拖擦,有效保护光缆护层,但穿越钢管、塑料管及障碍地段时不便采用。

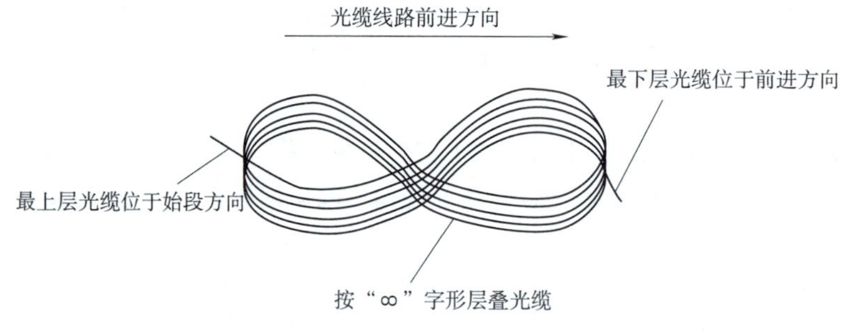

图3.7.8 光缆"∞"字抬放敷设法

4. 回填

光缆敷设完毕,经测检光学性能和电气特性均良好后,即可回土覆盖,工程中通常将回土覆盖称作回填。回填时,应先填细土。石质地段或有易腐蚀物质的地段应先铺盖30 cm左右的细土或砂土,再回填原土。应当注意不要把杂草、树叶等易腐蚀的物质或石块等填入沟内。当回填原土厚50~60 cm时,进行第一次夯实。然后每回填土30 cm夯实一次。回填后,夯实的土应高出地面。有条件的地方,最好移植一些多年生草坯,以防水土流失。通过梯田时,除将原土分层夯实外,还要把掘开的塄坎垒砌好,恢复原状。石质地带不准回填大石头,特殊地段按设计要求回填。一般土路、人行道回填应高出路面5~10 cm,郊区农田的回填应高出地面15~20 cm,沥青及水泥路面的沟槽回填与路面齐平,经压实后,方可修复路面。光缆敷设于市区或有可能开挖的地段时,覆土填沟后,应在光缆上面30 cm处铺以红砖作为标志,也可保护光缆线路。

5. 埋式光缆的保护

1)穿越铁路、公路、街道

光缆穿越铁路、公路、街道等不能挖开的地段,在放缆前已经采取顶管或预埋管方式准备了钢管或塑料管保护实施,光缆穿放时应防止钢管管口擦伤光缆,最好钢管内先穿好塑料半硬管。穿越后管口应用油麻或其他材料堵塞。

对于简易公路、乡村大道或河沟、水渠、村镇，穿越保护，一般采取在光缆上方 20 cm 处加盖水泥盖板或红砖保护。

2)穿越河流

光缆敷设至预放好的过河管道处采取布放市区管道光缆的方式穿越光缆，穿越后两侧塑料管口用油麻，沥青等堵塞，岸滩位置按设计规定作“S”形余留后进入埋实地段。

3)穿越沟、渠、塘及湖泊

光缆穿越沟、渠、塘、湖泊等障碍时，一般均采取保护措施，主要根据这些沟、渠水流冲刷、塘内捕鱼，尤其藕塘挖掘等情况，对光缆可能产生损伤程度，采取不同的保护方式。

(1)水泥盖板保护

对于光缆必须穿过水塘(鱼塘，藕塘)，小湖时为防止捕鱼，挖藕，挖塘泥等损伤光缆，在光缆穿越后采用草袋装土覆盖，然后用水泥盖板在光缆上方予以保护。水泥盖板尺寸为 50 cm×20 cm×4(或5) cm。

光缆穿越小沟、排水沟、由于沟底砖石或其他原因深度不能满足要求以及有疏浚和拓宽规划的人工渠道、小河时，亦要采用加盖部分水泥盖板的办法保护光缆。

(2)漫水坡，挡水墙保护

对于山洪冲击地段，采取构筑漫水坡或挡水墙的办法，用以阻挡山洪、(山)涧水、溪水的冲击、冲刷和防止光缆沟泥土流失致使悬空，露出甚至损伤光缆。

漫水坡的构筑方法，是顺沿穿越障碍的光缆位置下游 1～5 m 的地方，用混凝土砌筑一条拦河坝，如图 3.7.9 所示。另一种方法是筑建挡水墙，以保护光缆和光缆沟泥土免遭冲刷、流失。

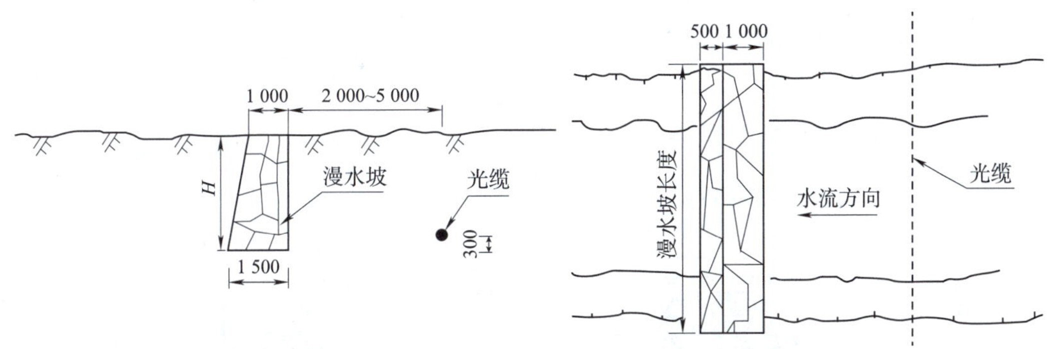

图 3.7.9 漫水坡示意图(单位:mm)

漫水坡与光缆间隔一般为 1～5 m，河道落差大的，间隔小一些，落差小的可间隔大些。漫水坡深度 H 一般应大于光缆埋深。长度 L 一般应略大于冲刷部位宽度，施工时按设计规定和现场实际情况考虑。

4)穿越梯田、台田、沟坎和沟渠陡坡

光缆穿越梯田、台田、沟坎及沟渠陡坡时，应因地制宜采取筑砌护坎(坡)，如图 3.7.10 所示。或采取其他几种三七土护坡保护措施，防止水土流失。

(1)石砌护坎(坡)构筑方法

光缆穿越地形起伏的丘陵、山坡、梯田、台田、沟坎、陡坡地段，应采取石砌坎(坡)来防止水土流失并恢复原来地形；一般规定坎高0.8 m以上时构筑，护坎高度基本上同原地形；(坡)底部应砌到光缆沟底，并注意勿伤及光缆，最好光缆外边套一段半硬PE管保护；筑坎时注意周围土要夯实，一方面使护坎坚固，另一方面也减少老鼠打洞磨咬光缆；护坎(坡)上部稍露出地面，可根据沟坎原有地形，恢复原状。

(2)三七土护坎(坡)的构筑方法

光缆穿越梯田、台田、沟坎、陡坡等处，需作护坎(坡)保护，在无条件砌石质护坎(坡)或无其他硬质材料时，可采用三七土护坎(坡)，以防止光缆遭受雨水冲刷，确保光缆沟上方有良好状态，保护光缆安全。

为防止三七土的碱性腐蚀和筑坎损伤光缆护层，在三七土部位(一边长出来30 cm)加半硬塑料管保护；并踏光缆上方30 cm内的素土；在铺填三七土地段，光缆沟断面宜断续加宽，以提高三七土与光缆沟壁的摩擦力。

三七土是将石灰与素土按3:7比例拌成，注意搅拌均匀，温度适当，铺填后应分层夯实；土护坎(坡)方式有三种，一般可根据坎(坡)的大小选择。对于3～4 m的大坎(坡)，应用草袋内装三七土垫固。

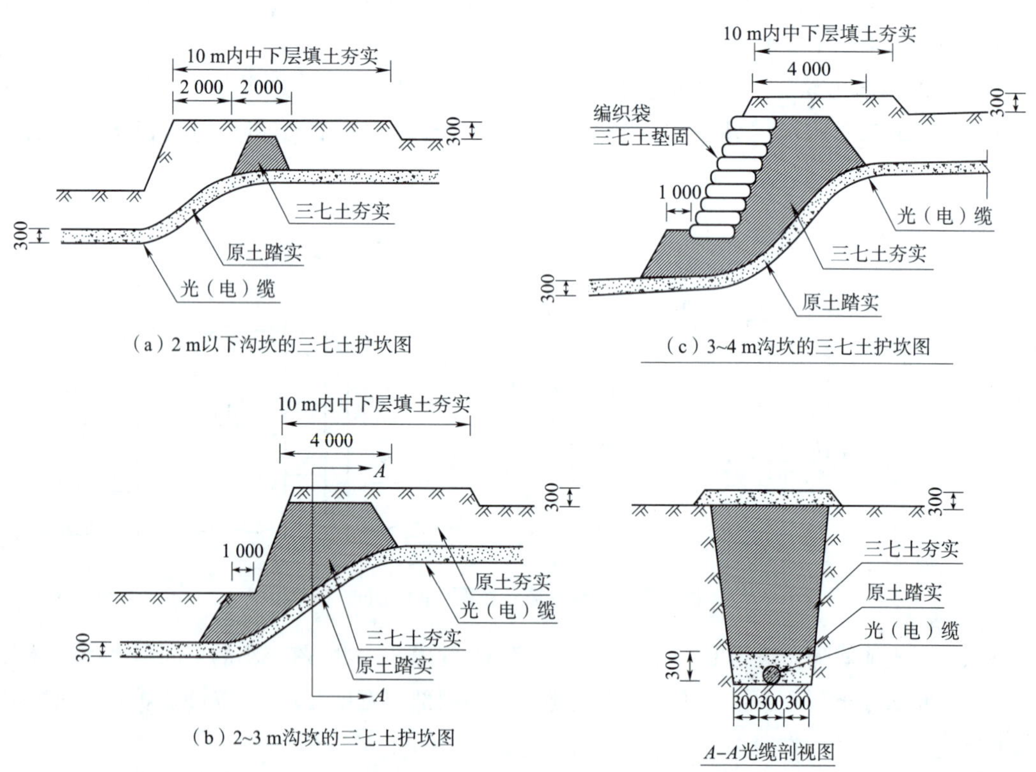

图3.7.10 三七土护坎图(单位:mm)

5)穿越斜坡

穿越斜坡的保护措施视坡度、坡长等情况选择。

当坡度大于20°,坡长大于30 m时,采取"S"弯敷设或设埋桩,横木锚固光缆;当坡度大于30°,坡长大于30 m时,一般选用细钢丝爬坡光缆并作"S"弯敷设。对于特殊地段还应作封沟保护措施。

斜坡有可能受水冲刷时,应采取每隔20 m加做堵塞或采取分流措施。如坡度较大又为雨量较高地段,可适当增加堵塞量。图3.7.11是光缆沟的堵塞示意图。

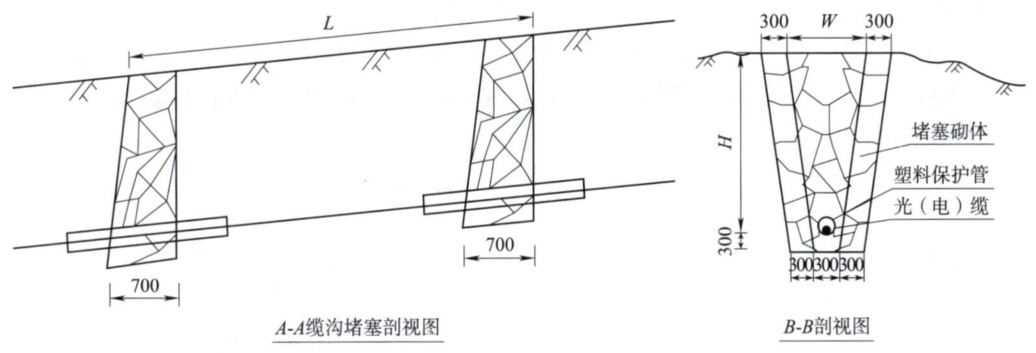

图3.7.11　堵塞示意图(单位:mm)

6)穿越桥梁

光缆穿越桥梁方法,一般用钢管和钢丝吊挂方式。在前边路由准备中已讲述过,光缆穿越钢管后在管口应用油麻等堵塞。光缆穿越采用钢丝吊挂时参照架空安装。

对于穿越长江大桥等有电信专用槽道的大型桥梁,应在两侧各做1~2个"S"弯余留。

7)穿越涵洞、隧道

光缆穿越涵洞、隧道时,应采用钢管或半硬塑料管保护,并在出口处作封固和损坏部分的修复。

6. 直埋光缆防雷设施的安装

光缆利用光纤作通信介质可以免受冲击电流,如雷电冲击的损害,对于非金属光缆是可以做到这一点,但埋式光缆中加强件、防潮层(铝箔层)铠装层以及有远信或业务通信用铜导线。这些金属件仍可能遭受雷电冲击,从而损坏光缆,严重时使通信中断。因此,一般直埋光缆将根据当地雷暴日、土壤电阻率以及光缆内是否有铜导线等因素考虑,采取具体的防雷措施。

1)防雷主要措施

国内外目前主要采取下列措施:

(1)局内接地方式

光缆中金属体在接头部位均连通,使中继段光缆的加强芯、防潮层、铠装层保持连通状态即全程连通;在两端局(站)内的铠装层、加强件也接地,防潮层通过避雷器接地或直接接地。

(2)系统接地方式

每2 km处断开铠装层(接头部位),作一次保护接地,即接头位置引出一组接地线。缆内加强件、铝箔层分连通和断开两种。对于无业务铜线的光缆,为施工和维护检修中利用加强件及防潮铝箔层作通话回路考虑,已连通好。

(3)光缆上方敷设屏蔽线

在光缆上方30 cm的地方敷设单条或双条排流线。

对于土壤电阻率大于100 Ω·m的地段,敷设单条排流;电阻率小于100 Ω·m或有铜导线光缆的地段敷设双条排流线。

排流线一般采用截面积为 50 mm^2 的镀锌钢线，对于雷暴日较多、雷害较严重的地段，排流线截面积可适当增大。

2）排流线的敷设安装

光缆线路在需要防雷敷设排流线的地段，应按施工图设计规定敷设单条或双条排流线。

（1）敷设要求

排流线一般采用 7/2.2 mm 钢绞线或镀锌钢线，要求在光缆上方 30 cm 处铺设；双条排流线相距的 40～60 cm，采取平行铺设，如图 3.7.12 所示。排流线与光缆相碰、不做接地装置，一般将端头引至土壤电阻率较小的地方。

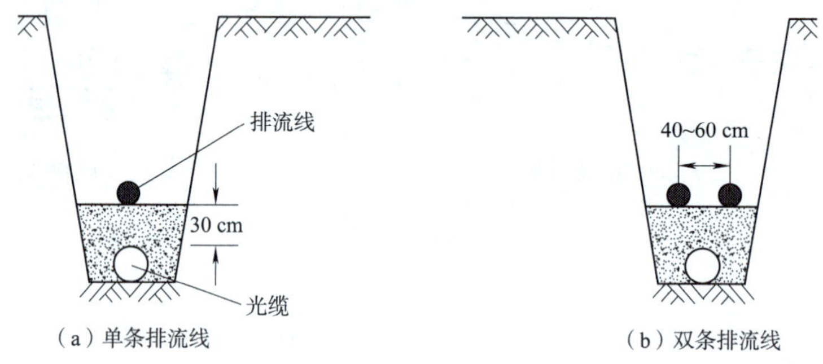

图 3.7.12　排流线的敷设

（2）注意事项

光缆敷设放入沟中后，即回土 30 cm，然后由专门人员按设计要求敷设排流线；有些地段个别沟深不足或处理绝缘故障挖出光缆，在处理完毕复原时，必须确保光缆在沟底，排流线在上方，切勿混在一起，绝对不能倒置，否则后果严重。

3）接地装置的安装

光缆线路中无人中继站和采取系统接地的接头点（一般 2 km 一个接地点）需要安装防雷接地装置。

7. 光缆线路标石的埋设

（1）光缆接头、光缆拐弯点、排流线起止点、同沟敷设光缆的起止点、光缆特殊预留点、与其他缆线交越点、穿越障碍物地点以及直线段市区每隔 200 m，郊区和长途每隔 250 m 处均应设置标石（或按设计要求的相隔间距设置标石）。

（2）需要监测光缆内金属护层对地绝缘、电位的接头点均应设置监测标石。

（3）普通标石应埋设在光缆的正上方。接头处的标石应埋设在光缆线路的路由上，标石有字的一面应面向光缆接头。转弯处的标石应埋设在光缆线路转弯的交点上，标石朝向光缆弯角较小的一面。当光缆沿公路敷设间距不大于 100 m 时，标石应朝向公路。

（4）标石采用坚石或钢筋混凝土制作，规格有两种：一般地区使用短标石，规格应为 100 cm × 14 cm × 14 cm；土质松软及斜坡地区用长标石，规格应为 150 cm × 14 cm × 14 cm。标石埋深 60 cm，出土 40 cm，标石周围土壤应夯实。

（5）标石编号为白底红（或黑）漆正楷字，字体端正，表面整洁。编号应根据传输方向，自 A 端至 B 端方向编排。一般以一个中继段为独立编号单位。

(6)标石的编号及符号应一致并符合图 3.7.13 所示。

①普通接头标石　②监测点标石　③转角标石　④特殊预留标石

⑤直线标石　⑥障碍标石　⑦新增接头标石　⑧新增直线标石

⑨硅芯管接头标石　⑩硅芯管人孔标石　⑪硅芯管手孔标石　⑫排流线起止标石

注:(1)编号的分子表示标石的不同类别或同类标石的序号,如①、②;分母表示一个中继段内从 A 端到 B 端的顺序号。

(2)图⑦、⑧中分子 +1 和分母 +1 母表示新增加的接头或直线光缆标石。

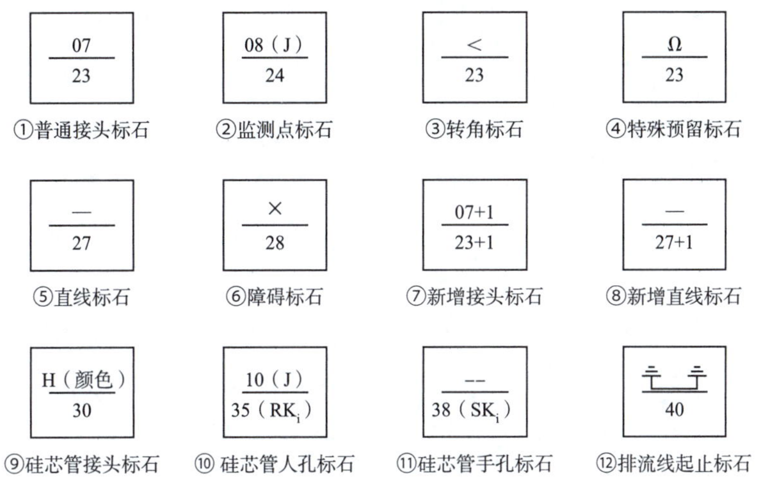

图 3.7.13　光缆径路标石图

课程	通信线路	模块	通信线路施工
班级		姓名	

活页笔记

自我分析与总结：

课程	通信线路	模块	通信线路施工
班级		姓名	

理论测试

一、填空题

1. 电杆按其材质可分为____________、____________和____________。

2. 电杆按其在线路中的作用和地位，可分为六种结构形式：__________、________、________、________、________、________。

3. 施工中，普通土7m水泥电杆洞的深度是____________。

4. 角杆拉线的出土点应与______________________________在同一平面上，左右偏移量应不大于______________。

5. 一般情况下，拉线的距高比宜取____________。

6. 架空光缆线路与架空高压电力线交越时，架空光缆线路应在电力线____________通过。

7. 水泥杆装设拉线的角杆杆洞应向角杆内侧内移________mm。

8. 在斜坡区域挖洞时，电杆洞深应从洞口下坡口往下________处计算洞深。

9. 直线线路的电杆位置应在线路路由的中心线上，电杆中心线与路由中心线的左右偏差应不大于________。

10. 竖立的电杆本身应垂直向下，杆梢前后、左右的倾斜度，钢筋混凝土杆不得超过________，木杆不得超过________。

11. 电杆洞回填时，回填土在电杆根部宜高出地面约____________。

12. 通信管道与10 kV电力电缆最小交叉隔距是____________。

13. 通信管道坡度的建筑方法有__________和____________两种。

14. 塑料管管道在人行道内敷设，管顶距地表最小深度为______________。

15. 钢管管道在人行道内敷设，管顶距地表最小深度为______________。

16. 以人孔的通向可划分为：__________、__________、__________、__________。

17. 架空光缆主要有____________和____________两种吊挂方式。

18. 光缆敷设时，其曲率半径应大于光缆外径的____________倍。

19. 吊挂式架空光缆主要敷设方式有三种：____________、____________及____________。

20. 墙壁光缆跨越街道、院内通路等，其缆线最低点距地面应不小于____________m。

21. 长途干线光缆直埋敷设时，硬土的埋深是____________。

二、问答题

1. 简单描述拉线距高比的定义。
2. 杆路选择的原则是什么？
3. 杆路施工的步骤是什么？
4. 吊线连接有哪几种方法？
5. 什么是终端杆？
6. 架空光缆的敷设方法有哪些？
7. 管道路由选择的原则是什么？

8. 人孔的种类有哪些？其适应方式是什么？

9. 各种管道交越时的原则是什么？

10. 在确定管道的埋设位置时应考虑哪些因素？

11. 直埋、架空、管道敷设光缆分别对光缆有什么要求？

12. 简述直埋光缆的敷设流程。

13. 简述直埋光缆标石的埋设要求。

实　操

1. 架空光缆实操

根据现场测量架空杆路径路，列出每根杆的杆高、梢径、防护措施，杆间距离。

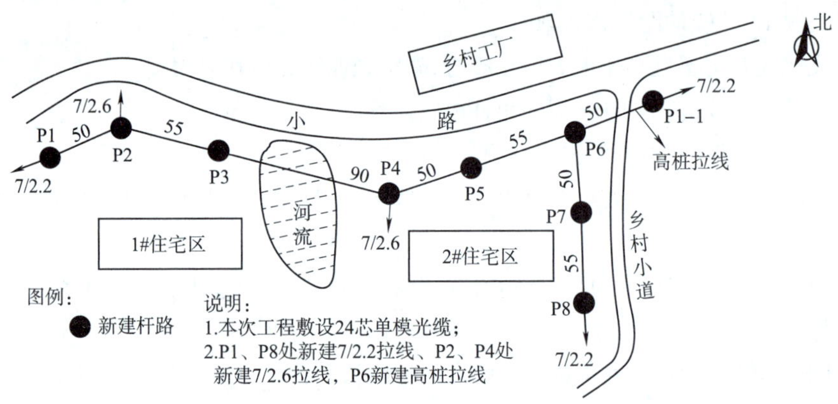

2. 管道光缆实操

根据现场测量管道径路，人孔/手孔的型号及管道管孔数、长度、深度，画出管道的断面图。

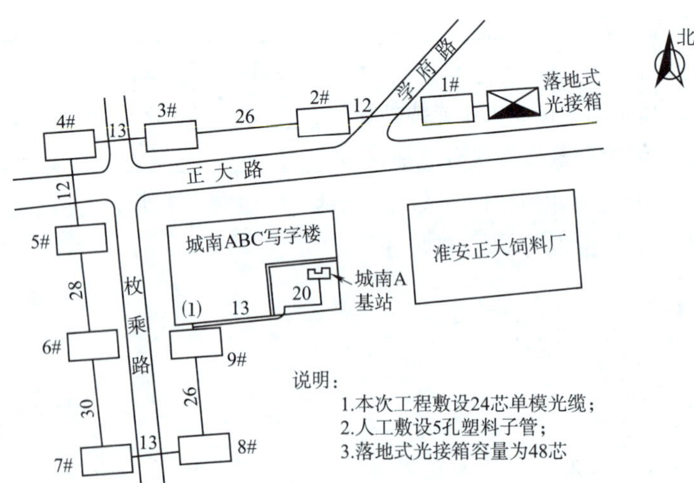

3. 直埋光缆径路实操

根据现场测量直埋径路,列出光缆沟的沟深、防护措施。

课程	通信线路	模块	通信线路施工
班级		姓名	

任务与考核

任务名称		通信线路施工		
任　务	知识技能目标	考核项目	自我评价	教师评价
通信杆路	1. 了解通信杆路材料; 2. 掌握通信杆路施工流程及标准	通信杆路杆线材料(10分)		
		架空杆路的一相关规定(10分)		
		架空杆路的施工流程(5分)		
		架空杆路的施工工艺及要求(10分)		
通信管道	1. 了解通信管道的基本要求; 2. 掌握管道的施工工艺及标准	通信管道的平面设计和剖面设计(15分)		
		通信管道施工工艺及要求(15分)		
光(电)缆敷设	1. 掌握架空光缆的敷设要求及标准; 2. 掌握管道光缆的敷设要求及标准; 3. 掌握直埋光缆的施工流程及敷设要求	架空光缆的敷设要求及标准(10分)		
		管道光缆的敷设要求及标准(10分)		
		直埋光缆的施工流程(5分)		
		直埋光缆的施工工艺及要求(10分)		
总分				

模块4　通信线路维护

引　言

通信业务快速发展的同时,如何有效地保证网络质量,提高传输线路的安全稳定性,消除线路隐患,处理工程遗留问题,已成为当今维护工作中急需解决的一个重要问题。本模块介绍了通信光(电)缆线路维护的特点、故障定位与处理、维护与防护等。

学习目标

1. 了解通信线路维护的基本任务和特点;
2. 熟悉通信光缆维护及防护要求;
3. 掌握光缆线路故障的判断和处理;
4. 掌握铁路通信线路维护。

职业素养

1. 养成团队合作,解决问题的意识与习惯;
2. 养成勤学善思,求真务实的良好品性;
3. 养成严格规范作业的严谨工作态度;
4. 具有创新意识,独立解决学习过程中遇到的困难。

任务4.1　通信线路维护

1. 通信线路维护的基本任务和特点

布设和维护通信的高空架设光(电)缆、直埋设光(电)缆、敷设管道设光(电)缆、敷设墙壁设光(电)缆等;线路施工维护器材的运输与装卸;杆坑、缆沟和地下管道的挖掘及杆塔架设;使用登高工具在高空进行接续、封焊作业;安装无线天线等。

(1)通信线路施工和维护有点多、面广和流动性大、分散作业的特点,施工维护作业中危险性大,工作条件差、不安全因素多,预防难度大。同时通信线路施工和维护还具有国家规定的登高作业的特殊性。

(2)通信线路施工维护现场作业安全管理的基本任务

在通信线路施工和线路维护作业过程中的安全生产管理就是要研究作业人员在线路施工和线路维护中各种事故发生的机理、原因、规律、特点和防护措施;研究按作业规范来评价线路施工和线路维护作业的安全性和解决在作业中的安全问题。同时还要研究线路施工和线路维护作业中应采取的有效安全技术措施;研究并推广先进的线路施工维护作业安全技术,提高安全作业水平;制定并贯彻安全技术标准和安全操作规程;建立并执行各种安全管理制度;开展有关线路施工和线路维护作业人员安全意识和线路施工和线路维护作业安全知识教育工作;分析事故实例,开展事故预知预警活动,从中找出事故原因和规律,制订防范措施,在施工维护中减少事故发生。

(3)日常维护中,应当注意抢修器件的保养(如:外挂电池、OTDR、熔接机的电量是否充足),个人工具(一人一套各自保管,要按序堆放在库房内,谁丢失谁负责)线路维护人员对线路维护工作要积极主动,对所巡检的线路自身要有详细记录。组长要对维护员的工作笔记及抢修工具仪表进行不定期抽查检验;如有不到位的记入当事人考核相关的事项。

2. 光缆线路故障的判断和处理

由于外界因素或光纤自身等原因造成的光缆线路阻断影响通信业务的称为光缆线路故障。光缆阻断不一定都导致业务中断,形成故障导致业务中断的按故障修复程序处理,不影响业务未形成故障的按割接程序处理。

1)光缆线路故障的分类

根据故障光缆光纤阻断情况,可将故障类型分为光缆全断、部分束管中断、单束管中的部分光纤中断三种。

(1)光缆全断

①如果现场两侧有预留,采取集中预留,增加一个接头的方式处理;

②故障点附近有接头并且现场有足够的预留,采取拉预留,利用原接头的方式处理;

③故障点附近既无预留、又无接头,宜采用续缆的方式解决。

(2)光缆中的部分束管中断或单束管中的部分光纤中断

其修复以不影响其他在用光纤为前提,推荐采用开天窗接续方法进行故障光纤修复。

2)光缆线路故障的原因

引起光缆线路故障的原因大致可以分为四类:外力因素、自然灾害、光缆自身缺陷及人为因素。

(1)外力因素引发的线路故障

①外力挖掘:处理挖机施工挖断的故障,管道光缆因打开故障点附近人手井查看光缆是否在人手井内受损,并双向测试中断光缆。

②车辆挂断:处理车挂故障时,应首先对故障点光缆进行双方向测试,确认光缆阻断处数,然后再有针对性地处理。

③枪击:这类故障一般不会使所有光纤中断,而是部分光缆部位或光纤损坏,但这类故障查找起来比较困难。

(2)自然灾害原因造成的线路故障

自然灾害包括鼠咬与鸟啄、火灾、洪水、大风、冰凌、雷击、电击等。

(3)光纤自身原因造成的线路故障

①自然断纤:由于光纤是由玻璃、塑料纤维拉制而成,比较脆弱,随着时间的推移会产生静态疲劳,光纤逐渐老化导致自然断纤。或者是接头盒进水,导致光纤损耗增大,甚至发生断纤。

②环境温度的影响:温度过低会导致接头盒内进水结冰,光缆护套纵向收缩,对光纤施加压力产生微弯使衰减增大或光纤中断。温度过高,又容易使光缆护套及其他保护材料损坏影响光纤特性。

(4)人为因素引发的线路故障

①工障:技术人员在维修、安装和其他活动中引起的人为故障。例如,在光纤接续时,光纤被划伤、光纤弯曲半径太小;在割接光缆时错误地切断正在运行的光缆;光纤接续时接续不牢、接头盒封装时加强芯固定不紧等造成的断纤。

②偷盗:犯罪分子盗割光缆,造成光缆阻断。

③破坏:人为蓄意破坏,造成光缆阻断。

3)故障处理原则

以优先代通在用系统为目的,以压缩故障历时为根本,不分白天黑夜、不分天气好坏、不分维护界限,用最快的方法临时抢通在用传输系统。

故障处理的总原则是:先抢通,后修复;先核心,后边缘;先本端,后对端;先网内,后网外,分故障等级进行处理。当两个以上的故障同时发生时,对重大故障予以优先处理。线路障碍未排除之前,查修不得中止。

4)制定线路应急调度预案

制定应急调度方案之前,应对所有光缆线路的系统开放情况进行一次认真摸底,根据同缆、同路由光纤资源情况,合理地制定出光纤抢代通方案。

应急抢代通方案应根据电路开放和纤芯占用情况适时修订、更新,保持方案与实际开放情况的吻合,确保应急预案的可行性。

应急调度预案的内容应包括参与的人员、领导组织、具体的措施和详细的电路调度方案。

5)光缆线路故障修复流程

(1)故障发生后的处理,不同类型的线路故障,处理的侧重点不同

①同路由有光缆型号可代通的全阻故障。机房值班人员应该在第一时间按照应急预案,用其他良好的纤芯代通阻断光纤上的业务,然后再尽快修复故障光纤。

②没有光纤可代通的全阻故障,按照应急预案实施抢代通或障碍点的直接修复进行,抢代通或修复时应遵循“先重要电路、后次要电路”的原则。

③光缆出现非全阻,有剩余光纤可用。用空余纤芯或同路由其他光缆代通故障纤芯上的业务。如果故障纤芯较多,空余纤芯不够,又没有其他同路由光缆,可牺牲次要电路代通重要电路,然后采用不中断电路的方法对故障纤芯进行修复。

④光缆出现非全阻,无剩余光纤或同路由光缆。如果阻断的光纤开设的是重要电路,应用其他非重要电路光纤代通阻断光纤,用不中断割接的方法对故障纤芯进行紧急修复。

⑤传输质量不稳定,系统时好时坏。如果有可代通的空余纤芯或其他同路由光缆,可将该光纤上的业务调到其他光纤。查明传输质量下降的原因,有针对性地进行处理。

(2)故障定位

如确定是光缆线路故障时,则应迅速判断故障发生在哪个中继段内和故障的具体情况,详细询问网管机房。在根据判断结果,立即通知相关的线路维护单位测判故障点。

(3)抢修准备

线路维护单位接到故障通知后,应迅速将抢修工具、仪表及器材等装车出发,同时通知相关维护线务员到附近地段查找原因、故障点。光缆线路抢修准备时间应按规定执行。

(4)建立通信联络系统

抢修人员到达故障点后,应立即与传输机房建立起通信联络系统。

(5)抢修的组织和指挥

光缆线路故障的抢修由机务部门作为业务领导,在抢修期间密切关注现场的抢修情况,做好配合工作,抢修现场由光缆线路维护单位的领导担任指挥。

在测试故障点的同时,抢修现场应指定专人(一般为光缆线务员)组织开挖人员待命,并安排好后勤服务工作。

(6)光缆线路的抢修

当找到故障点后,一般应使用应急光缆或其他应急措施,首先将主用光纤通道抢通,迅速恢复通信。观察分析现场情况,做好记录,进行拍照,报告公安机关。

(7)业务恢复

现场光缆抢修完毕后,应及时通知机房进行测试,验证可用后,尽快恢复通信。

(8)抢修后的现场处理。

在抢修工作结束后,清点工具、器材,整理测试数据,填写有关登记,对现场进行处理,并留守一定数量的人员,保护抢代通现场。

(9)线路资料更新

修复工作结束后,整理测试数据,填写有关表格,及时更新线路资料,总结抢修情况,报告上级主管部门。

光缆线路故障抢修的一般程序如图 4.1.1 所示。

6)常见故障现象及分析

(1)距离判断

当机房判定故障是光缆线路故障时,线路维护部门应尽快在机房对故障光缆线路进行测试,用 OTDR 测试判定线路故障点的位置。

(2)可能原因估计

根据 OTDR 测试显示曲线情况,初步判断故障原因,有针对性地进行故障处理。常见故障及可能原因见表 4.1.1。

表 4.1.1 常见故障现象及可能原因分析

故障现象	故障的可能原因
一根或几根光纤原接续点损耗增大、断纤	原接头盒内发生问题
一根或几根光纤衰减曲线出现台阶	光缆受机械力扭伤,部分光纤受力但尚未断开
原接续点衰减台阶水平拉长	在原接续点附近出现断纤故障
光纤全部阻断	光缆受外力影响挖断、炸断或塌方拉断

根据故障分析,非外力因素导致的光缆故障,接头盒内出现问题的情况比较多,导致接头盒内断纤或衰减增大的原因分为以下几种情况。

①容纤盘内光纤松动,导致光纤弹起在容纤盘边缘或盘上螺丝处被挤压,严重时会压伤、压断光纤。

②接头盒内的余纤在盘放收容时出现局部弯曲半径过小或光纤扭绞严重,产生较大的弯曲损

耗和静态疲劳,在 1 310 nm 波长测试变化不明显,1 550 nm 波长测试接头损耗显著增大。

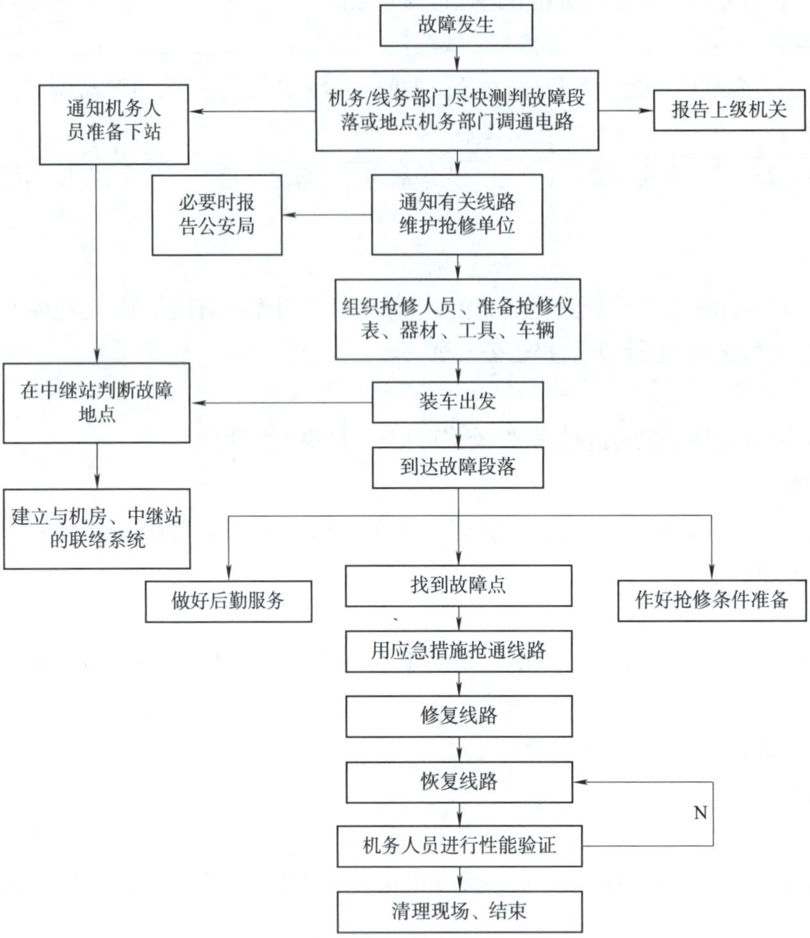

故障发生
机务/线务部门尽快测判故障段落或地点机务部门调通电路
通知机务人员准备下站
报告上级机关
通知有关线路维护抢修单位
必要时报告公安局
组织抢修人员、准备抢修仪表、器材、工具、车辆
装车出发
在中继站判断故障地点
建立与机房、中继站的联络系统
到达故障段落
做好后勤服务
找到故障点
作好抢修条件准备
用应急措施抢通线路
修复线路
恢复线路
机务人员进行性能验证
N
清理现场、结束

图 4.1.1　光缆线路故障抢修一般程序

12. 光缆的开剥

③制作光纤端面时,裸光纤太长或者热缩保护管加热时光纤保护位置不当,造成一部分裸光纤在保护管之外,接头盒受外力作用时引起裸光纤断裂。

④剥除涂覆层时裸光纤受伤,长时间后损伤扩大,接头损耗随着增加,严重时会造成断纤。

⑤接头盒进水,冬季结冰导致光纤损耗增大,甚至发生断纤。

(3) 查找光缆线路故障点的具体位置

当遇到自然灾害或外界施工等明显外力造成光缆线路阻断时,查修人员根据测试人员提供的故障现象和大致故障地段,沿光缆线路路由认真巡查,一般比较容易找到故障地点。如非上述情况,巡查人员就不容易从路由上的异常现象找到故障地点。这时,必须根据 OTDR 测出的故障点到测试端的距离,与原始测试资料进行核对,查出故障点是在哪两个标石(或哪两个接头)之间,通过必要的换算后,找到故障点的具体位置。如有条件,可以进行双向测试,更有利于准确判断故障点的具体位置。

(4) 影响光缆线路障碍点准确判断的主要原因

①OTDR 存在固有偏差;

②测试仪表操作不当产生的误差；

③计算误差；

④光缆线路竣工资料不准确造成的误差。

(5)提高光缆线路故障定位准确性的方法

①正确、熟练掌握仪表的使用方法；

②建立准确、完整的原始资料；

③建立准确的线路路由资料；

④建立完整、准确的线路资料；

⑤进行正确的换算；

⑥保持障碍测试与资料上测试条件的一致性；

⑦灵活测试，综合分析。

7)光缆故障判断和处理时应该注意的事项

(1)故障查修时需要注意的事项

①当省界或两维护单位交界处的长途光缆线路发生故障时，相邻的两个维护单位应同时出查、进行抢修。

②各级光缆线路维护单位应准确掌握所属光缆线路资料。熟练掌握光缆线路障碍点的测试方法，能准确地分析确定障碍点的位置。经常保持一定的抢修力量，并熟练掌握线路抢修作业程序和抢代通器材的使用。

③光缆维护人员应熟悉光缆线路资料，熟练掌握线路抢修作业程序、障碍测试方法和光缆接续技术，加强抢修车辆管理，随时做好抢修准备。

抢修用专用器材、工具、仪表、机具以及交通车辆，必须相对集中，并列出清单，随时做好准备，一般不得外借和挪用。

(2)处理过程中需要注意的事项

①光缆线路抢修过程中，应注意仪表、器材的操作使用安全，进行光纤故障测试前，被测光纤与对端的光端机断开物理连接。

②故障一旦排除并经严格测试合格后，立即通知机务部门对光缆的传输质量进行验证，尽快恢复通信。

③认真做好故障查修记录。故障排除后，线路维护部门应按照相关规定及时组织相关人员对故障的原因进行分析，整理技术资料并上报。总结经验教训，提出改进措施。

④介入或更换光缆时，应采用与故障光缆同一厂家同一型号的光缆，并要尽可能减少光缆接头和尽量减少光纤接续损耗。处理故障中所介入或更换的光缆，其长度一般应不小于 200 m，且尽可能采用同一厂家、同一型号的光缆，单模光纤的平均接头损耗应不大于 0.2 dB/个。故障处理后和迁改后光缆的弯曲半径应不小于 15 倍缆径。

3. 通信光缆维护及防护要求

1)通信光缆的运行维护

(1)通信光缆线路的维护管理

为了有效地对光缆线路进行维护，对已经敷设好的光缆，根据光缆线路的路径图、接头位置、敷设前后各盘光缆的各个通道(或光纤芯序)的损耗数据、带宽、色散、背向散射扫描曲线等数据资料

收集整理,以备进行检测、维护和整治时加以对照分析。主要包括

①光缆出厂检测报告。

②光缆现场验收记录资料。

③光缆线路径路及光缆敷设位置资料。

④光缆施工及特殊路段处理资料。

⑤光纤光缆接续及接头盒安装,光缆余长安装情况。

⑥线路光纤传输特性及光纤接续损耗测试资料。

⑦线路敷设竣工报告。

(2)通信光缆线路定期巡查和测试对已敷设好的光缆线路,要做定期的巡回检查,主要内容为:

①光缆路由环境有无多光缆可产生破坏的异常变化。

②光缆线路路径标志是否破坏。

③光缆线路设备,如线杆、防护标志、光缆及接头盒等是否损耗。

2)通信光缆的防雷

(1)雷电对通信光缆的危害

含有金属构件(如:铜导线、金属铠装层等)的光缆应该考虑雷电的影响。雷电对地时产生的电弧,会将位于电弧区内的光缆烧坏、结构变形、光纤碎断以及损坏光缆内的铜线。落雷地点产生的"喇叭口"状地电位升高,会使光缆内的塑料外护套发生针孔击穿等,土壤中的潮气和水,将通过该针孔侵袭光缆的金属护套或铠装,从而产生腐蚀,使光缆的寿命降低。入地的雷电流,还会通过雷击针孔或光缆的接地,流过光缆的金属铠装层,导致光缆内铜线绝缘的击穿。

有铜线光缆通信线路受雷电的危害,与具有塑料护套的电缆线路相似;无铜线光缆通信线路,除直击雷外,主要是雷击针孔的影响。雷击针孔虽不致立即阻断光缆通信,但对光缆通信线路造成的潜在危害仍不应忽视。

(2)通信光缆线路的防雷措施

依据工程经验,给出了雷害事件发生概率比较高的地点。其中较为便于判断的区域有:

①在石山与水田、河流的交界处,进山森林的边界处;

②面对广阔水面的山岳向阳坡或迎风坡;

③较高或孤立的山顶;

④以往曾屡次发生雷害的地点;

⑤孤立杆塔及拉线,高耸建筑物及其接地保护装置附近。

上述区域应加强防雷措施。

建议采取的措施:

①常规措施

对于雷海事件发生概率较高的一般区域建议采取常规的预防性措施:每隔 250 m 左右的电杆、角深大于 1 m 的角杆、飞线跨域杆、杆长超过 12 m 的电杆、山坡顶上的电杆做避雷线,架空吊线与地线连接。(电杆接地要求)

光缆吊线应每隔 300 ~ 500 m 利用电杆避雷线或拉线接地,每隔 1 km 左右加装绝缘子进行电气断开(吊线接地要求)

光缆接头处两侧金属构件不做电气连通,也不接地。

②特殊措施

雷害严重的区域,如重复遭受雷击的区域,建议采取以下特殊措施。

光缆可采用非金属加强芯或无金属构件的结构形式。

非金属加强芯光缆,采用 FFP 材料(芳纶纱)代替原金属加强芯。常见型号为:GYFTA、GYFTS,其护套仍采用铝带粘接聚乙烯或钢带粘接聚乙烯,仍存在金属构件。

无金属构件光缆(全介质光缆),除采用非金属加强芯外,护套材料也不含金属。常见型号为:GYFTY,由于其护套材料取消了钢带/铝带,采用聚乙烯材料,因此抗拉伸、抗压扁性能较普通光缆差。

建议雷害严重的区域少使用 GYFTY 型全介质光缆。

架空杆路可以采用光电缆吊线间隔接地方式。

(3)采用多层金属护层的防雷电缆。在雷暴日数小于 20,且大地电阻率小于 100 MΩ · m 的地区,可以不采用任何接地措施。

任务 4.2　铁路通信线路维护

1. 一般规定

通信线路包括光缆、电缆、明线线路及附属设施;按业务用途分为长途、地区(站场)线路。附属设施主要包括:交接箱、终端盒、通话柱以及光纤监测系统、电缆充气设备、气压监测设备等。

为预防自然灾害、人为施工等外界因素以及通信线路自身劣化等内部因素对通信线路的影响,应重点加强可能发生灾害区段和薄弱环节的维护工作,加强季节性检查,及时排除故障隐患,以增强抗灾和抗干扰能力。

通信线路附近遇有外界施工时,应及时与施工单位联系,并增加巡视次数。对危及通信线路安全的地段应派专人配合施工,并采取防护措施。极端天气和施工期间,应加强通信线路的监测工作,发现异常及时处理。

通信线路中严禁设置影响通信传输质量和危及人身、设备安全的非通信回线。在不影响通信质量、不危及安全的条件下接入时,必须经过全面鉴定,并履行批准手续。

2. 设备管理

1)通信线路与其他专业的维护分界

(1)与其他通信专业的维护分界

通信线路与其他通信专业的维护分界,以引入室内的第一连接处为分界点,并作以下规定:

①通信电缆及架空明线,以保安器、分线箱(盒)、总配线架的外线端子为分界点,其外线端子属于室内设备。

②光缆线路,以第一个尾纤活动连接器为分界点,其活动连接器属于室内设备。

③对于引入室内的光缆、成端电缆以及配线的日常清扫、整理和其裸露端子配线焊接、根部强度的检查等工作,均由机房维护部门负责。

(2)通信线路与非通信专业维护分界

①通信线路中非通信部门使用的回线或光纤由通信部门负责。

②通信线路上单独分歧的非通信部门的回线或光纤，由产权单位负责，光电缆及明线线路以分歧头（分线箱、接头盒等）分界，分歧头（分线箱、接头盒等）等由通信部门负责。

③设置在通信机房的非通信部门的引入光电缆，电缆线路以通信保安器为分界点，保安器（含）以内由通信部门负责；光缆线路以进入通信机房的第一个活动连接器为分界点，活动连接器以内由通信部门负责。

④引入非通信部门机房的通信光电缆，以通信配线架的连接器为分界点，连接器以外由通信部门维护。

⑤有代维协议的按协议内容执行。

2）仪器仪表

维护部门应根据线路维护工作的需要，配备仪表、工器具和必要的通信联络器材，并建立管理制度，由专人负责管理，经常保持良好。

主要仪表包括：光电缆径路探测仪、光源、光功率计、光时域反射仪（OTDR）、光纤熔接机、振荡器、电平表、串音衰耗测试器、可变衰耗器、兆欧表、直流电桥、接地电阻测试仪、气压表、查漏仪、电缆故障测试仪、光纤端面显微镜、光纤识别器、有害气体探测仪等。

主要工器具包括：维修车、应急照明用具、帐篷、发电机、抽水机、上杆工具、光缆夹持台钳、假纤、纵剖工具、光纤清洁器等。

3）维护部门应具备的技术资料

（1）相关工程竣工资料、验收测试记录；

（2）光电缆平面示意图；

（3）光电缆径路（坐标）图、明线杆位（坐标）图、管道图；

（4）光、电缆端面图；

（5）光电缆芯线运用台账、架空明线运用台账；

（6）交接、分线箱（盒）运用台账；

（7）电缆充气、气压遥测系统示意图，充气设备台账；

（8）光纤监测系统示意图，运用台账；

（9）抢修及备用器材、仪表、工具的台账；

（10）定期测试记录，设备检查记录；

（11）设备仪表技术资料（含维护手册、说明书等）；

（12）应急预案。

3. 通信杆路、管道维护

为了规范铁路通信杆路、管道维护检修工作，相部门规定了通信杆路、管道维护检修作业项目、内容及相关标准。

1）安全风险

（1）雷电天气禁止进行上道、登高巡检。

（2）作业前、中、后，严格执行“三不动”“三不离”“三不放过”及通信电路纪律“十不准”。

（3）上道必须穿戴防护服、反光带。

（4）需横跨铁路时，注意要“一停二看三通过”，严格执行“眼看、手比、口呼”制度。

（5）作业时必须按制定的行走路线行走，作业人员必须同进同出。

2)作业前准备

(1)编制作业计划,作业计划已审批下发。工长(或作业负责人)召开班前布置会,明确线路检修内容、检查作业人员须有登高作业证,作业人员有无不适合作业情况(如饮酒、发烧)、确认作业人员后填发派工单;作业人员检查、试验仪器仪表,维修工具准备齐全,并携带常用维修材料;需上道作业的人员按规定穿戴防护用品,携带防护用具,制定作业行走路线。

(2)作业人员检查工器具和材料是否良好、齐全、是否符合上线作业要求。

(3)有影响外单位业务的,需提前联系外单位调度,在得到对方允许的情况下方可进行。

(4)上道作业需安排驻站人员和安全防护员,按规定进行作业安全联络防护工作。

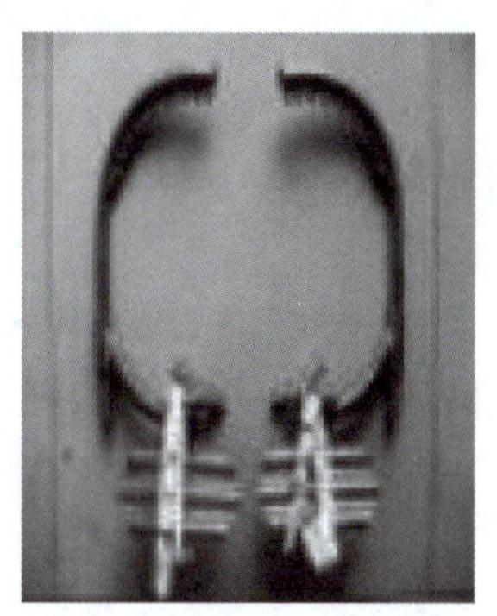

(a)脚扣

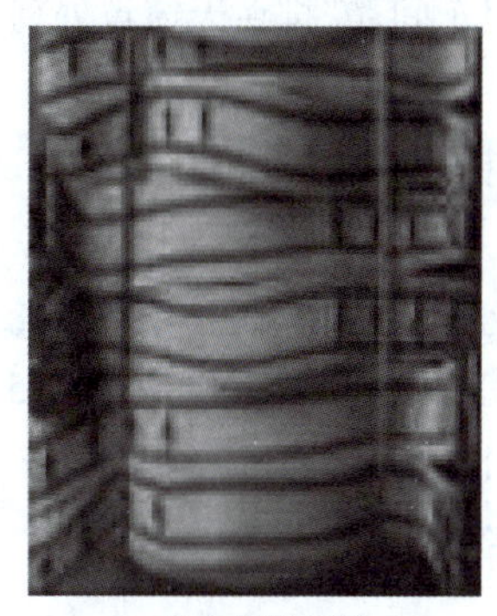

(b)保安皮带

图 4.2.1　施工安全器具

3)一级修

(1)巡视管道、槽道、杆路有无异状和外界影响,发现问题及时处理。

徒步巡视,桥、隧道、路基段槽道盖板齐全、稳固;直埋、包封径路无排水冲刷危害。

通信管道顶部至道路路面的埋深一般地段不小于 0.8 m;架空线路与其他设施、树木间最小水平净距不低于 0.5 m。

巡视杆路时,电杆随径路正直,电杆牢固整洁、电杆周围培土坚实牢固。木杆杆根周围 500 mm 内无杂草,无积水坑。普通土地带的电杆埋深不少于 1.3 m,并按要求做好相应的防腐处理。直线杆根部偏移小于根径的 1/2;顶部倾斜小于梢径;角杆根部内移一般为 100 ~ 300 mm。钢筋混凝土电杆,由于外力损伤造成横向裂纹宽度不超过 0.2 mm,长度不超过 2/3 圆周长。纵向裂纹不超过一条,宽度不超过 0.2 mm,长度不大于 1 m。裂纹宽度在 0.21 ~ 1.0 mm 的应进行修补或加强处理。

无外界施工或已按照施工协议配备安全监督员;巡视时遇到突发的临时性的施工时对光缆线路安全有影响的施工要现场要拉好防护带并配合到底,有困难或者独自难以处理的问题,即时报告车间及段调度。

(2)人孔井盖、手孔和槽道盖板的检查

紧固方面要求盖板和槽道间紧密合扣,间隙小于 1 mm,人力移动盖板时,无明显上下移位。抽除管道线路人孔内积水。要求人孔内积水不超过 10 cm;人孔内检修作业时需先通风确定已无有害气体存在,方可下孔内作业,作用和过程需保持通风,作业过程需有专人在井外防护。

(3)桥、隧、涵的槽道检查

通信复合槽的抱箍数量要求按 0.5 m 间距要有抱箍或不锈钢扎带。每块复合槽盖板有三处抱箍或不锈钢扎带固定，分别在两端、正中间位置，如有缺失则现场整改，用不锈钢卡带绑扎的方式在相应位置进行绑扎加固。

(4)漏缆径路检查

沿着漏缆径路砍青，确保无树枝、杂物等侵入缆身；巡视漏缆主承索、自承索、支架无锈蚀无松塌，漏缆吊夹无锈蚀脱落；巡视各隧道口的天线的外观强度、地线。

杆牢固整洁，杆身周围培土坚实牢固。天线杆垂直，杆身无裂痕。拉线上、中、下把缠绕紧密完好，张力平衡、无断股、无跳股、不松缓、地锚培土坚实、不浮起、无锈蚀、拉线上无攀藤植物。钢绞线拉线强度适合不松缓、锚爪紧固不松动。

发现问题及时汇报车间，安排在天窗点处理。

(5)通话试验

沿漏缆径路用对讲机与车站进行呼叫通话试验话音应清晰、良好。

4)二级修

(1)设施加固，桥隧涵水泥槽、防护钢管整修。

槽道盖板平整稳固无缺损，隧道口两端各 5 m 槽道盖板应用水泥勾缝。桥涵有防护、防盗措施，严禁防护钢管外露，钢槽入地处应砌护墩。

(2)整理、更换杆路挂钩、检修吊线。

5)登记确认

现场作业人员在“巡视记录本”登记，确认所有人员、机具、材料全部撤离至安全地带，查看现场设备无异常现象后离开。

6)记录总结

(1)作业负责人员对当次施工(天窗)作业质量标准、安全措施执行、联络防护等情况进行小结、点评。

(2)作业负责人总结注意事项，相关资料归档。

4. 架空通信光电缆线路维护

架空通信光电缆线路维护时应注意：雷电天气禁止进行上道、登高巡检或者在机房进行测试项目。作业前、中、后，严格执行“三不动”“三不离”“三不放过”及通信电路纪律“十不准”。上道必须穿戴防护服、反光带。需横跨铁路时，注意要“一停二看三通过”，严格执行“眼看、手比、口呼”制度。登高作业时注意人身安全。

1)作业前准备

(1)编制作业计划，作业计划已审批下发。工长(或作业负责人)召开班前布置会，明确线路检修内容、检查作业人员须有登高作业证，作业人员有无不适合作业情况(如饮酒、发烧)、确认作业人员后填发派工单；作业人员检查、试验仪器仪表，维修工具准备齐全，并携带常用维修材料；需上道作业的人员按规定穿戴防护用品，携带防护用具，制定作业行走路线。

(2)作业人员检查工器具和材料是否良好、齐全、是否符合上线作业要求。

(3)有影响外单位业务的，需提前联系外单位调度，在得到对方允许的情况下方可进行。

(4)上道作业需安排驻站人员和安全防护员，按规定进行作业安全联络防护工作。

2)登记联系

(1)涉及影响行车设备运行的，必须按规定指定一名联络员按规定时间在运统46(天窗点内作业）或“行车设备检查登记簿”（天窗点外作业）登记，到点后由联络员通知现场作业人员，方可进行作业。

（2）影响传输网且不影响行车设备运行的，须取得电务调度及通信中心的停机命令批复。

（3）均不影响设备正常运行的，按维修计划与维护规则执行。

3）一级修

（1）步巡检查长途通信明线路有无异状和外界影响，发现问题及时处理。

徒步巡视明线杆路有无侵线树枝、杂物、外界缆线；有无外界施工或已按照施工协议配备安全监督员；巡视时遇到突发的临时性的施工时对光缆线路安全有影响的施工要现场要拉好防护带并配合到底，有困难或者独自难以处理的问题，即时报告车间及段调度。

（2）巡视检查电杆、拉线、承力索、横担、终端杆引下钢管防护设施及线路附属设备。

主要检查电杆有无倾斜、根基是否牢固无腐蚀；横担有无锈蚀；承力索吊夹有无脱落。吊线无锈蚀，吊挂牢固，挂钩间距均匀无脱落，一般为 0.5 m；各股张力平衡无断股，无跳股，不松缓。

（3）车巡光缆径路：按规定的车次登乘机车，在机车上加强瞭望，发现有人（机械）在接近明线路上施工时，及时电话汇报调度或车间，具体里程可在 LKJ 上读出。巡视完后，到车间指定的地方向有关监控部门汇报，汇报时需说明登乘机车号、车次及发现的问题。

（4）核对现场实物和明线路平面示意图是否相符。在有人居住的线路区域开展护线宣传及对外联系工作，要求结合步巡时开展。

4）二级修

（1）明线绝缘电阻测试

①兆欧表使用前应作开路和短路试验。

②明线对地绝缘测试：测试的两极为明线、接地体。

将兆欧表的“接地”接线柱（即 E 接线柱）可靠接地（一般接到接地体上），将“线路”接线柱（即 L 接线柱）接到芯线路上，连接后，顺时针摇动兆欧表，转速逐渐加快，最终转速稳定在 120 r/min，当转速稳定，表的指针也稳定后，读出表盘数值。

（明线测试标准值为≥ 1 MΩ）

③明线路两线间绝缘测试：测试的两极为测试电缆任意两根芯线。

将兆欧表的 E 接线柱、L 接线柱接到被测线路的两根芯线上，连接后，顺时针摇动兆欧表，转速逐渐加快，最终转速稳定在 120 r/min，当转速稳定，表的指针也稳定后，读出表盘数值。

（测试标准值为≥1 MΩ）

测试时严禁对被测缆线带负载和带电；测试完后应立即对被测物进行放电。

测试时严禁带电测试。

（2）明线路环路电阻测试

①使用前将万用表的红色表笔接“VΩHz”端，黑色表笔接“COM”端。挡位选择“Ω”位置。

②线间环阻混线状态测试

将测试线对一端混线，用万用表在另一端测试并读数，得到混线时的环阻值。

（0.9 mm、0.7 mm、0.5mm 线径明线环阻标准值分别为 57 Ω/km、96 Ω/km、190 Ω/km）

③线间环阻测试时，测试开路状态。

将测试线对一端开路，用万用表在另一端测试并读数，得到开路时的环阻值。参考标准值应为无穷大,数字表显示“OL”字样。

5)登记确认

现场作业人员在“巡视记录本”登记,确认所有人员、机具、材料全部撤离至安全地带,查看现场设备无异常现象后离开。

6)记录总结

(1)作业负责人员对当次施工(天窗)作业质量标准、安全措施执行、联络防护等情况进行小结、点评。

(2)作业负责人总结注意事项,相关资料归档。

5. 直埋和管道通信光电缆线路维护

直埋和管道通信光电缆线路维护应注意:雷电天气禁止进行上道、登高巡检,或者在机房进行测试项目;作业前、中、后,严格执行“三不动”“三不离”“三不放过”及通信电路纪律“十不准”;上道必须穿戴防护服、反光带;需横跨铁路时,注意要“一停二看三通过”,严格执行“眼看、手比、口呼”制度。

1)作业前准备

(1)编制作业计划,作业计划已审批下发。工长(或作业负责人)召开班前布置会,明确线路检修内容、检查作业人员须有登高作业证,作业人员有无不适合作业情况(如饮酒、发烧)、确认作业人员后填发派工单;作业人员检查、试验仪器仪表,维修工具准备齐全,并携带常用维修材料;需上道作业的人员按规定穿戴防护用品,携带防护用具,制定作业行走路线。

(2)作业人员检查工器具和材料是否良好、齐全、是否符合上线作业要求。

(3)有影响外单位业务的,需提前联系外单位调度,在得到对方允许的情况下方可进行。

(4)上道作业需安排驻站人员和安全防护员,按规定进行作业安全联络防护工作。

2)登记联系

①涉及影响行车设备运行的,必须按规定指定一名联络员按规定时间在运统-46(天窗点内作业)或“行车设备检查登记簿”(天窗点外作业)登记,到点后由联络员通知现场作业人员,方可进行作业。

②影响传输网且不影响行车设备运行的,须取得电务调度及通信中心的停机命令批复。

③均不影响设备正常运行的,按维修计划与维护规则执行。

3)一级修

(1)巡视光电缆径路有无异状和外界影响,发现问题及时处理。

①徒步巡视(并随身携带巡检监控终端),桥、隧道、路基段直埋、包封径路无排水冲刷危害。

②无外界施工或已按照施工协议配备安全监督员;巡视时遇到突发的临时性的并对光缆线路安全有影响的施工要现场配合到底,有困难或者独自难以处理的问题,即时报告车间及段调度。

(2)巡视检查标石,手孔,桥.隧.涵线路防护设施及线路附属设备。

①直埋线路起点、终点、转弯、余留、过道处标石数量足够、稳固。

②标石顶部标志符合以下要求:直通标顶部“ - ”,预留标顶部“Ω”,过轨拐弯标顶部“┘”,分歧标顶部“┴”,接头标顶部“→←”。标石及警示牌联系电话准确、清晰。

③清除标桩(含警示牌)周边杂草,以及标石的扶正、培固。作业时携带除草和培土工具,要求周围0.5 m^2 范围内无杂草、杂物。

④核对现场实物和光电缆平面示意图是否相符。在有人居住的线路区域开展护线宣传及对外联系工作，要求每月开展一次。

(3)试验区间通话柱各项通话业务及区间其他联络电话。

①现场作业人员逐台检查通话柱外观紧固程度，固定部件有无松动缺失。

②现场作业人员逐台通话柱的话机是否良好，清扫灰尘；用皮包机配合室内试验摘机、呼出、呼入、通话、挂机功能，试验事故救援线的通话质量。

③长大隧道内应急电话分机紧固检查及功能试验。现场作业人员逐台检查分机外观紧固程度，固定部件有无松动缺失；配合室内总机试验摘机、呼出、呼入、通话、挂机功能。

(4)车巡光缆径路

按规定的车次登乘机车(并随身携带巡检监控终端)，在机车上加强瞭望，发现有人(机械)在接近光缆上施工时，及时电话汇报调度或车间，具体里程可在 LKJ 上读出。巡视完后，到车间指定的地方向有关监控部门汇报，汇报时需说明登乘机车号、车次及发现的问题。

(5)光纤保护设备(OLP)检修(点内项目)

①设备清洁、检查状态：对 OLP 设备浮灰进行全面清扫，以免堆积灰尘过多，影响设备散热，检查设备运行状态，检查"信号通信"。

②设备纤、线结点检查：对设备各纤、线、缆与设备之间各连接头进行检查，确认各连接头连接紧固、无松动，各纤、线、缆、设备无裂化等伤痕。

③网管数据核对、初始数据比对：当前网管数据与前期初始光功率进行比对，业务光功率、线路检测光功率无大的变化，小波动时要确认是否光缆裂化的正常指标值。

④数据备份存盘：及时对 OLP 网管数据库进行备份存盘，后期网管系统出现故障时便于及时恢复。

⑤ OLP 倒换功能：做主备路由切换、入光锁定功能。

⑥断电不断业务：对整个机框停，使 OLP 在断电状态，由网管中心检看传输的运行情况。

⑦基本参数修改：对各门限值重新设定、修改。

4)二级修

(1)径路探测确认，除草、培土、捣固。

(2)电气化区段电缆屏蔽保护地线测试整治检查。

(3)电缆标石、警示牌补充。线路标桩、警示牌埋设位置准确、标志清楚、正直完整，直线标以 50 m 距离为宜，拐弯、过轨、沟、上下坡视地形而定。

(4)设施加固，桥隧涵水泥槽、防护钢管整修。槽道盖板平整稳固无缺损，隧道口两端各 5 m 槽道盖板应用水泥勾缝。桥涵有防护、防盗措施，严禁防护钢管外露，钢槽入地处应砌护墩。

(5)埋深检查及一般下沉地段培土捣固。普通土埋深≥1.2 m，地形限制地段采用钢管防护，径路水泥补强方式。

(6)光电缆埋深不够、径路塌陷填充及护坡整修。

水土流失地段及护坡采用新砌护墙防护方式。径路塌陷地面采用水泥硬化，硬化标准宽度和厚度以 50 cm×15 cm 为宜。

(7)径路塌陷填充：补充泥土，砌砖防止泥土流失。

(8)光缆衰耗不合格点的处理。(点内项目)

①当发现光通道衰耗增大或者后向散射曲线上有大台阶(大于0.5 dB)时,作为不合格衰耗点。

②衰耗点在接头内,利用余留缆长重新开剥熔接。

③衰耗点在本缆且无余留时,采用充缆方式(200 m),割接故障段光缆线路。

(9)光缆接头盒,电缆分线箱整修。(点内项目)

光缆接头盒密封性能劣化导致绝缘电阻下降,采用更换密封胶条或者接头的方式。

5)销记确认

(1)现场作业人员确认所有作业设备运行良好,与网管确认无异常。

(2)现场作业人员在"巡视记录本"和"电缆测试记录本"记录相关信息,确认所有人员、机具、材料全部撤离至安全地带,查看现场设备无异常现象后离开。

(3)驻站联络员在运统46或"行车设备检查登记簿"上销记。

6)记录总结

(1)作业负责人员对当次施工(天窗)作业质量标准、安全措施执行、联络防护等情况进行小结、点评。

(2)作业负责人总结注意事项,相关资料归档。

13. 通信光缆故障处理及接续流程

课程	通信线路	模块	通信线路维护
班级		姓名	

活页笔记

自我分析与总结：

课程	通信线路	模块	通信线路维护
班级		姓名	

理论测试

一、填空题

1. 根据故障光缆光纤阻断情况,可将故障类型分为__________、__________、__________三种。

2. 引起光缆线路故障的原因大致可以分为四类:________、________、________、________。

3. 故障处理的总原则是:__________;__________;先本端,后对端;先网内,后网外,分故障等级进行处理。

4. 一根或几根光纤原接续点损耗增大、断纤最常见发生的位置是在__________。

5. 雷害严重的区域,光缆可采用__________或__________的结构形式。

6. 在雷暴日数小于__________,且大地电阻率__________的地区,可以不采用任何接地措施。

7. 铁路通信线路包括__________、__________、__________及__________;按业务用途分为__________、__________线路。

8. 铁路通信线路中非通信部门使用的回线或光纤由__________负责。

9. 涉及影响行车设备运行的,必须按规定指定一名联络员按规定时间在______________或______________登记,到点后由联络员通知现场作业人员,方可进行作业。

10. 影响传输网且不影响行车设备运行的,须取得____________及____________批复。

二、问答题

1. 简述通信线路维护的基本特点。
2. 简述光缆线路故障的原因。
3. 简述光缆线路故障处理原则。
4. 简述光缆线路故障修复流程。
5. 简要描述铁路通信线路与其他专业的维护分界。
6. 什么是“三不动”“三不离”“三不放过”及通信电路纪律“十不准”?
7. 通信管道维护二级修包括哪些内容?
8. 架空通信光电缆线路维护一级修包括哪些内容?
9. 直埋通信光电缆线路维护一级修、二级修分别包括哪些内容?

实 操

1. 以直埋和管道通信光电缆线路维护二级修为例,指定学生分别扮演作业负责人、作业人员、车站人员、驻站联络员等,对作业流程管理过程进行模拟,对施工(天窗)作业质量标准、安全措施执行、联络防护等情况进行小结、点评。

课程	通信线路	模块	通信线路维护
班级		姓名	

任务与考核

任务名称		通信线路维护		
任　务	知识技能目标	考核项目	自我评价	教师评价
通信线路维护	1. 了解通信线路维护的基本任务和特点; 2. 熟悉通信光缆维护及防护要求; 3. 掌握光缆线路故障的判断和处理	通信线路维护的基本任务和特点(15 分)		
		光缆线路故障的判断和处理(15 分)		
		通信光缆维护及防护要求(20 分)		
铁路通信线路维护	掌握铁路通信线路维护特点	铁路通信线路维护一般规定(10 分)		
		铁路通信线路维护设备管理(10 分)		
		通信杆路、管道维护(10 分)		
		架空通信光电缆线路维护(10 分)		
		直埋和管道通信光电缆线路维护(10 分)		
总分				

模块5　通信线路仪器仪表

引　言

在通信线路施工与维护过程中，会用到相关仪器仪表。本模块对常用仪器仪表使用与维护全面系统地介绍，介绍了各种常用检测仪器仪表的基本结构、适用场合、功能特点以及基本操作使用方法。重点介绍了熔接机、光时域反射仪、光源、光功率计等仪器种类特点与其典型仪器的按钮功能，以及在调试、维修和测量过程中的实际应用。

学习目标

1. 掌握光纤熔接机的特点及使用方法，能熟练使用光纤熔接机进行光纤接续；
2. 掌握 OTDR 的测试原理，能正确使用 OTDR 进行光纤测试并对常见现象进行分析；
3. 掌握光源和光功率计的使用方法；
4. 掌握光缆故障追踪仪的使用方法；
5. 掌握地阻仪使用方法。

职业素养

1. 应具有分析与综合、逻辑与抽象、继承与创新的思维能力；
2. 具有创新、创业和创造的“三创”能力，具备运用创造性思维，独立自主地发现问题、分析问题和解决问题的初步能力；
3. 养成团队合作，解决问题的意识与习惯。

任务5.1　光纤熔接机原理及操作

光纤熔接机主要用于光通信中光缆的施工和维护。其工作原理是利用高压电弧将两光纤断面熔化的同时用高精度运动机构平缓推进让两根光纤融合成一根，以实现光纤模场的耦合。普通光纤熔接机一般是指单芯光纤熔接机，除此之外，还有专门用来熔接带状光纤的带状光纤熔接机，熔接皮线光缆和跳线的皮线熔接机，和熔接保偏光纤的保偏光纤熔接机等。本文主要解释单芯光纤熔接机。

1. 光纤熔接机的工作原理

光纤熔接机主要用于光通信中光缆的施工和维护，所以又叫光缆熔接机。一般工作原理是利用高压电弧将两光纤断面熔化的同时用高精度运动机构平缓推进让两根光纤融合成一根，以实现光纤模场的耦合。

普通光纤熔接机一般是指单芯光纤熔接机，除此之外，还有专门用来熔接带状光纤的带状光纤熔接机,熔接皮线光缆和跳线的皮线熔接机,和熔接保偏光纤的保偏光纤熔接机等。本教材在这里主要讨论单芯光纤熔接机。

1)光纤的熔接

光纤熔接机的熔接原理比较简单,首先光纤熔接机要正确地找到光纤的纤芯并将它准确地对准,然后通过电极间的高压放电电弧将光纤熔化再推进熔接,如图 5. 1. 1 所示。

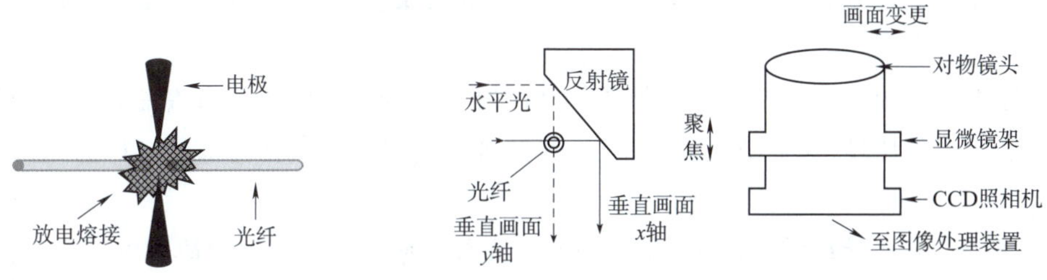

图 5. 1. 1　光纤熔接　　图 5. 1. 2　轴芯直视法的光学系统

2)光纤的对准

如图 5. 1. 2 所示,当平行光从侧面照射到光纤上时,由于光纤产生折射,可以观察到纤芯和包层以及包层和空气之间的明暗图像,移动显微镜可以观察到光纤的水平及垂直画面。通过物镜被聚焦到电荷耦合器上,得到模拟视频信号,再通过模/数转换电路,变为数字信号。通过熔接机内的微处理器对图像进行处理和识别,从而可以直观显示纤芯和包层的对准情况。

2. 光纤熔接机的结构及操作

1)光纤熔接机的基本结构

光纤熔接机主要由熔接主机、按钮控制面板、防风盖、加热槽、高清显示屏、电池、提手等组成。

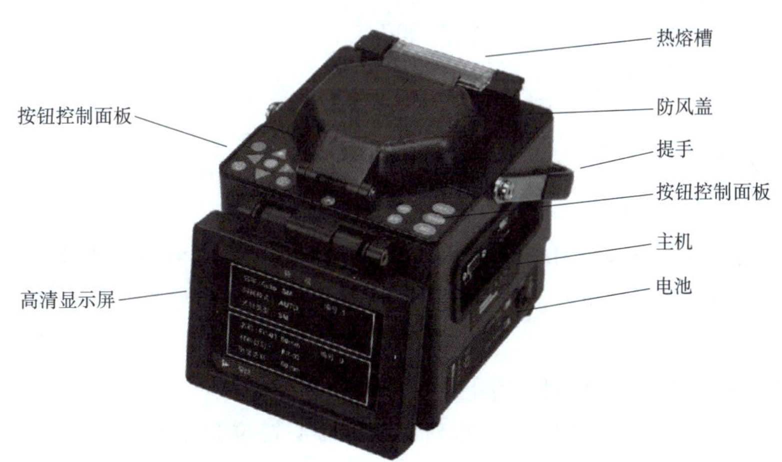

图 5. 1. 3　光纤熔接机结构图

2)光纤接续流程

(1)光纤接续的准备工作,包括开架好工作台、准备光缆接头盒/终端盒、开剥光缆,并将光缆固定到盘纤架上,用酒精擦干净光纤上的油膏等。

(2)将剥开后的光纤分别穿过热缩管。不同束管、不同颜色的光纤要分开,分别穿过热缩管。

(3)打开熔接机电源,选择熔接方式,一般光纤熔接机的默认模式为 SM 模式,光纤常见类型规格有:SM、MM、DS 等,要根据不同的光纤类型来选择合适的熔接方式(部分光纤熔接机有自动识别光纤的功能,可自动识别各种类型的光纤)。

(4)制备光纤端面。用米勒钳剥去光纤末端涂覆层,剥去长度 20 mm 左右,再用沾用酒精的清洁麻布或棉花在裸纤上擦拭几次,用光纤切割刀切割光纤。单模光纤,切割后剥去涂覆层的裸纤的长度为 8 ~ 16 mm。光纤端面制作的好坏将直接影响熔接质量,所以在熔接前必须制备合格的端面。

(5)将制备好的光纤放入熔接机 V 形槽内,光纤端面应距放电电极 1 mm 左右,然后轻轻地盖上光纤压板,合上光纤压脚,盖上防风盖。注意:请勿将光纤端面触及任何部位,以免弄脏或损坏光纤。

(6)接续光纤。按下接续键后,光纤相向移动,当光纤端面之间的间隙合适后熔接机停止相向移动,设定初始间隙,熔接机测量,并显示切割角度。在初始间隙设定完成后,开始执行纤芯或包层对准,然后熔接机减小间隙(最后的间隙设定),高压放电产生的电弧将左、右两边光纤熔接,最后微处理器计算损耗并将数值显示在显示器上。

(7)取出光纤并用加热器加固光纤熔接点。打开防风罩,将光纤从熔接机上取出,再将热缩管移动到熔接点的位置,放到加热器中加热,加热完毕后从加热器中取出光纤。操作时,由于温度很高,不要触摸热缩管和加热器的陶瓷部分。

(8)盘纤并固定。将接续好的光纤盘到光纤收容盘上,固定好光纤、收容盘、接头盒、终端盒等,操作完成。

3. 影响光纤熔接的因素

影响光纤熔接衰耗的因素较多,可分为光纤本征因素和非本征因素两类。

1)光纤本征因素是指光纤自身因素,主要有四点。

(1)光纤模场直径不一致。

(2)两根光纤芯径失配。

(3)纤芯截面不圆。

(4)纤芯与包层同心度不佳。

其中光纤模场直径不一致影响最大,按 CCITT(国际电报电话咨询委员会)建议,单模光纤的容限标准如下:模场直径:(9 ~ 10 μm)(1 ± 10%),包层直径:125 ± 3 μm;模场同心度误差≤6%,包层不圆度≤2%。

2)影响光纤接续损耗的非本征因素即接续技术。

(1)轴心错位:单模光纤纤芯很细,两根对接光纤轴心错位会影响撞续损耗。当错位 1.2 μm 时,接续损耗达 0.5 dB。

(2)轴心倾斜:当光纤端面倾斜 1°时,约产生 0.6 dB 的接续损耗,当接续要求损耗≤0.1 dB,单模光纤的倾斜角应≤0.3 °。

(3)端面分离:当熔接机的放电电压较低时,容易产生端面分离,此情况一般在熔接后的拉力测试中可以发现。

(4)端面质量:光纤的端面平整度对熔接的损耗有明显影响,严重时会产生气泡。

3)其他因素的影响

接续人员的操作水平、操作步骤、盘纤工艺水平、熔接机的电极清洁程度、熔接参数的设置、工作环境的清洁程度等均会影响到熔接损耗值。

4. 光缆接续工法

光缆接续工法适用于铁路沿线、长途光缆骨干网、直埋式光缆、管道光缆、架空光缆及机房终端、接入网等等的接续和测试,还可以用于光缆的分歧及成端的接续和测试。

1)光缆接续测试用主要机具

光缆接续测试用主要机具见表5.1.1。

表5.1.1 光缆接续测试用主要机具

序号	名　称	单位	数量	主要用途
1	光纤接机	台	1	光纤接续
2	光时域反射仪(OTDR)	台	1	后向散射法测光纤损耗
3	光源	台	1	介入损耗法测光纤损耗
4	光功率计	台	1	介入损耗法测光纤损耗
5	仪表车	台	1	搬运仪表机具
6	磁饱和稳压器	台	1	稳压电源
7	发电机	台	1	工作发电
8	V型槽或光纤接续子	个	2	接续测试
9	光缆切割器	台	1	切断光缆
10	管切割刀	把	1	切割光缆铝护套
11	LAP护层切割刀	把	1	切割LAP护层
12	二次被覆层开剥钳	把	1	开剥二次被覆层
13	光纤切断器	只	1	制备光纤接续端面
14	宝石刀	把	1	测试端切割光纤用
15	充气帐篷	顶	1	保护接续部位环境
16	光纤接续工具	套	1	
17	组合工具	套	1	
18	喷灯	把	1	
19	量规	把	1	测量缠包密封带
20	三通(带气压表)	只	1	密封检查
21	气筒	个	1	接头充气
22	皮老虎	只	1	帐篷充气
23	工作台	张	1	放置接续机具
24	光缆接头盒用附件	套	1	光缆接续

2)施工工艺

(1)工艺流程图

工艺流程图如图5.1.4所示。

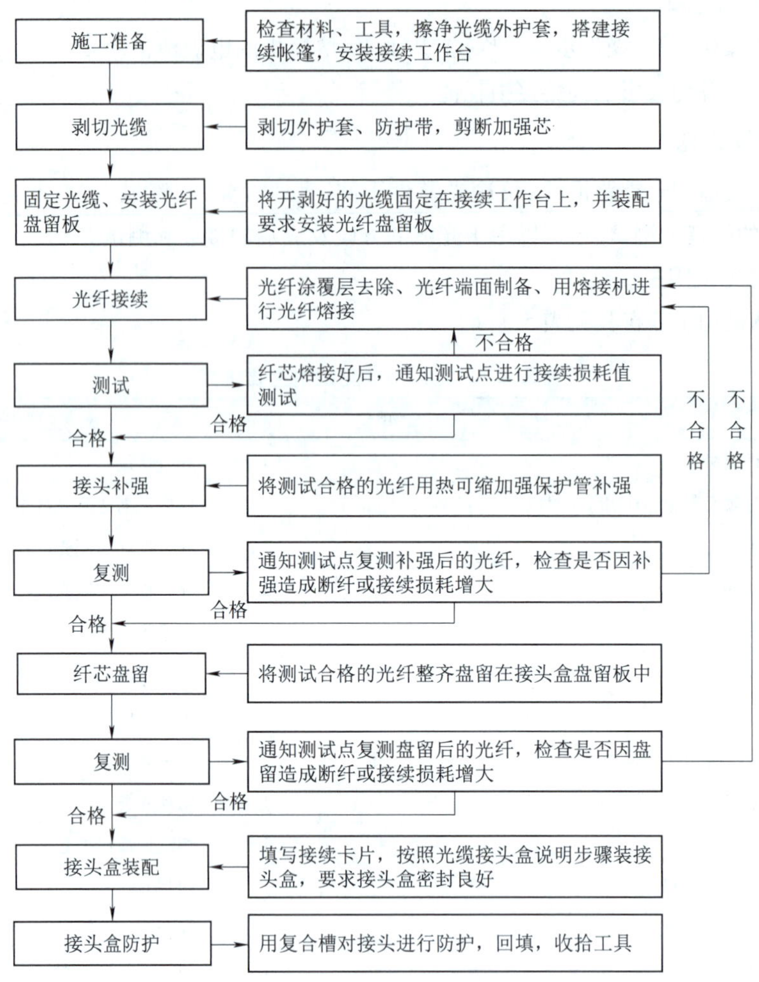

图 5.1.4　光缆接续流程图

(2) 工艺操作

①准备工作。

②开剥和架设光缆。

③接地铜管及螺旋卡箍的安装。

④切割骨架、清洗石油膏。

⑤安装盘留板。

⑥测试及接续工具安置。

⑦光纤被覆层开剥。

⑧光纤的切割和接续。

a. 按照光纤切割刀使用说明书中规定使用方法，对接续点光纤进行切割。

b. 对光纤切割部分及 V 形槽进行清洁处理。

c. 光纤放入熔接机 V 形槽内，沿 V 形槽小心放下磁性压板。光纤伸出 V 形槽尖端长度见熔接

机说明书要求。

d. 将光纤固定后，在加强芯和大地间接上电话，通知测试端准备接续操作。

e. 注意观察两根光纤端面的质量及检查光纤是否处于两电极之间。如发现光纤切割端面有如图5.1.5所示缺陷之一者要重新切割。单模光纤端面角度要求不大于0.5°，若大于0.5°时光纤端面应进行重新切割。

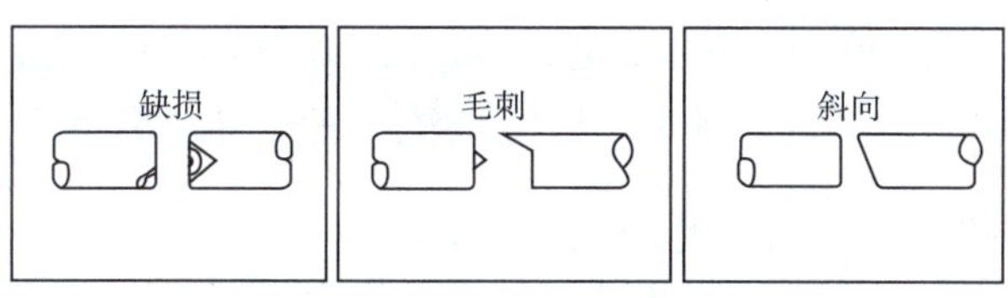

图5.1.5　光纤切割端面缺陷

f. 按照光纤熔接机使用说明书操作程序进行熔接操作。

g. 按说明书规定，按下熔接按键，完成光纤熔接。

⑨光纤接续测试。

a. 光纤接续完成后应对接头进行检查，如光纤接头存在图5.1.6中所列缺陷，则必须重新接续。

b. 在测试点，将尾纤接入OTDR，尾纤的另一端1 km左右裸光纤，再通过V形槽与被测光纤连接。

c. 接续点接完一根光纤后，先由熔接机本机测出接头损耗，如不符合要求，应重新接续，符合要求则通知测试点用OTDR测试光纤接头损耗。

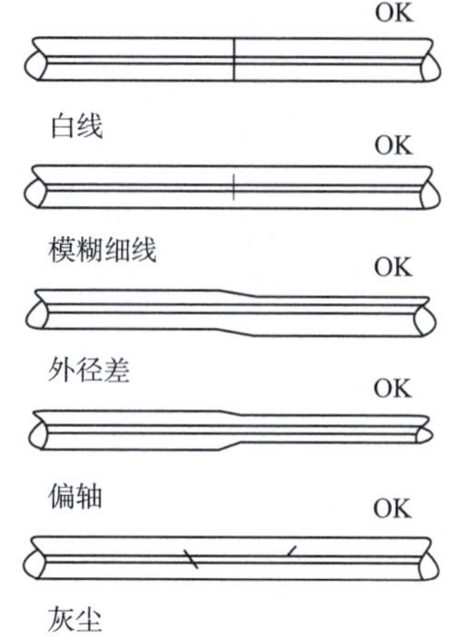

图5.1.6　光纤接头缺陷

⑩光纤接头加强管安装。

光纤接续完后，应用热可缩加强管进行补强。

⑪光纤的盘留。

a. 盘留板盘绕弯曲半径不应造成附加损耗。

b. 各加强管应排列整齐。

⑫接头盒两端光缆缠包密封带。

⑬接头盒组装。

严格按照接头盒安装操作细则。

⑭密封检查。

检查中，如发现漏气，应重新安装。

任务5.2　光时域反射仪(OTDR)原理及操作

光时域反射仪(Optical time-domain reflectometer，OTDR)(以下简称OTDR)是光纤测试的主要仪表，它的主要功能包括：

(1)长度测试：例如单盘测试长度、光纤链路长度。

(2)定位测试：如光纤链路中的熔接点、活动连接点、光纤裂变点、断点等的位置。

(3)损耗测试：以上所述各种事件点的连接、插入、回波损耗，单盘或链路的损耗和衰减。

(4)特殊测试:例如据已知长度光纤推测折射率等。除了测试功能外,它还能实现光纤档案存储、打印以及当前历史档案对比等功能。

1. OTDR 工作原理

OTDR 利用激光光源向被测光纤注入光脉冲,光脉冲将沿光纤传输,背向瑞利散射光和菲涅尔反射光将沿光纤不断返回入射端,通过检测背向光的大小和到达时间,就能测量出光纤的传输特性、长度及故障点位置等,这种测试方法又称背向散射法。OTDR 正是利用其接收到的背向散射光强度的变化来反映被测光纤上各事件损耗的大小及事件点的位置,如图 5.2.1 所示。

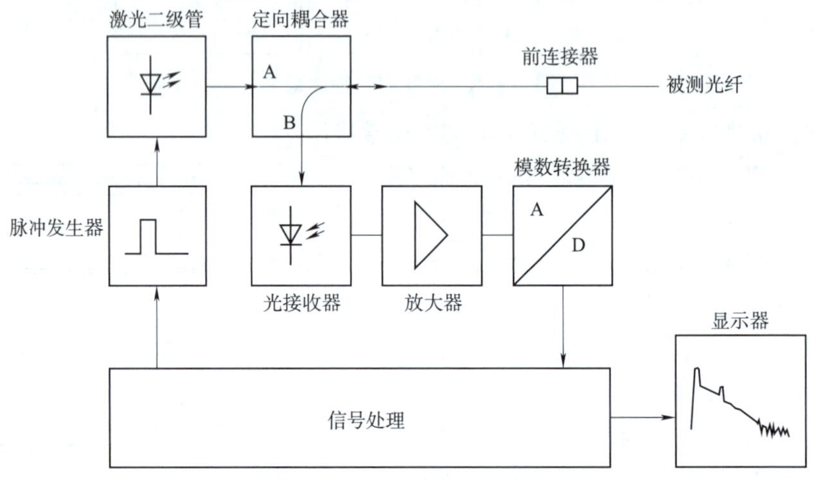

图 5.2.1　OTDR 工作原理图

用 OTDR 进行光纤测量可分为三步:参数设置、数据获取和曲线分析。

2. 人工设置测量参数

(1)波长选择(λ):因不同的波长对应不同的光线特性(包括衰减、微弯等),测试波长一般遵循与系统传输通信波长相对应的原则,即系统开放 1 550 波长,则测试波长为 1 550 nm。OTDR 一般具备 1 310 nm 和 1 550 nm 两种波长选择,正常在光纤中要求两个波长都进行测试。

(2)脉宽(Pulse Width):脉宽越长,动态测量范围越大,测量距离更长,但在 OTDR 曲线波形中产生盲区更大;短脉冲注入光平低,可减小盲区,但脉宽过小容易在被测光纤的末端产生噪声,如图 5.2.2 所示。脉宽周期通常以 ns 来表示,常用的脉宽设置见表 5.2.1。

表 5.2.1　常用脉宽设置表

测试对象	脉宽设置(ns)	备　注
单盘测试	100	可以利用反射峰的尖锐程度来简单判读脉宽设置是否合适,有时候链路衰耗过大可以选用高一挡脉宽
40 km 以下	300	
50 ~ 80 km	500	
80 km 以上	1 000	

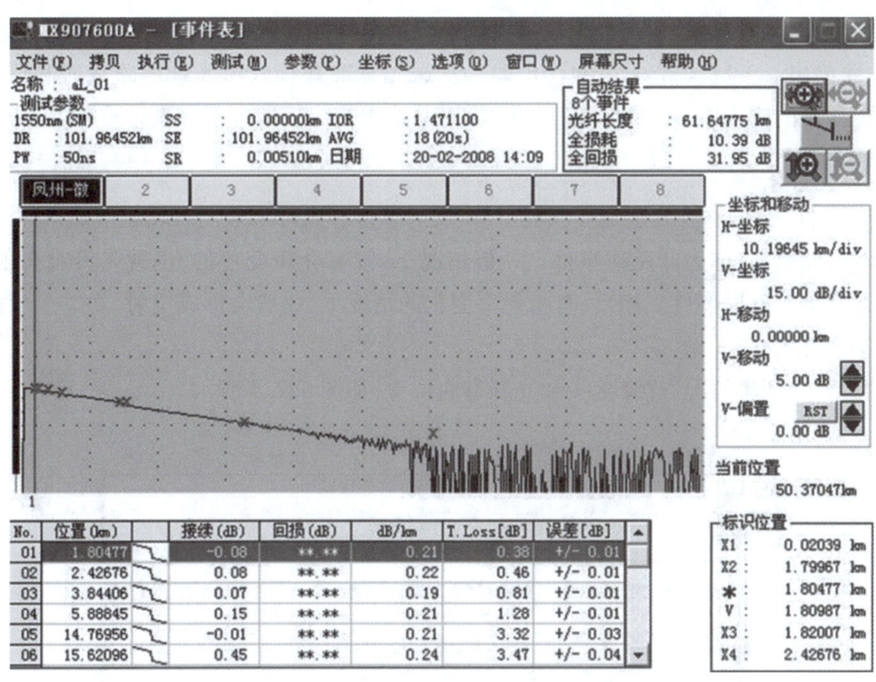

图 5.2.2　脉宽设置

(3)测量范围(Range):OTDR 测量范围是指 OTDR 获取数据取样的最大距离,此参数的选择决定了取样分辨率的大小。最佳测量范围为待测光纤长度 1.5~2 倍距离之间,如图 5.2.3 所示。

(4)平均时间:由于后向散射光信号极其微弱,一般采用统计平均的方法来提高信噪比,平均时间越长,信噪比越高。例如,3 min 的获得取将比 1 min 的获得取提高 0.8 dB 的动态。但超过10 min 的获得取时间对信噪比的改善并不大。一般平均时间不超过 3 min。

(5)光纤参数:光纤参数的设置包括折射率 n 和后向散射系数 η 的设置。

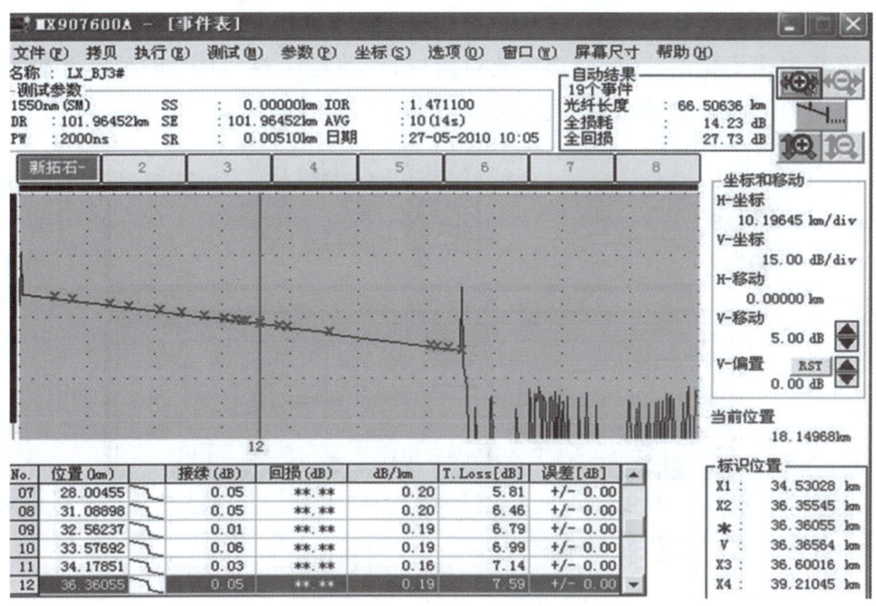

图 5.2.3　测量范围设置

折射率参数与距离测量有关,后向散射系数则影响反射与回波损耗的测量结果,这两个参数通常由光纤生产厂家给出。参数设置好后,OTDR 即可发送光脉冲并接收由光纤链路散射和反射回来的光,对光电探测器的输出取样,得到 OTDR 曲线,对曲线进行分析即可了解光纤质量。

3. 事件分类

OTDR 的事件表有三种,分别是非反射事件、反射事件和光纤末端。有反射值的事件,都称之为反射事件;没有反射的,称为非反射事件。一般情况下,没有介质变化的,也就是没有折射率变化,没有反射,是一个非反射事件。相反,有折射率变化的情况下,一般会形成反射。

(1)非反射事件

非反射事件有两种情况,光纤接头和光纤弯曲位置,如图 5.2.4 所示。

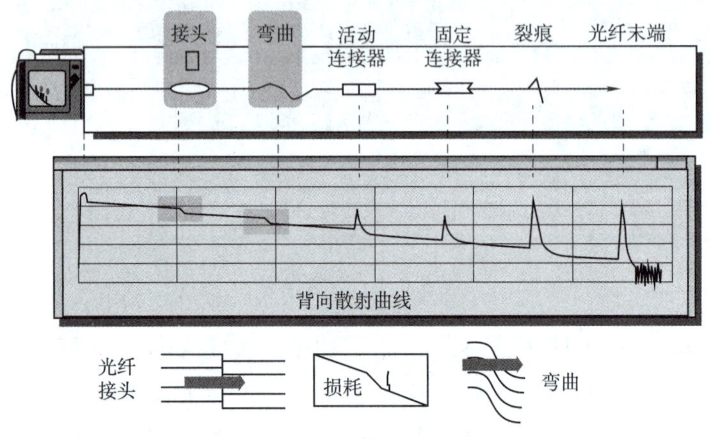

图 5.2.4　非反射事件

光纤熔接时在熔接点和弯曲位置光纤的损耗会增大,在 OTDR 的事件表上表示为有一个损耗事件。

(2)反射事件

光纤在有折射率变化的位置,会形成放射,包括活动连接器、固定连接器、光纤裂痕等,如图 5.2.5 所示。在形成反射事件时,光信号都会伴随着发生损耗。

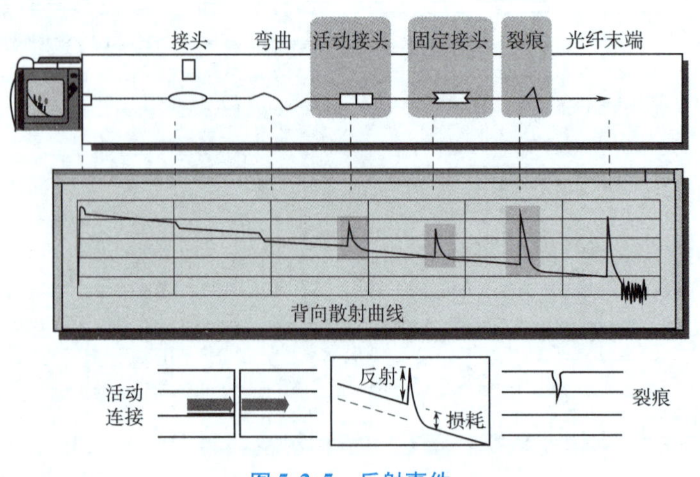

图 5.2.5　反射事件

光纤通过连接器相连时，理论上两个连接器端面可以弯曲耦合，但实际上很难做到，他们中间会有一条非常小的间隙，光线通过连接器时会形成反射。

在这里我们应该特别注意一个 APC 连接，与 UPC 连接相比，APC 连接的位置没有反射尖峰，只有一个损耗落差。这是因为光在通过 UPC 连接时产生的反射会原路返回，而 APC 连接物理接触面设计为斜 8°角，光在通过的时候产生的反射会直接进入包层，从而消失，不会对链路中原有的光信号产生干扰，所以说，APC 连接并非不产生反射，而是反射光无法返回 OTDR 而已。目前大部分光纤所使用的都是 UPC 连接。

(3) 光纤末端

光纤末端是一个比较特殊的存在，它表示光纤的终点，一般情况下在光纤末端会形成反射事件，而且是一个比较强烈的反射峰，如图 5.2.6 所示。但是在光缆被外力拉断等情况下，光纤末端端面通常是不规则的端面，末端的反射峰很小或者是根本没有反射峰，我们经常用光纤末端的图形来判断光缆的故障性质。

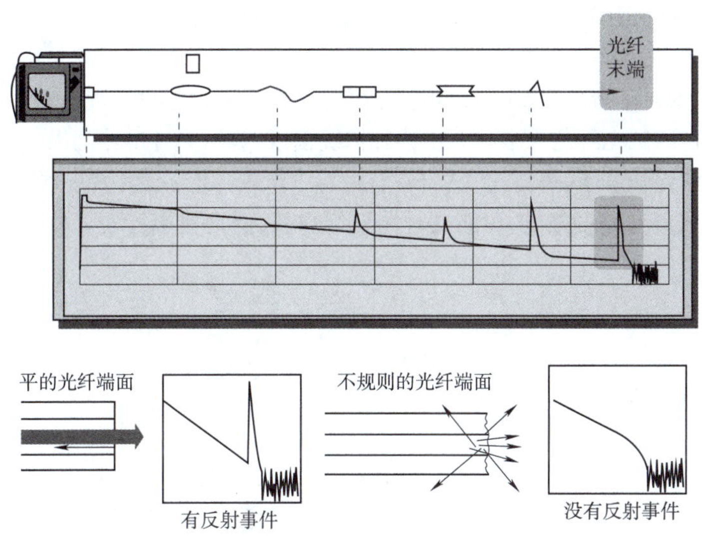

图 5.2.6　光纤末端

4. OTDR 曲线分析

1) 正常曲线

在光纤测试中，一般都是正常的曲线，在曲线的起始处有一个大的反射峰，这是前端连接器形成的反射峰，到反射峰的末端 A 位置是测试的盲区，B 为测试末端的反射峰。测试曲线为倾斜的，随着距离的增长，总损耗越来越大。A-B 间的损耗就是被测试链路的总损耗(dB)，它除以总距离(km)就是该段纤芯的平均损耗(dB/km)，如图 5.2.7 所示。

2) 测量距离过长

在反射曲线的末端曲线的噪声越来越大，没有出现反射峰。这种情况一般是出现在测试长距离的纤芯时，OTDR 所不能测到的纤芯末端，或者是距离、脉冲设置过小而产生的。应当把测试距离、脉冲调大，以达到全段测试的目的，稍微加长测试时间也是一种办法，如图 5.2.8 所示。

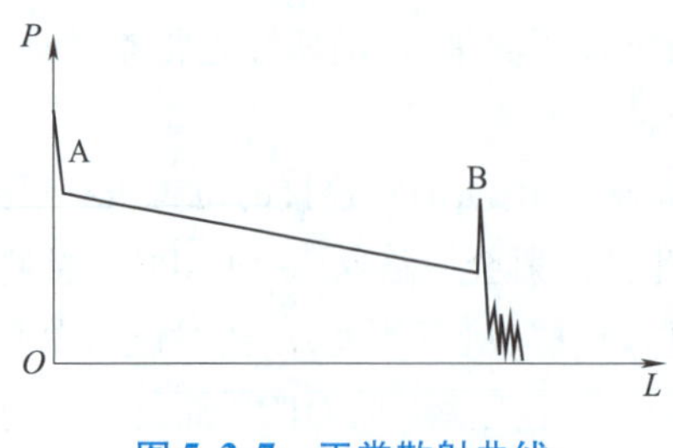

图 5.2.7　正常散射曲线

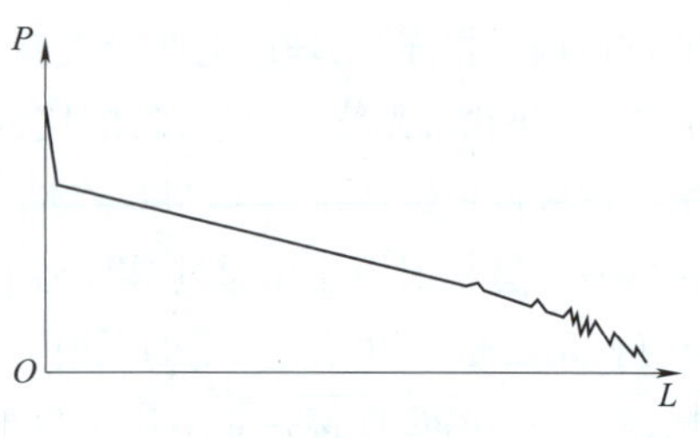

图 5.2.8　测量距离过长

3)无反射曲线

没有出现反射峰,几乎没有背向散射曲线。出现图 5.2.9 中这种情况,有可能是仪表的尾纤没有插好,或者光脉冲根本打不出去,再有就是断点位置比较近,测试的距离、脉冲设置又比较大,看起来像光根本没有打出去。这时应该检查尾纤的连接情况,再有就是 OTDR 的设置,如果尾纤连接良好,把距离、脉冲调到最小还出现这种情况,就可以判断:可能是尾纤或 OTDR 上的适配器有问题,如果更换尾纤、擦洗适配器仍出现该问题,就需要就近查看纤芯。

4)有断点

如图 5.2.10 所示,在测试曲线的末端没有出现反射峰,出现这种情况分两种情况:一是在测试光纤的中间,二是在测试光纤的末端。无论哪种情况出现,表示光纤链路均出现故障。

(1)出现在被测光纤链路中间位置,光纤在该位置中断或者是在该位置出现打折,出现强烈弯曲。

(2)出现在测光纤链路的末端,可能是对端尾纤损坏,需到对端检查。检查方式参考上条无反射曲线。

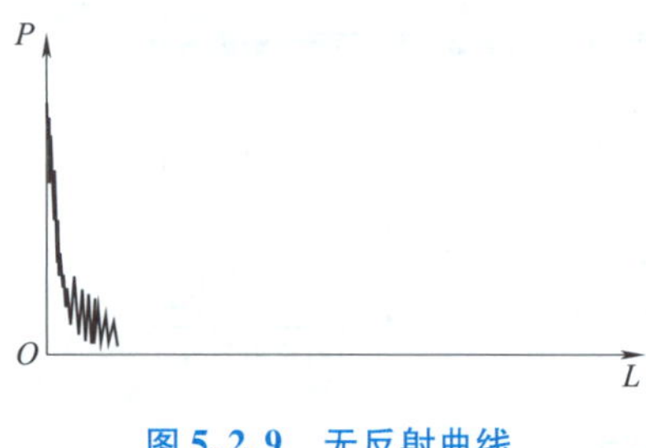

图 5.2.9　无反射曲线

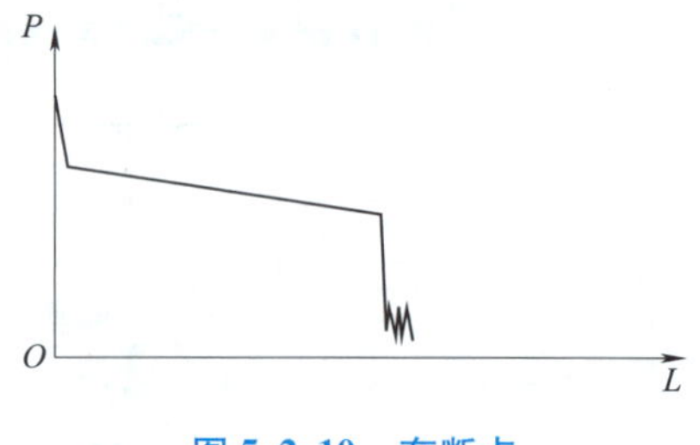

图 5.2.10　有断点

5)中间有反射峰

中间有反射峰,可能是中间是一个跳接点。如图 5.2.11 所示。

6)中间有台阶

这种情况较常见,曲线中间出现一个明显台阶,多数为该光纤打折、弯曲半径过小、受外界损伤等因素,多为故障点,如图 5.2.12 所示。

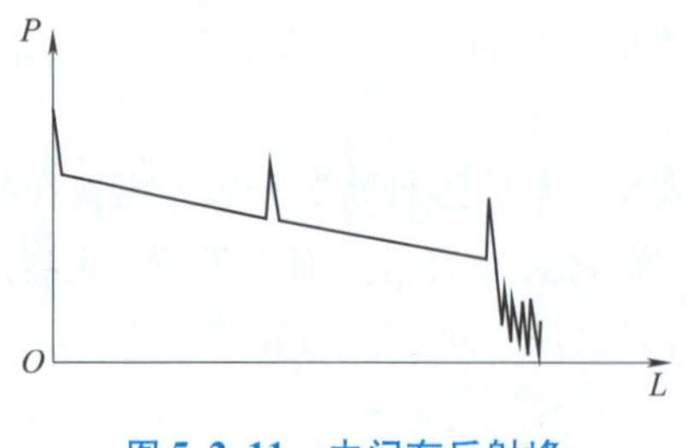

图 5.2.11　中间有反射峰

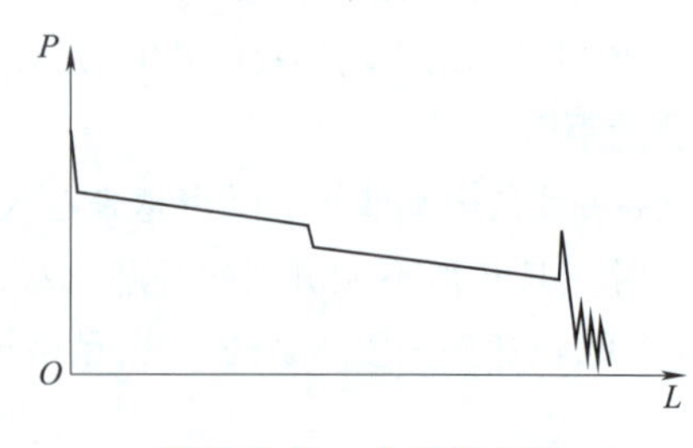

图 5.2.12　中间有台阶

7)光纤接头处“正、负台阶”现象分析

在测试中,经常出现图5.2.13中所示的中间“上”有台阶的情况。一般情况,两根光纤的参数不可能完全相同,因而其背向散射系数也不可能相同,如果两根光纤的模场直径(MFD)、相对折射率差不同,则两端的背向散射系数会有较大差异。由于OTDR测量光纤衰耗采用的是后向散射法原理,从光纤的任何一端测出的值均包括:光纤的熔接损耗值和由两根光纤模场直径差异造成的附加值。

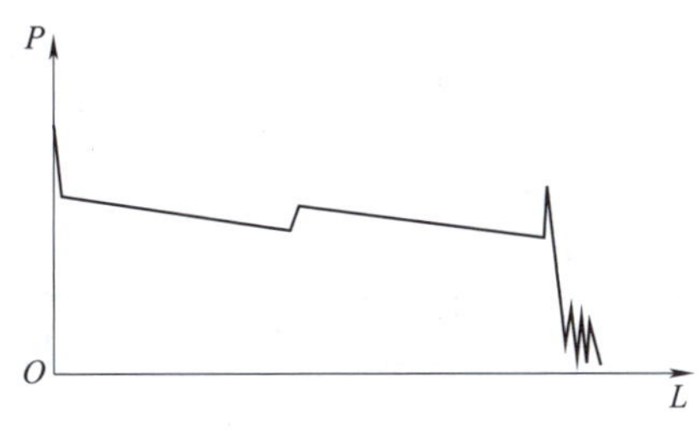

图5.2.13 中间“上”有台阶

熔接损耗值主要是由两根光纤的参数不同以及施工工艺造成的,该值正是我们需要得到的数值。

附加值是由两根光纤模场直径差异造成的。因为小模场直径光纤传导后向散射光的能力比大模场直径光纤的能力强,所以当这两种直径的光纤熔接时,用OTDR测试熔接损耗就会产生附加值,这是由OTDR的测量原理决定的。若从大模场直径光纤向小模场直径光纤方向测试,附加值是负值(负损耗,即伪增益);反之,则出现正值。因此,该附加值也可以说是一种测量误差。

光纤两端的背向散色系数的不同,在CRT屏幕上会显示出一个较大的台阶,台阶的向下或向上取决于测试方向,台阶的明显程度取决于两光纤的参数差异程度。假定熔接点的熔接损耗为S_1、OTDR在该熔接点的测试附加值为S_2,CRT屏幕的显示值如下:

(1)当从小模场直径光纤方向测试时,CRT屏幕显示的损耗值为S_1+S_2,接头处的背向散射曲线为不连续的下降曲线,即“下台阶 ”,如图5.2.14(b)所示。

(2)当从大模场直径光纤方向测试时,CRT屏幕显示的损耗值为$S_1+(-S_2)$,若$S_1+(-S_2)>0$,则接头处背向散射曲线为一个幅度较小的不连续的下降曲线,即“小下台阶”如图5.2.14(c)所示。

(3)从大模场直径光纤方向测试时,若$S_1+(-S_2)<0$,则接头处背向散射曲线为不连续的上升台阶,即“上台阶”,这就是由于OTDR法的测试机理所引起的所谓的“负损耗”或者说“伪增益”,如图5.2.14(d)所示。

通过上述分析,可以认为用OTDR在单方向测试时出现的“负损耗”现象是正常的,也是必然的。所以,根据光缆线路工程验收测试规范的要求,在工程上应当对OTDR的双方向实测值取代数平均值,目的就是将双方向的附加值中和,从而消除OTDR测试附加值的影响。即:测出A-B方向衰耗值S_1+S_2,再测出B-A方向衰耗值:$S_1+(-S_2)$两者代数和为$2S_1$,除以2之后得出S_1就是我们需要的熔接损耗值。

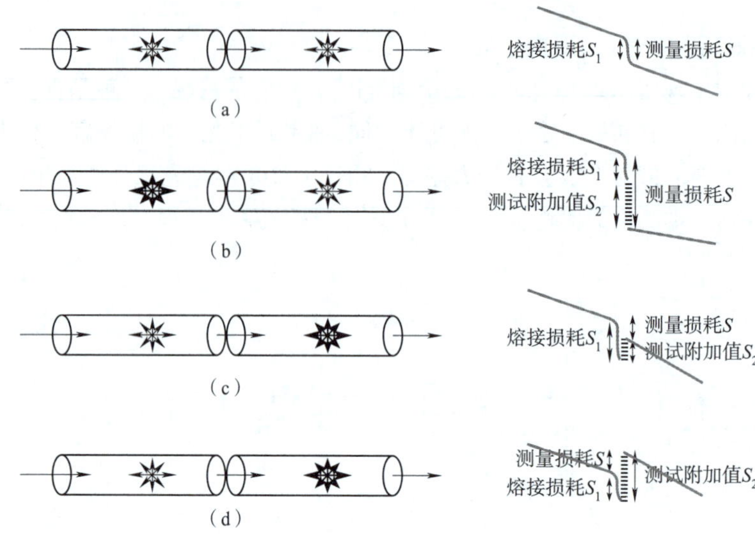

图 5.2.14 “正、负台阶”现象分析图

任务 5.3　其他仪表介绍

1. 光源和光功率计

光源与光功率计如图 5.3.1、图 5.3.2 所示，主要用于中继段光纤通道总衰减的测试和一些光器件的功率、损耗值测试。

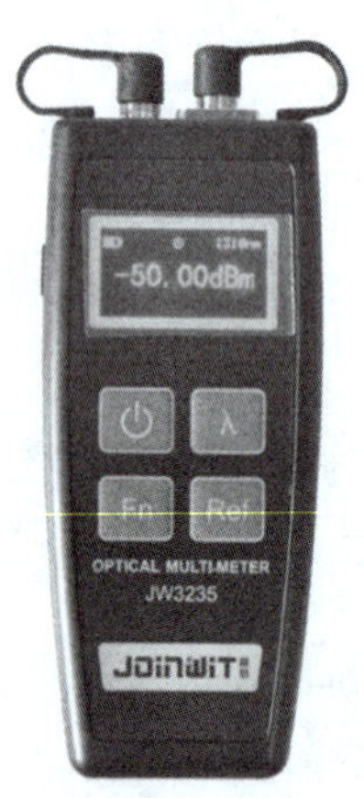

图 5.3.1　光源

图 5.3.2　光功率计

操作步骤

(1)开机检查电源能量情况；

(2)按照需要设置光源性质、波长、功率；

(3)校表：用标准尾纤连接光源、光功率计，记录入射功率 P_1；

(4)测量：在需要测试的光链路两端分别连接光源和光功率计，记录输出功率值 P_2；

(5)计算：链路损耗 $A = P_1 - P_2$(dB · m)。

2. 光缆故障追踪仪

光缆故障追踪仪具有故障追踪定位功能，通过简单使用弯曲光缆的方法可以定位光缆故障点，并且弯曲直径可达 1 m，不同于使用传统的暴力弯折，它不损伤光缆，不需要下井操作，也不要求在光缆中人为的造成损耗点，具有快速、准确、高效、无损追踪光缆链路中故障点的特点。其结构如图 5.3.3 所示。

使用故障追踪功能时，需要两名工程技术人员，分别为：仪表操作者和光缆操作者，仪表操作者利用仪表做测试，光缆操作者弯曲光缆，二者相互配合，通过仪表识别光缆操作者所弯曲光缆的位置，逐步定位光缆的故障点。

追踪功能使用流程如下：

(1)仪表操作者在线路设置对话框中设置待测线路末端点。

(2)光缆操作者保持光缆静止不动，仪表操作者测试，获取模板。

(3)光缆操作者按要求弯曲光缆后保持不动，仪表操作者测试，获取故障追踪结果。

(4)光缆操作者释放光缆，结果达到要求则完成追踪，向故障点前进，返回(2)。

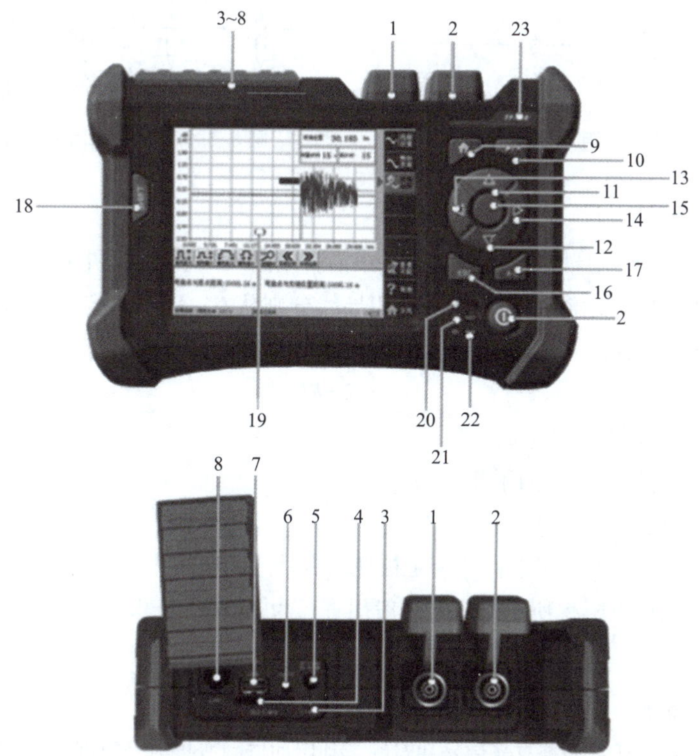

图 5.3.3 光缆故障追踪仪

1—预留光接口；2—测量光接口；3—充电指示灯；4—SD 卡接口；5—电源适配器接口；6—耳机接口；7—USB 接口；8—以太网接口；9—主页按键；10—测量/停止按键；11—向上移动光标按键；12—向下移动光标按键；13—向左移动光标按键；14—向右移动光标按键；15—确认按键；16—返回按键；17—A/B 线切换按键；18—Shift 功能按键；19—触摸屏；20—预留指示灯；21—测量指示灯；22—电源工作指示灯；23—电源开关按键

3. 地阻仪

地阻仪主要用于各种装置接地电阻的测量,同时可以测量土壤电阻率及地电压。

1)接地电阻测量

(1)将电位探针(P)、电流探针(C)与被测接地体(E)分别相距 20 m,按直线排列插入大地,如图 5.3.4 所示。

(2)用专用导线将端子 E(C2、P2)、P1、C1 与探针对应连接。

(3)开启电压,选择合适挡位轻按一下键,该挡位指示灯亮,表头 LCD 显示的数值即为被测接地体的阻值。

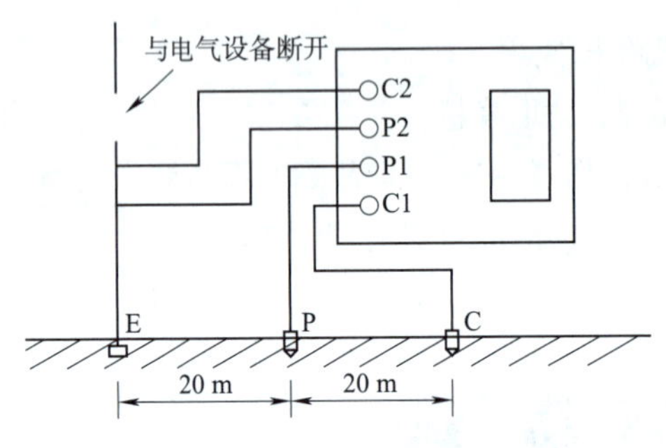

图 5.3.4 接地电阻测量示意图

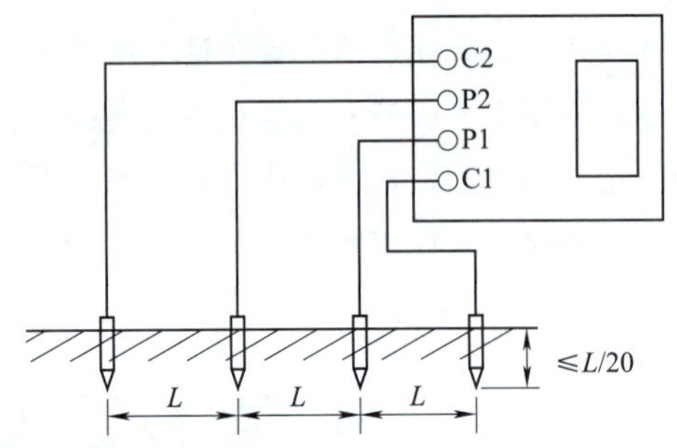

图 5.3.5 土壤地阻率测量示意图

2)土壤地阻率测量

(1)如图 5.3.5 所示,测量时在被测的土壤中沿直线插入四根探针,并使各探针间距相等,各间距的距离为 L,要求探针入地深度为 $L/20$ cm,用导线分别从 C1、P1、P2、C2 各端子与四根探针相连接。若地阻仪测出电阻值为 R,则土壤电阻率按式计算:

$$\phi = 2\pi RL$$

式中 ϕ——土壤电阻率,Ω · cm;

L——探针与探针之间的距离,cm;

R——地阻仪的读数,Ω。

用此法测得的土壤电阻率可近似认为是被埋入探针之间区域内的平均土壤电阻率。

(2)测地电阻、土壤电阻率所用的探针一般用直径为 25 mm,长 0.5 ~ 1 m 的铝合金管或圆钢。

4. 其他仪器

在光缆施工与维护中,还涉及其他仪表。

光纤识别仪:识别光纤中是否有光信号和对纤。利用加持微弯折射光原理,在抢修、割接中作用大。

光电话:割接、抢修的光通信联系。

红光仪:近距离的光纤识别和漏光点查找。

14. 常用仪器仪表

课程	通信线路	模块	通信线路仪器仪表
班级		姓名	

活页笔记

自我分析与总结：

课程	通信线路	模块	通信线路仪器仪表
班级		姓名	

理论测试

一、填空题

1. 光纤熔接机主要由熔接__________、__________、____________、____________、高清显示屏、__________、提手等组成。

2. 影响光纤熔接衰耗的因素较多,可分为光纤__________和__________两类。

3. 在制备光纤端面时用米勒钳剥去光纤末端涂覆层,剥去长度一般__________左右。

4. 单模光纤,切割后剥去涂覆层的裸纤的长度为__________________。

5. 光纤熔接当光纤端面倾斜 1°时,约产生__________的接续损耗。

6. OTDR 的中文全称是____________________________。

7. OTDR 的英文全称是________________________________。

8. OTDR 一般具备__________和__________两种波长选择,正常在光纤中要求两个波长都进行测试。

9. 最佳测量范围为待测光纤长度____________________。

10. OTDR 的事件表有三种,分别是______________、______________和光纤末端。

二、问答题

1. 简述光纤熔接机的工作原理。
2. 影响光纤熔接的因素有哪些?具体说明。
3. 简述 OTDR 工作原理。
4. 为什么光纤接头处会出现“正、负台阶”现象?

实 操

1. 以卧式接头盒为例，进行 GYTA53 24B1 光缆接续。

2. 用 OTDR 对接续后的光缆进行测试，需测试每根光纤 A-B、B-A 双方向的衰耗值。

课程	通信线路	模块	通信线路仪器仪表
班级		姓名	

任务与考核

<table>
<tr><td colspan="2">任务名称</td><td colspan="3">通信线路仪器仪表</td></tr>
<tr><td>任　务</td><td>知识技能目标</td><td>考核项目</td><td>自我评价</td><td>教师评价</td></tr>
<tr><td rowspan="2">光纤熔接机</td><td rowspan="2">掌握光纤熔接机的特点及使用方法</td><td>光纤熔接机的设置(5 分)</td><td></td><td></td></tr>
<tr><td>光纤接续(20 分)</td><td></td><td></td></tr>
<tr><td rowspan="3">OTDR</td><td rowspan="3">1. 掌握 OTDR 的测试原理；
2. 能正确使用 OTDR 进行光纤测试；
3. 对常见故障现象进行分析</td><td>OTDR 的参数设置(10 分)</td><td></td><td></td></tr>
<tr><td>OTDR 测试事件的认识、分类及产生原因分析(15 分)</td><td></td><td></td></tr>
<tr><td>对故障的分析、查找(20 分)</td><td></td><td></td></tr>
<tr><td rowspan="3">其他仪表</td><td rowspan="3">1. 掌握光源和光功率计的使用方法；
2. 掌握光缆故障追踪仪的使用方法；
3. 掌握地阻仪的使用方法</td><td>源和光功率计的使用(10 分)</td><td></td><td></td></tr>
<tr><td>光缆故障追踪仪的使用(10 分)</td><td></td><td></td></tr>
<tr><td>地阻仪的使用(10 分)</td><td></td><td></td></tr>
<tr><td colspan="3">总　分</td><td colspan="2"></td></tr>
</table>

参考文献

[1]中华人民共和国工业和信息化部．通信线路工程设计规范:GB 51158—2015[S]．北京:中国计划出版社,2015.

[2]工业和信息化部通信发展司．通信建筑工程设计规范:YD 5003—2014[S]．北京:北京邮电大学出版社,2014.

[3]工业和信息化部通信发展司．通信光缆和电缆线路工程安装标准图集:YD/T 5241—2018[S]．北京:北京邮电大学出版社,2019.

[4]中华人民共和国工业和信息化部．高压输电系统对通信设施危险影响防护技术要求:YD/T 2979—2015[S]．北京:人民邮电出版社,2015.

[5]中华人民共和国工业和信息化部．光缆型号命名方法:YD/T 908—2020[S]．北京:人民邮电出版社,2020.

[6]管明详．通信线路施工与维护[M]．北京:人民邮电出版社 ,2018.

[7]中国铁路总公司运输局电务部,北京铁路通信技术中心．铁路通信维护规则[S]．北京:中国铁道出版社,2014.

[8]于正永．通信工程设计及概预算[M]．大连:大连理工大学出版社,2018.

[9]罗建标 陈岳武．通信线路工程设计、施工与维护[M]．北京:人民邮电出版社,2012.

[10]中华人民共和国住房和城乡建设部．通信管道工程施工及验收标准:GB/T 50374—2018[S]．北京:中国计划出版社,2018.